嗜血玫瑰
SHIXUE MEIGUI

一口气读完的英国战史
YIKOUQIDUWANDEYINGGUOZHANSHI

『从远古到布尔战争』

顾晓绿　赵恺◎著

团结出版社
UNITY PRESS

图书在版编目（CIP）数据

嗜血玫瑰：一口气读完的英国战史 / 顾晓绿，赵恺著. —— 北京：团结出版社，2014.2
ISBN 978-7-5126-2375-0

Ⅰ. ①嗜… Ⅱ. ①顾… ②赵… Ⅲ. ①战争史－英国－通俗读物 Ⅳ. ①E561.9-49

中国版本图书馆CIP数据核字(2013)第311917号

出　　版	团结出版社
	（北京市东城区东皇城根南街84号　邮编：100006）
出版人	梁光玉
电　　话	（010）65228880　65244790　（出版社）
	（010）65238766　85113874　65133603（发行部）
	（010）65133603（邮购）
网　　址	http://www.tjpress.com
E-mail	65244790@163.com（出版社）
	fx65133603@163.com（发行部邮购）
经　　销	全国新华书店
印　　装	三河腾飞印务有限公司
开　　本	170X240 毫米　　1/16
印　　张	16.75
字　　数	287 千字
印　　数	6000
版　　次	2014年4月　第1版
印　　次	2014年4月　第1次印刷
书　　号	978-7-5126-2375-0/E · 16
定　　价	32.00 元

（版权所属，盗版必究）

内容简介

　　平心而论，从大不列颠群岛走来的英国并非世界历史上唯一的"日不落帝国"，但却无疑是最成功的一个。直到今天，其余辉依旧笼罩着波涛汹涌的南大西洋和广袤无垠的南部非洲。其制度、文化和语言更是渗入到众多曾被其征服的土地，或许仍需要长久的时间才能最终消弭。是什么力量令一个地处欧洲边缘的岛国维系了一个世纪的霸主地位？而又是怎样的变故令昔日的强权最终沦为自己昔日殖民地的政治附庸？在本书之中，笔者将为你揭开谜底。

　　自称盎格鲁·撒克逊人的英国人来自何方？在相对封闭的地理环境中不列颠群岛又是如何从分裂走向了统一？有着悲怆童年的伊丽莎白又为何能够战胜诸多强敌，最终带领英国走出血腥、迷茫的黑暗时代？而女王刚刚逝世，为何英格兰的贵族又将王冠送给了她的仇敌之子？著名的"护国公"克伦威尔究竟是民主的救星还是独裁的军阀？推翻国王查理一世的内战是否真的是民心所向？高举"弑君之斧"的新贵们缘何最终被"王政复辟"的海啸所吞没？

　　三次英荷战争，伦敦如何利用"上兵伐谋"的战略最终一举战胜了"海上马车夫"？而来自荷兰的君王却又为何能够最终征服不列颠群岛？"光荣革命"是否真的兵不血刃？英荷最终合流的背后又蕴含着怎样的"大陆战略"，甚至最终葬送了"太阳王"路易十四的霸权？欧洲大陆频繁的"王位战争"之中，英国如何周旋于各派势力之中完成一次次的火中取栗？作为"七年战争"的胜利者，英国在北美和印度两大殖民地体系之中又遭遇了怎样的艰难选择？面对竞争对手法国的内部崩溃，小皮特的外交政策又是否催生了拿破仑的崛起？

　　特拉法尔加战役辉煌的胜利背后是否真的劳而无功？面对不可一世的拿破仑帝国，阿瑟如何利用"半岛的溃疡"逐步挽回了颓势？滑铁卢之役前后英国国内又经历了怎样天翻地覆的变革？19世纪中叶的英俄"大博弈"之中双方各自使出怎样的"阴招"？鏖兵三年的克里米亚战争又开创出哪些全新的战争模式？两次鸦片战争英国是否真的只是用坚船利炮打开了东方霸主的国门？被称为"欧洲祖母"的维多利亚女王又通过怎样的手段维持着大陆的均势，直到第一次世界大战的爆发？

　　面对德意志帝国的两次挑战，英国通过何种手段最终战而胜之？在遥远的东方，英国的总督们又是如何艰难地从民族情绪高涨的殖民地最终抽身而出？而在一片退潮之中，英国政府却又为何对福兰克群岛、中国香港以及南部非洲的罗德西亚始终不愿放手？在本书之中将为你展现一个全新的英国。

目 录

序章　冰与火之歌 ··· 1

第一章　都铎王朝 ··· 17
一、玫瑰战争——英法百年战争的终结和群岛的分裂 ············ 17
二、染血的王冠——都铎王朝的草创与纷争 ························ 22
三、真实童话——亨利八世的私生活和英国的宗教改革 ········· 28
四、童贞女王——伊丽莎白女王的崛起 ····························· 36
五、无敌舰队——英国海权时代的曙光都铎王朝的终结 ········· 41

第二章　弑君之斧 ··· 48
六、捉襟见肘——斯图亚特王朝时期的欧洲格局和
　　　　　　　王权与国会的对立 ···································· 48
七、兵连祸结——英国内战的爆发 ···································· 54
八、模范铁军——克伦威尔的崛起和英国内战的逆转 ············ 59
九、护国公——克伦威尔对不列颠群岛的征服和对外扩张 ······ 65
十、大狂欢——王政复辟与第二次英荷战争 ······················· 71

第三章　浑水摸鱼 ··· 77
十一、翻云覆雨——第三次英荷战争 ································· 77
十二、大同盟——"光荣革命"和英国介入欧洲争夺的内幕 ····· 83
十三、趁火打劫——欧洲王位继承战争中的英国 ·················· 92
十四、走进蛮荒——英国在印度扩张的序幕 ······················· 99
十五、一时瑜亮——英法在印度的争夺 ···························· 106

第四章　封锁大陆 ··· 115
十六、七年之痒——七年战争和英国全球霸权的基础 ·········· 115

十七、王道中落——乔治三世和美国独立战争的缘起 ……………… 121

十八、痛失北美——美国独立战争及其对英国的影响 ……………… 128

十九、"是，首相"——英国首相政治的确立与法国大革命 ………… 136

二十、海军之魂——纳尔逊和近代英国海军精神的崛起 …………… 144

第五章　大博弈 …………………………………………………………… 150

二十一、皇帝时代——拿破仑的欧洲霸权和英国的对策 …………… 150

二十二、逆袭命运——阿瑟的崛起和英国陆军在南亚奋战 ………… 157

二十三、半岛溃疡——伊比利亚半岛的拉锯和拿破仑帝国的崩塌 … 164

二十四、三色旗和星条旗的飘扬——拿破仑的短暂复辟和第二次

美英战争 ………………………………………………………… 170

二十五、决战滑铁卢——拿破仑的最终战败和英国的全面崛起 …… 175

第六章　新的对手 ………………………………………………………… 183

二十六、光荣孤立——希腊独立战争与英俄争霸的开端 …………… 183

二十七、走向亚洲——鸦片战争和英国在亚洲的扩张 ……………… 190

二十八、围堵狂熊——大背景下的克里米亚战争（上）……………… 196

二十九、决战黑海——大背景下的克里米亚战争（下）……………… 200

三十、击倒巨兽——第二次鸦片战争和印度民族大起义 …………… 207

第七章　角逐四海 ………………………………………………………… 214

三十一、八里桥畔——第二次鸦片战争迷雾后的真相 ……………… 214

三十二、戈登传奇——英国维多利亚时代的个人背影 ……………… 222

三十三、英日同盟——英国在远东的重新布局 ……………………… 230

三十四、瓜分豆剖——英国与西方瓜分非洲的狂潮 ………………… 237

三十五、布尔战争——大英帝国衰亡的第一声号角 ………………… 245

尾声　盛极而衰 ……………………………………………………………… 257

序章　冰与火之歌

1996年美国文学巨匠乔治·马丁推出了长篇奇幻史诗《冰与火之歌》的首部——《权力的游戏》。凭借着瑰丽的想象、宏大的视野以及别具一格的文字，这部作品一经推出便风靡欧美，随即又被翻译成数十种文字，在全世界范围收获了诸多拥趸。但正如先贤所云：小说是文化的折射，而文化则是历史的投影。《冰与火之歌》虽然名义上是一部虚构的小说，但细心的读者仍不难发现那些发生在名为"维斯特洛"的群岛上的故事与现实中大不列颠的历史存在着某种对应的关系。

一般认为，历史上第一批踏足不列颠群岛的移民是来自北非的古伊比利亚人，但是在漫长的新石器时代，他们所留下的遗迹只有那考古遗迹中狭长型的头颅遗骸，以及那至今仍矗立于伦敦西南100公里的索尔兹伯里平原之上的巨石圆阵。直至今日，古代伊比利亚人如何将重达数吨的蓝砂岩从南威尔士

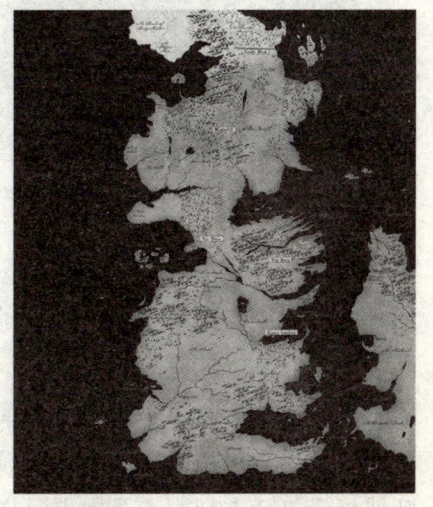

《冰与火之歌》中的"维斯特洛"群岛，与现实中的不列颠颇有相似之处

开凿下来运抵伦敦并最终打造成石柱仍是一个未解之谜。但古伊比利亚人在不列颠群岛已经繁衍出能够动员大量人力的中央集权制社会却是可以肯定的。

宏伟的巨石阵究竟是古代天文台的遗迹还是显赫家族的墓地,对于其建造者而言已经毫无意义了。因为公元前500年左右,一群金发碧眼的"侵略者"闯入了古伊比利亚人的家园,他们便是发源于阿尔卑斯山脉地区的凯尔特人。早已习惯了田园牧歌生活的古伊比利亚人自然不是向来以好战闻名的凯尔特部落的对手,只用了短短数百年的时间,凯尔特人便成功地用自己的叶形剑将古伊比利亚人数千年的文明荡涤一空。不过,在那个时代,古伊比利亚人并非是凯尔特人疯狂扩张的唯一受害者。公元390年前后,凯尔特人洗劫了仍处于襁褓之中的罗马文明;公元前279年,凯尔特人首领布鲁图斯率军攻破希腊要隘温泉关,亵渎了奥林匹亚山上的宙斯神庙。

至今仍耸立在英国的巨石圆阵遗迹

自诩为"不败勇者"的布鲁图斯最终在与希腊人的战争中伤重而死,他所纠集的大军也随即陷入了分裂。满载着战利品的凯尔特人返回了他们在欧洲的主要聚居区——高卢。而这段历史在后世英国御用历史学家——蒙茅斯的杰佛里所撰写的《不列颠诸王史》中,竟然成了所谓"特洛伊后裔"布鲁图斯领导遗民的"出希腊记",并大言不惭地将凯尔特人征服不列颠群岛说成是月之女神戴安娜的指引,只是不知道在罗马神话中改名为"朱庇特"的宙斯先生会作何感想。

现实中死于马其顿的布鲁图斯在《不列颠诸王史》中带着从希腊诳诈来的金银和美女，一路扬帆，经由地中海来到了法国北部，在与当地被称为"高卢人"的凯尔特部落多次交战之后，布鲁图斯虽然"屡战屡胜"但仍"不忍多杀"，于是毅然决定"转进"与高卢一衣带水的海岛，并以自己的名字将其命名为"不列颠"。这个一听便知是以讹传讹的故事却折射出有趣的历史现实，在好勇斗狠的凯尔特诸部落之间，英伦三岛不过是欧洲大陆上失败者的避难所，而"不列颠"之名虽然与布鲁图斯关系不大，却的确源于凯尔特部落"布里吞"的谐音。

尽管在《不列颠诸王史》中，月之女神戴安娜向布鲁图斯许下了所谓"那里是你和你的族人合适的住所。对于你的后代来说，它将是另一个特洛伊。一个源自你祖先的伟大民族将在那里诞生，整个世界都会臣服在他们脚下"的神谕，但是定居于不列颠的凯尔特人却并没有迅速崛起。公元前55年，一位来自罗马的执政官率领着他的百战之师出现在了高卢北部沿海。这位名为尤利乌斯·恺撒的罗马贵族此时已经征服了大半个高卢，并在那一年的夏天深入了日耳曼人的领地，解除了来自侧翼的威胁。后世诸多英国学者从经济、政治等方面赋予了恺撒这次远征以非凡的意义，但事实上，从军事的角度而言，恺撒首先考虑的是切断英吉利海峡两岸之间凯尔特部落的往来。因此，在公元前55年的远征之中恺撒仅派出了两个罗马兵团，区区一万人。

在以灰白色悬崖闻名的多佛附近，恺撒以舰载的石弩和火箭猛攻凯尔特人的侧翼。经过一番鏖战，罗马第十兵团的鹰旗最终首度飘扬在不列颠群岛的土地之上。但对于习惯了风平浪静的地中海的罗马海军，显然还不适应阴晴不定的英吉利海峡。随着负责运送骑兵的18艘战舰被狂风吹回欧洲大陆，失去后援的恺撒只能放弃深入内陆的计划。而英国史学家则在恺撒撤军问题上大吹法螺，宣称罗马军队大败而回，恺撒仅以身免。甚至高卢人也深受不列颠人民抗击罗马法西斯的鼓舞，令恺撒不得不在高卢采取怀柔政策。应该说恺撒征服高卢之路的确走的磕磕绊绊，但却还不至于如《不列颠诸王史》中所说的"变成一只温顺的绵羊"。

公元前54年，恺撒再度发动了对不列颠的跨海远征。

虽然一场风暴再度摧毁了罗马远征军的锚地，但恺撒依然决定孤军深入。而在顺利横渡泰晤士河之后，恺撒随即遭遇一个难缠的对

手——由部落首领卡西维罗尼斯所指挥的战车部队。以方阵为主的罗马步兵对于这种"驾着战车遍地而束,同时投掷标枪"的战术很不适应。恺撒本人赞叹对手成功地将机动部队的灵活性同步兵的稳定性结合起来。在高卢腹地再度爆发起义的情况下,恺撒选择了与卡西维罗尼斯议和。在完全消化高卢行省之前,罗马人选择了止步于英吉利海峡以南。

最终将不列颠纳入版图的是罗马帝国的第四任皇帝——克劳狄一世。作为"暴君"尼禄的养父,罗马帝国对克劳狄一世的施政水平评价不高,甚至宣称其理念就是"士兵们一想到要到已知世界之外去打仗,就感到愤愤不满",但承平日久的不列颠群岛却由于分裂而无力抵抗入侵。为此,西方史学界不得不将克劳狄轻松征服不列颠群岛南部的胜利归功于帝国军中"能够轻易地武装泅渡最湍急河流"的日耳曼雇佣兵,认为是他们"射人先射马"的战术瓦解了不列颠精锐的战车部队。

罗马帝国对不列颠的统治残酷而血腥,凯尔特人的武装抗暴更是此起彼伏。其中最为著名的莫过于公元61年波狄卡所领导的起义。波狄卡本是与罗马帝国关系密切的爱西尼王国的王后,她的丈夫生前曾留下遗嘱,将王国统治权上交给罗马皇帝尼禄,但是前来接收的罗马军队却大肆劫掠。在"世袭财产被夺走,皇亲国戚沦为奴隶"的情况下,波狄卡终于忍无可忍,率领8万起义军横扫当时被称为伦丁尼的伦敦周边地区,不仅诸多罗马移民和商贾成为了刀下之鬼,连赶来镇压的帝国正规军第九兵团都被打得溃不成军。但随着罗马帝国驻军的陆续集结,波狄卡及其起义军随即土崩瓦解。

在此后长达400年的统治之中,军事上的优势和经济的不断渗透,令不列颠南部沿海地区成为了罗马帝国驯良的产粮区。而在以高地为主的北部地区,即便是强悍的罗马帝国正规军,贸然深入也会遭遇片甲不留的惨败。公元117年,罗马帝国第九兵团便消失在了苏格兰的浓雾之中,成为了附会万千的旷古之谜。此事极

领导民众反抗罗马的波狄卡女王

大地刺激了罗马皇帝哈德良，在公元121年巡视整个帝国的旅途中，哈德良亲自授意不列颠驻军沿边境修筑贯穿整个不列颠蜂腰部的防御工事，这条防线史称"哈德良长城"。

尽管哈德良的养子安东尼曾一度将罗马帝国在不列颠的统治向北推进了100公里，在更为狭窄的克莱德河与佛斯湾之间修筑了"安东尼长城"，但是在苏格兰部落汹涌的反扑下，罗马帝国的统治区域很快便龟缩回哈德良长城之内，这段区区116公里的边墙便成为所谓"文明"与"野蛮"的分野。而不列颠南部的原住民也逐渐习惯了现有的生活秩序，直至日益腐朽的罗马帝国在蛮族入侵的浪潮下逐渐崩溃。

为了绕过哈德良长城，居住在苏格兰和爱尔兰的凯尔特人泛舟入海，从两翼展开登陆。而随着日耳曼部落涌入一海之隔的高卢行省，公元407年，罗马帝国的驻军在一位名为君士坦丁的贵族指挥下有序地撤离了不列颠。在罗马皇帝所谓"各个行政区应该设法自卫"的敷衍之下，不列颠当地的罗马化居民又苦苦挣扎了数个世纪。在"野蛮人把我们赶向大海，大海又把我们赶向野蛮人"的无助之中，不列颠人开始结社自保，后世著名的"亚瑟王和圆桌武士"的传说便脱胎于这个时代。

真实世界中的亚瑟王是一个生活于威尔士南部的小酋长，而所谓"圆桌武士"则是一支以战争为生的雇佣军。在罗马帝国的余晖逐渐黯淡的岁月里，亚瑟王和他的部下联合了来自北方高原的凯尔特人共同抵御来自北欧的日耳曼分支——撒克逊等部落的入侵。以骑兵为主的不列颠人往往可以在局部战场上形成优势，但却无力抵抗另一场移民的大潮。公元4世纪前后，来自北欧的撒克逊人通过朴次茅斯等桥头堡，逐渐蚕食了整个不列颠南部地区。

在积极展开武力征服的同时，撒克逊人也积极地寻觅此时已然在欧洲大陆鹊起的天主教的支持。而宗教的力量恰恰是不列颠人团结一致的纽带。在教会的推动之下，原本泾渭分明的民族对立逐渐演化成了一场宗教战争。恰如神话故事中首席魔法师梅林的离去令亚瑟王走向没落一样，当牧师在不列颠群岛逐渐取代了自诩为"森林之子"的巫师"德鲁伊"之后，陷入分裂的不列颠人最终兵败哈德良长城一线。昔日不列颠南部罗马帝国的农庄随即成为了撒克逊群雄的角力场。英

部落巫医"德鲁伊"令英国传统文化植入了神秘元素

国历史称之为"七国时代",而那些勾心斗角的历史更幻化成了《冰与火之歌》中的家族兴衰。撒克逊人以其同宗之名称这片土地为"盎格利亚",这个拉丁词汇最终被译为"英格兰"。

撒克逊人的关门恶斗延续了四个世纪之久,直到来自北欧的维京海盗出现在他们的视野中。在那整个欧洲都笼罩在龙头战舰阴影之下的年代,缺乏如君士坦丁堡、巴黎那样大城市的不列颠显然成为了维京人的天然猎场。为了便于南下劫掠,维京人甚至在爱尔兰的东部海岸建立了著名的据点——都柏林。而对于这些撒克逊人的灾星,散居于爱尔兰和苏格兰的凯尔特后裔显然颇为欣赏,在诗歌中恭维他们为"性格爽朗、骁勇善战的北国先生"。在强大的外敌面前,撒克逊七王国终于通过一系列复杂的政治联姻建立了"统一战线",并诞生了英格兰第一位大一统的君王——阿尔弗雷德大帝。但是在对手的军事优势面前,威望和贤名并不一定能带来胜利。公元877年,在来自丹麦的维京海盗的打压之下,撒克逊人的统治范围一度被压缩至威尔士地区。

经过一番励精图治,阿尔弗雷德虽然收复了伦敦在内的大片失地,但却也不得不与维京海盗签署合约,将不列颠东北部的大片领土割让给他们。无独有偶,公元911年,在与不列颠一衣带水的欧洲大陆,法兰克国王查理三世也与维京首领罗洛签署了《埃普特河畔圣克莱尔条约》,将塞纳河入海口一带交付给入侵者管理,至此,大批以海上劫掠为生的维京海盗成为了拥有广袤土地的领主。他们自称为"诺曼人",而其在法兰克北部所割据的大片领土因此也得名"诺曼底"。

就在海峡对岸的诺曼底王国一片欣欣向荣之际,不列颠群岛之上的撒克逊人和维京海盗却展开了一场两败俱伤的鏖战。早已熟知撒克逊人虚实的维京海盗以敲诈赎金为目的,周期性地展开入侵。面对贪婪无度的恶邻,阿尔弗雷德大帝的继承者们陷入了倾国之战或花钱消

灾的两难抉择之中，这种尴尬与无力抵抗大英帝国坚船利炮的满清皇朝颇有相似之处。在不到30年的时间里支付了总额相当于上千万英镑的"丹麦金"之后，撒克逊人曾试图于公元1009年孤注一掷，全力打造一支舰队，与维京人决战海上。但是这支舰队尚未与对手接触便提前败给了风暴和内讧，残存的舰艇沿着泰晤士河逃回伦敦后，撒克逊人被迫交出了最后一笔"丹麦金"。在维京巨斧的威胁之下，阿尔弗雷德大帝的后裔最终被迫让出了王位，而为了巩固自身的权力，来自丹麦的维京首领卡纽特在选择将首都搬迁至伦敦的同时，迎娶了此前撒克逊国王的遗孀，这位名为埃玛的女人正是诺曼底王公罗贝尔的妹妹。

或许埃玛本人并没有惊人的美貌，但其身后所代表的诺曼人却足以左右不列颠群岛的走向。与依旧习惯手持坚盾大斧步战的北欧老乡相比，居住于法国北部的诺曼人已然成功吸收了法兰克人的骑兵战术，身批重型锁子甲、手持宽刃巨剑的诺曼骑士一度是欧洲最炙手可热的雇佣兵。11世纪中期，诺曼人的游侠甚至在意大利南部建立了一系列零星政权。在这样的情况下，无论是窃取不列颠的维京国王还是雌伏的撒克逊贵族都积极地谋求诺曼底王公的支持。

公元1042年，借助母亲埃玛的庇护，流亡诺曼底的撒克逊王子爱德华重返英格兰，从自己维京血统的兄弟手中接过了王位，撒克逊人在不列颠悄然复辟。为了感谢罗马教廷给予自己的支持，爱德华出资于泰晤士河北岸修建了著名的西敏寺大教堂，晚年更是长期隐居于修道院中。这份虔诚不仅令其获得了"忏悔者"的绰号，更在死后长期被封为不列颠的守护神。在悉心侍奉上帝和教会的同时，爱德华也大方地向支持他的维京贵族施行权力让步，一时之间，不列颠群岛倒也出现了政通人和、百废待兴的局面。但是撒克逊和维京贵族之间的矛盾本

诺曼人的士兵、骑士、公主和国王

身具有不可调和性，在爱德华迟迟没有子嗣的情况下，一系列明争暗斗自然无法避免。而除了不列颠本土的各派势力之外，爱德华雄踞诺曼底的表兄威廉也乘势介入进来。

据说由于文采武功独步欧陆，威廉向有"降临者"的诨号。但正如"木秀于林风必摧之"的古训，威廉在诺曼底的强势崛起不仅引来周边邻居的警惕，连他名义上的领导——法王亨利一世也日益看他不顺眼。在欧洲大陆难以施展拳脚的情况下，威廉积极地谋求不列颠国王的继承权，而出于敷衍和拉拢的心理，爱德华及不列颠二号人物"国舅"哈罗德都口头应允了威廉的请求。但公元1066年，"忏悔者"爱德华刚刚撒手人寰，哈罗德便急不可耐地将王冠戴到了自己头上。

如果比较双方的实力，四面受敌的诺曼底公国是无力远征不列颠的。但如果将视野扩展至整个欧洲，答案却存在很大的变数。一方面，罗马教廷对哈罗德缺乏信任，却对威廉青眼相加。另一方面，哈罗德的政敌也正积极地在北欧活动，煽动挪威国王出兵英伦。在教廷送来的圣战大旗之下，威廉麾下集结了来自欧洲各地的诺曼雇佣军，因此也有史学家称其为"第一次十字军远征"。而就在威廉的大军于佩文西登陆之际，哈罗德刚刚在约克击败了来犯的挪威大军。

为了迎战威廉，哈罗德不及整补便移师南下。即便如此，双方于渔港黑斯廷斯附近两阵对垒时，哈罗德的人马依旧略胜于威廉远征军。纵横欧洲的诺曼骑兵无疑远胜于疲于奔命的不列颠民兵。战至黄昏，哈罗德及其亲信最终倒在了箭雨之下，但威廉的"征服者"之路才刚刚开始。诺曼远征军首先以血腥的屠戮震慑了伦敦。在大肆分封麾下的骑士稳定了不列颠南部之后，公元1069年，威廉挥师北上，将约克和切斯特纳入版图。

作为一位马上天子，威廉的一生可谓战功赫赫，但是和所有的"征服者"一样，马上治天下的难题同样困扰着他。"征服者"威廉为了有效地巩固自己的统治而大兴土木，英后世著名的建筑如伦敦塔、温莎城堡皆出自他的手笔。但他麾下的诺曼骑士也群起效仿，逐渐成为了割据一方的不安定因素。公元1075年，不满威廉所设下的诸多限制的诺曼骑士在各地发动了叛乱，而在海峡对岸一心想早日即位的王子罗伯特也暗中勾结法王腓力。这些叛乱虽然最终都在威廉的铁腕之

下被一一镇压。但尾大不掉的现状也促使威廉努力寻找一条解决之道。公元1086年，威廉下令对全国所有封疆大吏的财产进行普查，而在此之前，威廉已经念叨了那句"我附庸的附庸也是我的附庸"多年了。被调查者无不如履薄冰，称这份《最终税册》为《末日审判书》。尽管威廉本人在一年之后便与世长辞，但是，一个封建采邑制的王国却在他死后不断发展壮大。

"征服者"威廉生前曾对自己横跨英吉利海峡两岸的领土做了如下的安排：骁勇善战但是头脑简单的长子罗伯特执掌诺曼底，次子"红脸"威廉则以其抠门的性格管理不列颠，而幼子亨利却只得到了五千磅的白银和一句"有朝一日汝将一统天下"的口头祝福。但事实证明，这位亨利王子并非省油的灯。公元1100年，"红脸"威廉在行猎过程中被暗杀，一个月之后，亨利又囚禁了前来奔丧的长兄罗伯特。至此，英格兰—诺曼底又重新归于统一。但就如"动刀剑者必死于刀剑之下"的诅咒，阴谋夺取王位的亨利最终也受到了应有的报应。公元1120年，亨利寄予厚望的长子在从诺曼底返回不列颠的途中遭遇海难，史称"白舟号事件"。亨利一世虽然私生子众多，但最终却还是迫于压力传位于自己的外甥斯蒂芬。而就在英格兰的贵族各怀鬼胎之际，亨利国王的次女玛蒂尔达带着老公安茹伯爵的军队又打上门来。

诺曼王朝的连番内斗激荡起了英格兰各派势力的蠢蠢欲动，最终心灰意冷的斯蒂芬选择了与堂姐家族达成和解，在自己死后将王位传于亨利国王的外孙。而这位与自己的外公同名的亨利·安茹的运气实在不能用"好"来形容。斯蒂芬做出这一表示还不到一年，他就莫名其妙地一命呜呼了！而在接手英格兰两年之前，公元1152年，19岁的亨利·安茹刚刚迎娶了由于不守妇道而被法国国王路易七世逐出宫廷的阿基坦女公爵埃莉诺，轻松获得了法国西南部大片领土。至此，选用金雀花的小枝为纹章的安茹王朝一夜之间成为了坐拥大半个法兰西和英格兰的欧洲王朝。但亨利·安茹并没有就此满足，公元1157年，他怂恿英格兰籍教皇艾德里安四世签署文件，将爱尔兰归属于安茹王朝的治下。随后他又将自己的几个女儿交给了散布于意大利南部的诺曼人首领和德意志王侯。一时之间亨利·安茹在整个基督教世界的影响力直逼神圣罗马帝国皇帝诨号"巴巴罗萨"的腓特烈一世，甚至罗

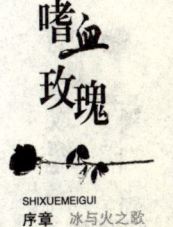

马教廷都对他刺杀大主教的行为装聋作哑，转而要求他发动对耶路撒冷的十字军远征来"赎罪"。

欧洲历史著名的"红颜祸水"——阿基坦女公爵埃莉诺

但正所谓"成也萧何，败也萧何"，金雀花王朝事业的成功起始于亨利与埃莉诺的婚姻，却也最终由于这段"忘年恋"而几乎彻底葬送。虽然年龄相差 11 岁，但是亨利和埃莉诺却一度如胶似漆，在 14 年的光阴中生下了六子二女。除去早夭的老大威廉，剩下的几个儿子无一不是野心勃勃的主儿。其中最为著名的莫过于"狮心王"理查和"无地王"约翰两兄弟。公元 1189 年，"狮心王"理查勾结法王腓力二世向自己的父亲逼宫，亨利·安茹本有心和叛军决战到底，但听闻自己百般宠爱的小儿子约翰也站在了自己的对立面时，便在心灰意冷中死去。

发动第三次十字军东征、在耶路撒冷与萨拉丁兵戎相见的传奇令"狮心王"理查在欧洲享有盛誉，甚至一度成为骑士精神的代名词。但事实上，理查的一生虽然颇多辉煌，但以一个执政者和统帅的标准来衡量却只能获得一个不及格的成绩。在其父亨利·安茹的统治之下，整个王朝一度欣欣向荣，以至于法国国王腓力二世只能龟缩于以巴黎和奥尔良为中心的"法兰西岛"，周围就是一片金雀花王朝的"汪洋"。但是由于"狮心王"理查对自己父亲的战争以及耗资巨大的十字军远征，金雀花王朝的经济随即陷入了破产的边缘。而一心想要取代自己哥哥的约翰更与腓力二世狼狈为奸，在英格兰发动叛乱的同时还自愿出资要求在耶路撒冷回师途中扣押理查的神圣罗马帝国将自己的哥哥关押到天荒地老。

在付出相当于安茹王室两年收入的巨额赎金后，"狮心王"理查终于重获自由。但他显然没有从这场牢狱之灾中吸取任何教训，一方面他原谅了自己居心叵测的弟弟约翰，另一方面，在战场上，他与腓力二世也总是打打停停。漫长的战争最终拖垮曾经强盛一时的安茹王朝，据说为了争夺一处宝藏筹措军费，"狮心王"理查在出兵攻打自己一个附庸的城堡过程中不幸中箭身亡。而在英格兰深陷继承权争夺的同时，腓力二世展开了空前的攻势，草草继位的约

翰深陷内忧外患的包围之中，自然无力抵抗。至公元1214年，金雀花王朝先后丢失了龙兴之地：安茹和诺曼底，在欧洲大陆只剩下母亲的嫁妆——阿基坦公国仍在苦苦支撑。

对外战争的失败很快便引发了一系列的内部矛盾，面对来势汹汹的诸侯和教会势力，"无地王"约翰只能委托与之关系复杂的大主教郎顿出面调停。公元1215年6月15日，在温莎城堡附近的一片草坪之上，约翰与叛军首领签署了一个包含61项条款的改革方案，而这次会谈的纪要在几天之后被整理成了著

因十字军东征而名声大噪的"狮心王"理查

名的法令——《大宪章》。客观地说，《大宪章》只是"无地王"约翰与叛军之间妥协的产物，它并未真正推动金雀花王朝的改革。《大宪章》墨迹未干，敌对的双方便再度兵戎相见。"无地王"约翰虽然被史学家揶揄为"软剑"，但在被逼到墙角时同样爆发出了惊人的战斗力，在他因痢疾而病死于纽瓦克城堡之时，金雀花王朝最为困难的时期已经过去，其子亨利三世虽然即位时只有9岁，但在号称"最伟大的骑士"的威廉·马歇尔的辅佐之下，仍轻松地化解了法国的入侵。而在岁月的涂抹之下，《大宪章》和"无地王"约翰也逐渐面目全非，前者在两百多年后成为了所谓英式民主的滥觞，而后者则成为英国神话故事中"狼人"的始祖。

亨利三世在位时间长达56年，在这半个多世纪里，金雀花王朝经历了一场痛苦的浴火重生，尽管两次收复诺曼底的军事行动皆以失败而告终，但在英格兰内部，代表各方贵族利益的大评议会却随着王权的削弱而逐步兴起。尽管在议会的废立问题上，王室和各地贵族依旧屡有龃龉，但是尊重各利益集团诉求的议会制度最终令英格兰完成了内部力量的整合。亨利三世传位于其子爱德华之时，金雀花王朝正式走出了阴霾。

在一番励精图治之后，爱德华选择了暂时放弃海峡对岸的诺曼底等领地，大举向不列颠岛上的威尔士和苏格兰用兵，尽管征服的道路

上，爱德华遭遇了苏格兰贵族威廉·华莱士和罗伯特·布鲁斯的顽强抵抗，但是在以"长腿"而著称的爱德华有生之年里，英格兰最终完成了对威尔士的吞并，并保持了对苏格兰的宗主权。日后声名远播的英格兰"长弓手"更是在爱德华的军事改革中成为了金雀花王朝的主战兵种。

值得一提的是，"长腿"爱德华不仅是一位纵横疆场的君王，更是一位用情专一的丈夫。他早年迎娶了西班牙卡斯蒂利亚王国的公主埃莉诺。这对夫妻不仅在政治上相互扶持，甚至参加十字军东征都并肩而行。公元1290年埃莉诺在威尔士去世后，伤心欲绝的爱德华在她遗体送回伦敦的每一个驿站都竖起十字架，据说至今这种"王后十字架"在英国仍能看到。中年丧妻令爱德华性格大变，以至于其长子——爱德华二世成年之后对异性恋失去了信心。

忙于南征北战的"长腿"爱德华似乎没有时间来纠正儿子的性取向。不过为了防止在与苏格兰的交锋中法国在自己的背上插上一刀，他还是于1308年为自己的儿子订下了与法国公主伊莎贝拉的这门亲事。而此时，威廉·华莱士已经于四年前在伦敦授首了。应该说爱德华二世及其王后伊莎贝拉在历史上都不是省油的灯，前者因为宠信嬖臣而成为英国历史上有名的昏君，后者则因为谋杀亲夫而冠以"法国母狼"的骂名。更为可怕的是，这段不幸的婚姻还将英法两国卷入了长达116年的战争之中。

公元1328年2月1日，与自己妹妹伊莎贝拉合谋废黜及谋杀爱德华二世的法国国王查理四世突然病故，除了没有留下子嗣继承大统之外，查理四世治下的法国更是暗流涌动。自祖父腓力二世以高明的政治手腕令金雀花王朝一蹶不振以来，历经数代国王的东征西讨，法兰西王国早已不是昔日龟缩于塞纳河和卢瓦尔河中游的狭长地带的孤岛。其版图东至洛林、西达大海。但法国王室仍不满足，公元1297年，时任法国国王的腓力四世攻占了今属比利时佛兰芒地区。此举不仅引发了当地民众的群起抵抗，更令在当地颇多商业利益的欧洲各国心怀不满。公元1302年，佛兰芒起义军于库尔特累大败法国占领军，由于战后打扫战场时，佛兰芒人缴获了上千法国贵族重骑兵所使用的黄金马刺，因此此役又被称为"金马刺之战"。

"金马刺之战"不仅令法国王室伤筋动骨，更预示着法兰克重骑

兵无敌欧陆的神话破产。不甘王权独大的法国贵族们和大商贾自此无不磨刀霍霍。而公元1330年，清除母亲伊莎贝拉势力亲政后的爱德华三世更是公然宣称要以外甥的身份继承舅舅查理四世的王位。爱德华三世的主张一度在法国贵族看来是痴人说梦：毕竟法国王室枝繁叶茂，即便查理四世没有子嗣，从他的堂兄弟中选出安茹伯爵加冕为腓力六世也算名正言顺。腓力六世也的确没有辜负法国贵族们的期望，即位伊始，他便出兵攻占佛兰芒，为"金马刺之战"雪耻。

  英国在佛兰芒商业利益的受损令爱德华三世终于按捺不住了，公元1337年，在一系列贸易战和口水仗之后，爱德华三世自封法国国王，正式挑起了战争。但在战争的头十年里，长期忽视海军建设的金雀花王朝却始终被大量雇佣热那亚战舰的法国海军阻挡在胜利门外。为了突破对手的封锁，爱德华三世冒着破产的危险大力发展海军，终于在公元1340年在斯勒伊斯海战中重创对手，英国远征军的成功在于他们声援的佛兰芒起义军的回师支援。但接下来战局的发展却没有爱德华三世想象的那么美好——由于佛罗伦萨财团所提供的贷款已经用尽，英格兰的战车最终于中途抛锚。

  公元1346年，好不容易筹足了军费的爱德华三世再次出征，金雀花王朝孤注一掷，年仅16岁的"黑太子"爱德华都披挂上阵。英国远征军首先在故土诺曼底登陆，随后夺占重镇卡昂。但就在爱德华三世父子满心欢喜地准备直捣巴黎时，斥候带来了腓力六世亲率数万大军集结于塞纳河畔的消息。面对强敌，爱德华三世失去了决战的勇气，总兵力不足15000人的英军向索姆河方向撤退。但很快，爱德华三世便发现一片沼泽的索姆河对岸早已遍布对手的军旗。为了避免覆灭于索姆河、大海和法国大军之间的三角地带，英国远征军拼死杀出一条血路。英军刚刚强渡索姆河，腓力六世麾下超过50000的大军便尾随而至。此时战场的主动权已经完全易手，爱德华三世选择了两侧有森林和村庄掩护的克雷西丘陵张网以待。而一心想要聚歼对手的法国军队早已人倦马疲。战斗尚未打响，胜负却已见分晓。

  在可怕的箭雨之下，法军徒劳无功地冲击了16次，最终抛下近两万具尸体铩羽而去。对英格兰长弓手的表现，爱德华三世总体上表示满意。但来自威尔士的轻装步兵却只顾痛快一时，在战场上斩杀了许多本

可以换取大量赎金的伯爵、男爵和骑士，令爱德华三世肉痛不已。尽管战后英国史学家众口一词宣称由于占据了天时地利人和，己方损失轻微。但大胜之后英军却没有按原计划挺近巴黎，而是对加莱展开了漫长的围困。坚守了11个月之后，走投无路的加莱市民选出六位德高望重的代表，冒着生命危险向爱德华三世献上了城门的钥匙。这一瞬间，在5个多世纪之后由雕塑大师罗丹重现，至今名为《加莱义民》的铜像依旧矗立在这座英法百年战争中第一座沦陷的城市街头。

就在英格兰的援军和重型装备源源不断地经加莱渡过海峡之际，一场突如其来的瘟疫却令英法两国再度回到了同一起跑线——学名"腺鼠疫"的黑死病由往来于克里米亚和西西里岛之间的商船带入西欧。由于时值蒙古军队正在围攻热那亚殖民据点——卡法，因此这场来势汹汹的传染病又被赋予了生化武器袭击的色彩。尽管意大利各城邦采取一系列隔离措施，但是病毒还是于公元1348年传入了法国，随后又席卷了英伦诸岛。这场灾难给英法两国所造成的直接损失虽然没有相关的统计数字可以衡量，但是，当公元1356年"黑太子"爱德华从波尔多再度出兵之时，英国军队仅能动员1800人，还能一路如入无人之境。由此可见疫情的严重。

在昔日法兰克骑兵重创阿拉伯远征军的普瓦捷，"黑太子"爱德华击败了新任法国国王约翰二世所集结的8000法国军队。这场同样辉煌的胜利不仅得益于英格兰长弓手稳定的发挥，更折射出法国王室的分崩离析。约翰二世的两个儿子查理和路易都在战场上丢下老爸逃之夭夭了。为了营救成为俘虏的国王，法国政府曾以王子路易为人质换回了约翰二世，但是这位路易却在法国政府仍在筹措赎金之际在英国越狱。为了避免战争重启，约翰二世只能返回英国代子受过，最终病死于囹圄之中。但是约翰二世的死并非毫无价值，他不仅身体力行地提倡了"泱泱大国要讲诚信"的精神，更为自己不孝的长子查理五世赢得了重整旗鼓的时间，利用爱德华三世晚年迷恋女色之际，查理五世掀起了法国在百年战争第一轮收复失地的高潮。

公元1369年，爱德华三世的原配菲利帕王后因黑死病去世，而早在丧偶之前，爱德华三世已经与索尔兹伯里的女伯爵艾丽斯·佩罗斯坠入了爱河。有关这段爱情最著名的段子莫过于"嘉德勋章"的由来。在公元1348年的一次舞会上，艾丽斯的吊袜带不慎脱落，在众

人的讪笑声中，爱德华三世主动出面为新宠解嘲，将本为女性专属用品的吊袜带绑在自己的腿上，并大义凛然地说出了那句"心怀不良者可耻"。应该说，身为奸夫，这句话实在没什么说服力。

在民众背后的不满和指手画脚中，爱德华三世走完了他人生的最后十年。而在他离世之前，他寄予厚望的"黑太子"爱德华先其父三年而去，无奈之下，爱德华三世传位于年仅10岁的爱孙理查。此时，法国12岁的查理六世亦继承，在幼主暗弱的情况之下，英法两国进入了休战期，各派诸侯暂时收敛了开疆辟土的热情，专注于角逐本国的王冠。

英国长弓手在阿金库尔战场上再度谱写了辉煌

公元1399年，逐渐成年的理查试图逐渐从把持政权的几位叔叔手中收回权力，但最终却遭遇了一场英国版的"陈桥兵变"——理查二世的堂弟亨利借口远征爱尔兰而集结军队，在约克郡突然举起叛旗，猝不及防的理查二世被迫退位，不久便离奇死亡。尽管亨利和理查系出同宗，但英国史学家还是以其家族封地称之为"兰开斯特王朝"。和所有得位不正的君王一样，亨利四世一生都致力于巩固统治，除了对敢于挑战自己的贵族痛下杀手之外，亨利四世还小心翼翼地与议会保持着良性的互动。因此，尽管亨利四世在对外征战中并没有彪炳的功勋，却为自己的儿子亨利五世打下了一个牢固的基础。

英法百年战争真正的高潮出现在亨利五世短暂的执政生涯中。通过与野心勃勃的法国贵族——勃艮第公爵约翰结盟，公元1415年，英国远征军再度在诺曼底登陆。在索姆河畔的阿金库尔，亨利五世复制了曾祖父爱德华三世克莱西之战的辉煌，法国重甲骑兵又一次被英格兰长弓手射成了刺猬。在随后的几年里，英国军队不断在法国攻城略地，法国国王查理六世亦在战场被俘，被迫于公元1420年与英国签署《特鲁瓦条约》，承认"英国人保有一切征服之地，直到卢瓦尔河"，

同时废黜自己儿子的王位继承权，宣布成为自己女婿的亨利五世将是下一任的法国国王。在漫长的"冰与火之歌"考验后，苦心经验海岛的英格兰统治者们终于迎来了大陆帝国的美好明天。

第一章 都铎王朝

一、玫瑰战争——英法百年战争的终结和群岛的分裂

公元1422年,对于百年战争中的英法两国来说,都是一个历史的转折年。是年8月31日,依靠长弓手们杰出的表现而赢得阿金库尔战役的英格兰国王亨利五世因痢疾死在了征服法国南部的军旅之中。在亨利五世病死短短数日后,英国国王和法国公主凯瑟琳所生的唯一的儿子继位,是为亨利六世。虽然此时,这位亨利六世只有九个月大,但由于他的外祖父法王查理六世10月适时死亡,而根据《特鲁瓦条约》的条款,这个年幼的婴儿成为历史上唯一身兼了英格兰与法兰西两国的国王。

一个九个月大的婴儿成为自己的国王,法国人显然很不乐意,他们甚至不愿意承认《特鲁瓦条约》有关两国王位继承的条款,尤其是查理六世的儿子——查理七世先生。但在英国人强大的军队面前,法国王室只能眼看着仅出生九月的亨利六世在10月21日继承法兰西大统。战场上接二连三的惨败使得法国人根本无法去表达自己的愤怒。

亨利六世治下的欧陆领土并存着三个法国:一个是英国人的法国,其疆界从吉埃内到加莱,包括诺曼底、韦克森、曼恩、皮尔卡迪、香槟和整个大巴黎地区;另一个是其主要盟友勃艮第公爵的法国,英法两国鏖战连年的过程中,勃艮第公爵约翰将今日的比利时与荷兰大部收入囊中。值得一提的是,公元1419年,约翰公爵曾有心拉法国王室一把,但是在与查理七世会晤的过程中他意外地倒在政敌的暗杀之中,此事彻底葬送了法国贵族可能组建的抗

英同盟，因此有人说"亨利五世是通过勃艮第公爵头盖骨的伤口进入巴黎的"。至于所谓正统名义上的法国，则只剩下以布日尔为中心的南部地区。唯一令查理七世聊以自慰的是，苏格兰人加入了抗英的同盟。

尽管苏格兰人斗志旺盛，在战场上往往表现得比随时可能成为亡国奴的法国人更为英勇，但是英格兰长弓手的箭雨却一再将希望埋葬。公元1428年，英国军队开始围攻奥尔良，一时之间布日尔人心惶惶。因为这座位于卢瓦尔河北岸的要塞一旦失守，整个法国南部将无险可守。但恰恰就在此时，两个扭转乾坤的女人先后登上了欧洲历史的舞台。相比那位声名显赫的"村姑"，埃诺女伯爵杰奎琳反倒默默无闻，而恰恰由于她的感情纠葛，英格兰与勃艮第之间的蜜月期走到了尽头。

作为勃艮第的附庸，杰奎琳本应嫁给比邻的布拉邦特公爵，但面对年仅15岁且身体孱弱的丈夫，不甘屈服于命运的杰奎琳远走英伦，傍上了位高权重的英格兰摄政格洛斯特公爵汉弗莱。身为王叔的汉弗莱等不及教皇批准离婚便公然将杰奎琳娶进了门。此举不仅令勃艮第公爵菲利普脸上无光，更引起了他对英国王室通过联姻介入自己的地盘高度的警觉。而就在勃艮第军队擅自撤出奥尔良战区之时，4000人的法国军队在一位高举战旗的17岁少女引领下逼近了英国人的包围圈，她就是被法国人视为民族英雄的"圣女"贞德。

关于"圣女"贞德的出现，西方历史学家曾给出过这样的解释："在战场一年接着一年的可耻失败，法国政府在军队和人民心中的领导地位已经因士气低落而名声败坏。当查理王储同意由贞德来领导他的军队并准备战争时，他一定是已经试过几乎所有正规、理性的策略选择却皆告失败。只有一个已经到达了存亡最后关头却全然无计可施的政权，才会在绝望下去相信一个自称受到上帝指示的农村文盲女孩，让她指挥国家的军队。"但真相似乎并非如此简单。

事实上，贞德并不是一个普通的农家女，他的父亲

被神化为法国民族英雄的"圣女"贞德

在著名的阿登森林附近拥有50英亩土地，同时还是当地的税收官。有趣的是，在周遭地区都落入敌手的情况下，贞德的家族不仅依旧忠于法国王室，更多次击退了勃艮第军队的进攻。正是在当地驻军指挥官博垂科特的护送和引荐之下，贞德穿越了辽阔的敌占区，来到了查理七世的城堡，此时针对奥尔良的解围战正在如火如荼地展开。没有了勃艮第军队的支持，英国人在奥尔良地区的兵力可谓捉襟见肘，甚至不能完全封锁所有的城门。法国军队最初希望通过打击对手虚弱的补给线来瓦解英国人的围困。但是公元1429年2月12日，法国军队以3倍兵力试图拦截一支对手运送鲱鱼的车队，但仍以失败告终。一时间法国军队士气空前低落，抱着"天下兴亡，匹女有责"心理出现在查理七世面前的贞德顿时成了一针强心剂。

在法国王室的授意和包装之下，贞德出现在了奥尔良的前线。在所谓"神谕"的感召之下，法国军队放弃了继续打击英军补给线的计划，气势如虹地扑向敌人的堡垒。在进攻英军的防御核心——土列尔堡时，贞德不慎中箭，但事实证明，法国王室为这位胜利女神准备的铠甲"简约而不简单"，被抬下火线后不久，贞德又再度活跃在战场之上。而随着奥尔良的解围，集结了优势兵力的法军又乘势扫荡了对手在卢瓦尔河沿岸的据点，英军虽然组织了一系列反击但最终均以失败告终。在贞德的带领下，法国重甲骑兵终于在帕提等来了扬眉吐气的一天。在英格兰长弓手没有完成布阵之前，法国人就展开了风卷残云般的冲锋。

圣女贞德的事业在此时达到了巅峰。在短短四个月的时间里，法国军队收复了重镇兰斯，直逼巴黎城下。王太子查理在兰斯的历代法国国王加冕之地——兰斯大教堂加冕成为了法国的国王。可是好景不长，在公元1430年5月23日的一场小规模战斗中，贞德下令军队撤退回贡比涅城，城内的守军却因为害怕敌人尾随冲进城内，没等包括贞德在内的后卫部队撤回城内，便关上了城门，于是贞德成为了勃艮第人的俘虏。

和圣女贞德的横空出世一样，世人同样可以从不合常理的落幕中探寻出真相的蛛丝马迹。作为一针输入军队的强心剂，圣女贞德已经很好地完成了查理七世最初所赋予她的使命。而随着时间的推移，她正日益受到本不看好她的军中诸将的崇拜和影响，其中最令查理七世感到不安的莫过于身为前敌总指挥的迪努瓦公爵。迪努瓦公爵出生于法国王室的旁支奥尔良公爵家族，但由于是私生子，因此一度被传说成查理七世同父异母的大哥。迪努瓦公爵指挥法国军队本是查理七世的无奈之举，何况这位纨绔子弟在

战场的表现也实在只能用差强人意来形容,因此在圣女贞德出现之前,查理七世或许从来没有觉得迪努瓦公爵是个问题。圣女贞德在法国军队之中颇多拥趸,其中最为著名的莫过于悍将阿朗松公爵约翰,由于曾被英军俘虏而支付了大量的赎金,阿朗松公爵一心要将战争进行到底。因此,出于政治上的考量,法国王室必须终结圣女贞德的神话。

在英国红衣主教的主持之下,一场所谓的审判很快便举行了。尽管她为自己进行了精彩的辩护,但最终贞德仍以女巫的名义被判"火刑"。公元1431年5月30日,在法国鲁昂,贞德被绑在火刑柱上,刽子手点燃了柴火,在将这个法兰西的圣女烧死之后,英国人又将她的灰烬丢进了塞纳河。法国人的英雄——圣女贞德就这样用自己的死亡,在历史长卷中留下人生最为浓墨重彩的一笔。而值得一提的是,在贞德死后5年,曾有一个女性以贞德的名义嫁给了卢森堡的领主,此事竟然还得到了贞德亲哥哥的认同。但在巴黎的法院介入调查之后,这位贞德却又离奇失踪了。而此时,恰逢法国王室与勃艮第公爵达成和解,法国人军队正式开入了巴黎。

重新回到巴黎之后,查理七世进行了一系列重大改革,固定税收制度,建立有骑兵和步兵的常备军,随后接连展开了收复失地的大反攻。布列塔尼、诺曼底、加斯康涅相继被收复,英王在法国的属地只剩下加莱一隅。战争持续到了1453年,这一年,百年战争终于结束了,法国人收复了除加莱之外英国在法国境内的全部领地。从英王爱德华三世开始的"辉煌"就此被画上了一个句号。当法国人取得胜利的时候,对于英格兰人来说,战争的失败才仅仅是噩梦的开始。

自古"内忧"与"外患"几乎是同时出现的。虽然年轻的亨利六世是一位出色的国王,相较于发动对外战争,他更注重于发展教育,创建了伊顿公学、剑桥大学国王学院等教育机构,奠定了英国教育事业在此后数百年间一直领先世界的基础。可是很多政治问题却并不是教育能够化解的,尤其是英格兰人

英雄末路——火刑架上的贞德

在法兰西的失败。当英格兰在法兰西的统治逐渐恶化时，这位年轻的英格兰国王却根本不知道自己要做些什么，他将问题丢给了忧心忡忡的法兰西摄政贝德福德公爵约翰。而当公元 1435 年贝德福德公爵去世之后，法兰西的战局随即陷入了总崩溃。

与贝德福德公爵并称"国王双臂"的英格兰摄政格洛斯特公爵汉弗莱的日子也不好过。公元 1435 年，他与造成严重外交影响的妻子杰奎琳离婚，投入了情妇埃莉诺·科巴姆的怀抱，英国王室对这场婚姻很不买账。不久之后，埃莉诺因诅咒国王而被判处终身监禁。无力保护自己心爱女人的汉弗莱随即宣告隐居，但他的政治对手仍不肯放过他，公元 1441 年，他在前往国会的途中被逮捕，随即离奇死亡。外部的战争接连失败，而内部的矛盾也在不断增大，宫廷人满为患，国内民怨四起，肯特郡和苏塞克斯郡甚至发生了杰克·凯德领导的民众叛乱，英格兰可谓陷入大麻烦之中。更大的麻烦出现在了战争失败的那一年——从公元 1453 年开始，亨利六世国王开始出现间歇性精神崩溃，由于无法正常处理国事，约克公爵理查便被任命为摄政和护国公。

作为爱德华三世的曾外孙，约克公爵不仅有诸多强力政治盟友的支持，同时还兼备问鼎王位所必须的条件——王室血统。而社会舆论也对改朝换代颇为有利——因为在当时的英国社会，无论贵族还是平民大多认为，在对法兰西的百年战争中，正是在这位昏庸无能的国王的领导下英格兰才会遭到失败，最终丧失了在法国的绝大多数的土地。面对越是拖下去也许越对自己不利的局面，英国王室所在的兰开斯特家族决定率先动手，在亨利六世无力执政的情况下，来自法国安茹的王后玛格丽特成为了王室的主心骨，她不仅动用兰开斯特王室贵族在朝中排挤约克家族的势力，而且还建立了一个针对理查的同盟用以削弱这位约克公爵在朝廷里的实际影响力。

议会内的勾心斗角伴随着蔓延至全国范围的社会动荡，盘踞南部的约克派和在北方颇有势力的兰开斯特家族展开了漫长的暗战。约克公爵之所以迟迟不愿动用武力，很大程度上是看准了亨利六世没有子嗣，一旦时机成熟自己便可兵不血刃地继承大统。但是就在约克公爵出任摄政后不久，王后玛格丽特突然宣布自己为英国王室生下了一名男丁。讽刺的是，这件事连神志失常的亨利六世都感到吃惊。在确立王室已有正统的继承人之后，玛格丽特王后又于公元 1455 年春季宣布国王身体已然恢复。一心想要接班的约克公爵终于按捺不住了，当年 5 月 22 日，约克公爵纠集了上万大军开

兰开斯特的红玫瑰和约克的白玫瑰

始向伦敦挺近,而"挟老公以令英伦"的玛格丽特王后当然不甘心束手就擒,于是在不设防的城镇圣奥尔本斯,一场内战正式开锣。英国以两个王族所选的家徽——兰开斯特的红玫瑰和约克的白玫瑰称之为"玫瑰战争"。

兵力上占据优势的约克派很快便控制了战场,但是公爵理查却选择了在被俘的国王面前下跪以示忠诚,将自己的举兵反叛定义为了"清君侧"。约克派之所以选择见好就收,当然并非心慈手软,而是因为公爵理查很清楚兰开斯特王室仍拥有强大的实力,贸然取而代之最终只能引火烧身。但是,沦为阶下囚的玛格丽特王后并不安分,公元1456年,她成功地怂恿自己的丈夫以出巡的名义离开被约克派控制的伦敦,在兰开斯特派势力范围内的考文垂"另立中央"。再度被解除摄政王职位的理查这一次选择了返回自己在爱尔兰的领地。不过约克公爵回家并不是光生闷气,在三年的整军备战之后,约克公爵信心满满地杀回英格兰,准备上演"王者归来"的保留节目。

二、染血的王冠——都铎王朝的草创与纷争

事实证明,作为理查真正的对手,玛格丽特王后也并非虚度光阴。在约克派面前出现了一支忠于王室的常备军。事实证明,征召的民兵战斗力丝毫不弱于封建骑士,在路乎德桥战役中,兰开斯特王族大获全胜。不过功败垂成的约克公爵并不罢休,在自己逃回爱尔兰的同时,将自己的继承人爱德华派往了海峡对岸的加莱。作为百年战争后英国在欧洲大陆最后的据点,加莱集结了英格兰最为精锐的野战部队。在夺取了当地驻军的指挥权后,约克派在短短不到一年之后便卷土重来。在北安普敦战役之中,亨利六世再度被俘。而这一次,公爵理查自以为自己继承大统已经水到渠成,他甚至在召集国会时恬不知耻地占据了王座,还理所当然地表示:"我不知道在这个王国里有谁不是等着我来,而是等着国王来。"

约克公爵显然高估了自己的影响力,在最终的投票中,英国国会仅仅是强化了他王位的第一顺位继承权,而这一纸决定能否实现不仅取决于亨利六世,更要看北方磨刀霍霍的玛格丽特王后的态度。公元1460年12月,

在不惜割让国土与苏格兰结盟之后，玛格丽特王后纠集了大批雇佣军，气势汹汹地直逼伦敦。约克公爵虽然秉承着上阵父子兵的理念，连自己18岁的次子拉特兰伯爵埃德蒙都带上了战场，但最终还是兵败西约克郡的韦克菲尔德，父子双双战死。

玛格丽特王后赢得了战争却失尽了人心，她将约克公爵的头颅戴上纸制的王冠悬挂于约克城上的羞辱彻底激怒了约克派的大小贵族，而苏格兰军队一路的烧杀掠夺更令整个英格兰为之唾弃。不仅首都伦敦将王后的军队拒之门外，甚至连昔日兰开斯特派的大本营——考文垂都改投了门庭。在这样的情况下，约克公爵的长子爱德华在伦敦市民一片"让我们用白玫瑰在阳春三月建起一座乐园"的期许中稳住了阵脚，而无法驾驭苏格兰军队的玛格丽特王后只能姗姗北归。

在国会的支持下，新一代的约克公爵终于如愿以偿地有机会戴上王冠，英国历史称他为"约克王朝"的爱德华四世。正所谓"红白不两立，王业不偏安"——爱德华四世在正式登基之前所要做的一件大事，便是大举北伐，收复"龙兴之地"约克。红、白玫瑰指引下的大军又一次在约克附近的陶顿正面交锋。这一次同仇敌忾的约克派取得了压倒性的胜利。当爱德华四世将自己父亲的首级从约克城墙之上解下换上新斩首的兰开斯特派贵族之时，这场"玫瑰战争"终于出现了结束的曙光。但是玛格丽特王后却显然没有就此服输的觉悟，利用自己法国出身的特殊身份，玛格丽特找到新任法国国王路易十一，以加莱为交换条件，换来法国王室对兰开斯特派财政和军事上的支持。但爱德华三世也非等闲，他通过外交途径同苏格兰国王达成了十五年的停战协定，同法国和勃艮第宫廷也频繁接触。显然，掌握有大量执政资源的约克派在外交上可以开出远胜于对手的价码。最终，耗尽了财力的亨利六世在隐居地被俘，双脚被皮条绑在马镫上游街示众，随即投入著名的王室监狱——伦敦塔。

19岁便继承其父

士气如虹的约克派军队

爱德华四世与伊丽莎白·伍德维尔

遗志与兰开斯特派鏖战连年的爱德华四世在战场上表现出了其高超的军事和外交才能，但作为一名君王他实在还是太过年轻了。在刀枪入库、马放南山的岁月里，爱德华四世意外地在一次游猎中结识了一位美丽的寡妇——兰开斯特派骑士约翰·格雷的遗孀——伊丽莎白·伍德维尔。应该说，年轻的君王到处寻花问柳在古今中外都不是什么稀奇的事情，但爱德华四世偏偏将一场露水情缘的小品演绎成一场"不爱江山爱美人"的传奇。公元1464年，爱德华四世正式与伊丽莎白成婚，此事虽然得到了其拥戴者的祝福，却惹恼了约克王朝的二号人物——沃里克伯爵理查德·内维尔。在沃里克伯爵看来，爱德华四世这样的"钻石王老五"，其婚姻本是撬动欧洲政治版图的绝妙杠杆，选择西班牙王室的伊莎贝拉可以有效地促进英国与这个日益崛起的帝国之间的关系，而迎娶法国公主则能化解英法百年战争以来两国的积怨，最不济，爱德华四世也可以考虑与勃艮第公爵联姻。

如果说爱德华四世只是在自己的感情问题上与沃里克伯爵发生冲突的话，这对在战场上并肩作战的君臣还不至于从合作走向对立。但自己婚姻美满之后的国王偏偏开始操心起别人的"幸福"来。为给予伊丽莎白王后的五个兄弟、七个姐妹以及两个和自己毫无血缘关系的儿子高官厚禄，爱德华四世开始疯狂地"乱点鸳鸯谱"，甚至为了自己年仅20岁的小舅子迎娶了80高龄的诺福克女公爵。一时间，王后家族成为了英格兰炙手可热的新贵群体。如果说，这种裙带关系沃里克伯爵还能忍的话，那么爱德华国王粗暴地干涉自己两个弟弟的婚事终于突破了沃里克伯爵的底线，因为将自己的两个女儿嫁入王室正是沃里克伯爵巩固自身权力的最后一招。

作为爱德华四世的王弟，克劳伦斯公爵乔治似乎也感染了其兄追求真爱的勇气。公元1469年7月，他最终迎娶了沃里克伯爵的女儿伊莎贝拉。翌年，利用英格兰北方民众的抗税暴动，沃里克伯爵和克劳伦斯公爵这对翁婿正式发动叛乱，在成功地将仍在懵懂中的爱德华四世软禁后，沃里克伯爵处斩了伊丽莎白王后的父亲和兄弟约翰。事情进展到这一步，约克派利用被称为"国王制造者"的沃里克伯爵打击新贵的目的已经达到。

差点也成为沃里克伯爵女婿的格洛斯特公爵理查毅然率军南下，站在了自己哥哥爱德华四世的这一边。而表面与沃里克伯爵和解的爱德华四世也暗中召集了自己的亲信。公元1470年3月，兵败失势的沃里克伯爵带着即将临盆的女儿和女婿克劳伦斯公爵逃往加莱。不过此时，约克派贵族已经无人再愿与之为伍。无奈之下，沃里克伯爵只能寻求法国国王路易十一的庇护。

此时的路易十一的日子也不算好过，五年之前，勃艮第公爵查理纠集了一批图谋自立的诸侯组成"公益同盟"围攻巴黎。路易十一虽然号称"万能蜘蛛"，但在与强大的勃艮第公国交手中也是败多胜少。而最令他担心的自然莫过于英格兰趁法国内乱不休之际，以加莱为桥头堡再度入侵。因此，路易十一不仅慷慨地接纳了沃里克伯爵，更竭力撮合他与流亡法国的另一股英国"反政府武装"——玛格丽特王后的兰开斯特派残部合流。在共同的利益面前，曾经不共戴天的沃里克伯爵和玛格丽特王后竟然成为儿女亲家。在法国王室的鼎力支持之下，沃里克伯爵在英国南部登陆之后势如破竹。面对空前不利的局面，爱德华四世只能抱着"敌人的敌人就是朋友"的宗旨，逃往自己的妹夫勃艮第公爵查理的领地。

再度执掌英格兰的沃里克伯爵从伦敦塔内迎回了前任国王亨利六世，至此，这位约克派的悍将可以说已经彻底与自己的阵营决裂了，但兰开斯特派的全面复辟自然招到约克派的强力反弹。一方面，勃艮第公爵查理由于担心遭到英法两国的夹击而慷慨地向爱德华四世提供1200名雇佣兵以及舰队、财政上的支持，另一方面，身为英格兰北方总督的格洛斯特公爵也以手中监视苏格兰的精锐边防军作为自己兄长坚实的后盾，而真正给予沃里克伯爵致命一击的还是女婿克劳伦斯公爵乔治的临阵倒戈。克劳伦斯公爵的首鼠两端虽然龌龊，但却合情合理，毕竟他本为王冠而战。但是当沃里克伯爵正式与玛格丽特王后结盟，身为约克派的他已经注定只能成为亨利六世及其子嗣的臣僚。

由于彼此之间缺乏信任，本是沃里克伯爵强大后援的玛格丽特王后迟迟不肯离开法国，在关键性的巴内特战役中孤立的沃里克伯爵率

号称"万能蜘蛛"的路易十一

先被击败。20天之后，兰开斯特派的主力才在玛格丽特王后及其独子威尔士亲王的率领下与格洛斯特郡的丢克斯伯里正面交锋，本处于相对优势的反约克派联盟最终被爱德华四世各个击破。随着作为兰开斯特派正统象征的威尔士亲王阵亡，"玫瑰战争"第二季再度以约克派的胜出而告终。为了防微杜渐，爱德华四世不仅将被俘的玛格丽特王后送入伦敦塔，还痛下杀手，秘密将亨利六世处决。

好不容易稳定了国内政局的爱德华四世又马不停蹄地承担起了国际义务，出于对勃艮第公爵查理的投桃报李，在休养生息四年之后，爱德华四世出兵加莱，英法百年战争之后的又一场大战似乎一触即发。但是路易十一早已看穿了"玫瑰战争"后英格兰外厉内荏的本质，在开出丰厚的战争赔款和年贡之后，爱德华四世不仅心满意足地收兵，还释放了本是法国公民的玛格丽特王后。

据说爱德华四世是一位有着高超社交能力的国王，甚至有人形容"与国王见面令人如沐春风"，可是他那热衷于干预政治的妻子——伊丽莎白王后在贵族中却并不受欢迎。为了能够保证自己与伊丽莎白的子嗣能够继承大统，爱德华四世不得不艰难地在约克派勋旧和诸多国舅之间保持着平衡。公元1476年，爱德华四世以谋反及诽谤国王及其继承人的罪名将反复无常的克劳伦斯公爵乔治投入伦敦塔，两年之后，根据莎士比亚的揣测，这位权倾一时的王弟最终淹死在一大桶白葡萄酒里。与此同时，爱德华四世却对自己的另一个弟弟格洛斯特公爵理查信任有加。

作为"玫瑰战争"第二季中始终支持自己兄长的约克派贵族，格洛斯特公爵事实上与沃里克伯爵家族有着千丝万缕的联系，沃里克伯爵从某种程度上甚至可以说是理查的养父。在这样的大前提下，爱德华四世对自己这位王弟的忠诚可谓毫不怀疑。而格洛斯特公爵在大局已定之后也悄然迎娶了与自己早有婚约的沃里克伯爵之女安妮·内维尔。一对有情人渡尽劫波最终能够走到一起本是群众喜闻乐见的戏码，但是在这背后却充斥着阴谋和算计。一方面沃里克伯爵并无子嗣，迎娶安妮·内维尔便代表着获得了其家族至少一半财产的继承权，也正因如此，克劳伦斯公爵乔治一度将安妮藏匿于自己的家中，乔装成女佣掩人耳目。另一方面，由于安妮曾与亨利六世之子有过短暂的婚姻，理查与之完婚一定程度上也能使之获得兰开斯特派的支持。

公元1482年，理查率军收复了此前玛格丽特王后割让给苏格兰的贝里

克镇，其威望随即达到了顶峰。重病缠身的爱德华四世随即册封其为摄政和护国公，期望自己这位忠心耿耿的弟弟能够辅佐自己的幼子爱德华五世。但公元1483年4月9日，爱德华四世刚刚驾崩，理查便一举逮捕了位高权重的国舅爷安东尼，随后，一批依附于伊丽莎白王后家族的王家顾问被以行刺理查的罪名集体处决。格洛斯特公爵如果就此收手，

反映爱德华五世最后岁月的名画《塔中王子》

全力辅佐自己的小侄子，那么约克王朝很有可能在一位"英国周公"的引领下走出瓶颈期，但随后的一系列事件却彻底断送了这个短命的王朝。

公元1483年6月22日，一位公爵理查的下属在圣保罗大教堂外宣读了一份爱德华四世和伊丽莎白王后婚姻不合法的声明，以此正式废黜了爱德华五世的王位继承权。7月26日，格洛斯特公爵正式在西敏寺加冕为英国国王，是为理查三世。而爱德华五世及其弟约克公爵则宛如人间蒸发一般，长久地消失在公众视线之中，直到公元1674年，重修伦敦塔的工匠才在墙壁中找到了两具疑似爱德华五世兄弟的尸骸。法国画家保罗·德拉罗什据此绘制了其著名作品——《塔中王子》。关于理查三世是否亲手谋杀了自己的两个侄子，欧美史学家依旧有着争论，但是理查三世的得位不正却已然成为各路野心家揭竿而起的借口。而其中亨利六世的侄子亨利·都铎无疑是其最起劲的一个。

亨利·都铎的血统很复杂，他的父亲是亨利六世同父异母的兄弟，母亲则是兰开斯特公爵约翰·冈特的孙女。这样的出身虽然算不得根红苗正，却也是人才凋零的兰开斯特派最后的领袖。另一方面，作为英国"玫瑰战争"长期以来的幕后推手，法国王室也在密切注意着约克王朝的内讧。在这段时间里，尽管心不甘情不愿地向爱德华四世进贡了七年之久，路易十一也成功地诱使勃艮第公国陷入与邻邦洛林公国及瑞士的战争之中。公元1477年，在东部重镇南锡的争夺中，最后一任勃艮第公爵查理战死，尽管公爵的独生女玛丽以提前嫁入神圣罗马帝国而保住了自己家族的大半领土，但

得位不正的理查三世

是，一个令法国王室如鲠在喉的勃艮第公国却彻底消失了。

路易十一虽然没有来得及看到另一个宿敌爱德华四世死后孤儿寡母的惨状，但法国王室还是遵循他的思路，向流亡在布列尼塔一带的亨利·都铎提供足以颠覆约克王朝的资助。尽管理查三世平定了公元1483年的第一次叛乱。但是，随着他的独生子不幸夭折，本就摇摇欲坠的约克王朝终于迎来了那致命的最后一击。或许是受了"始作俑者，其无后乎"心理的蛊惑，理查三世在公元1484年释放了他拒绝承认的大嫂——前王后伊丽莎白。但这种粉饰太平的手段并不能换来约克派的团结，反而令贵族中出现了亨利·都铎迎娶爱德华四世长女，以实现约克派和兰开斯特派最终和解的可能。理查三世对这一方案毫无反制手段，一度想自己娶了侄女了事，但这种不为教廷所允许的乱伦想法只能更映证其丧心病狂而已。

公元1485年，在2000法国军队的护送之下，长期滞留于布列尼塔、巴黎等地的兰开斯特派贵族展开了谋划已久的绝地反攻。理查三世虽然迅速动员了两倍于敌兵力的大军前往博斯沃思平原阻击对手，但内部早已分崩离析的约克王朝再也无法取得任何一场胜利。在众多贵族按兵不动的情况下，理查三世只能带着少数亲信往来冲杀，最终高呼着"叛国、叛国"倒在了战场之上。而随着亨利·都铎捡起理查三世染血的王冠戴在自己头上，"玫瑰战争"终于迎来了它的最终季。按照原来的设想，亨利·都铎迎娶了爱德华四世的长女伊丽莎白，将象征兰开斯特和约克的红白玫瑰并列于都铎家族的徽章之中，金雀花王朝漫长的统治和分裂终于宣告了结束，英格兰进入了名为都铎王朝的新时代。

三、真实童话——亨利八世的私生活和英国的宗教改革

以亨利七世之名统治英国的亨利·都铎与其说见解独特，不如说约克

王朝留给了他一系列惨痛的教训。一方面，针对"玫瑰战争"中不断有王室旁系窥测正统的局面，亨利七世大肆屠戮约克派的后裔，以至于最终心怀不满的约克派只能抱着"假作真时真亦假"的心理抬出了身份不明的沃里克伯爵后裔和新任约克公爵（爱德华四世的次子）。另一方面，有鉴于自己与爱德华四世的长女伊丽莎白联姻的成功经验，亨利七世异常热衷于

兼顾红白玫瑰的都铎王朝徽章

与欧洲王室联姻。他的第一个目标是此时已经率先迈入大航海时代的西班牙帝国。

15世纪末期的西班牙刚刚结束了长达七个世纪之久的收复失地运动，同样通过政治联姻建立起新兴政权的斐迪南二世和伊莎贝拉女王在忙于征服北非和美洲新大陆的同时，也警惕地注视着法国在亚平宁半岛的扩张。公元1495年，法王查理八世率军翻越阿尔卑斯山脉，攻占意大利南部的那不勒斯。意大利各城邦随即组建以罗马教廷为首的"神圣同盟"，西班牙旋即加入。至此之时，亨利七世向西班牙王室求婚，伊莎贝拉女王当即许诺将自己的小女儿凯瑟琳许配给亨利

亨利八世的首任妻子——来自西班牙的凯瑟琳

七世的长子亚瑟。公元1501年，英格兰与西班牙正式联姻，但这段王子公主的童话仅仅维系了不到五个月便以男主角的离奇死亡而告终。

为了不令这段政治婚姻就此破产，亨利七世一边将儿媳妇凯瑟琳软禁在伦敦，一边要求自己的次子亨利八世接手其兄的遗孀。应该说这种"小叔纳嫂"的情况在当时的欧洲已然等同于乱伦，好在罗马教廷此时正迫切需要西班牙和英格兰联手阻击法国的南下，因此在凯瑟琳宣布第一次婚姻并未圆房之后，罗马教廷便以教宗训令形式认可的凯瑟琳在第一任丈夫死后14个月改嫁比她小6岁的亨利八世。不过这桩婚事不仅很快便由于英格兰与西班牙外交关系的冷淡而恶化，更令亨利八世的人生观、爱情观、宗教观彻底扭曲。

亨利七世一手操办的另一桩自鸣得意却遗祸无穷的政治联姻是将其长女玛格丽特嫁给了苏格兰国王詹姆斯四世。亨利七世满心欢喜地以为此举将有效地缓和两国之间长期的紧张对峙关系，但当公元1513年英国以保护教皇为名正式介入意大利战争时，出于国家利益考量，詹姆斯四世还是毫不犹豫地站在了自己小舅子亨利八世的对立面，事实证明，长期远离西欧文明中心的苏格兰军队已经无法跟上战神进化的脚步，兵力略胜于对手的苏格兰军队兵败诺森伯兰郡的弗洛登平原，包括詹姆斯四世在内的上万苏格兰人血洒疆场，而英格兰方面仅仅损失了1000人。

尽管詹姆斯四世死后，身为王后的玛格丽特虽然一度通过改嫁苏格兰实力派而摄政，但是对于自己的亲生儿子——苏格兰王位的合法继承人詹姆斯五世却始终没有痛下杀手。1528年，在苏格兰贵族阶层的一致呼吁之下，詹姆斯五世终于从被软禁了15年的爱丁堡中走出，从自己的生母手中接过权杖。值得一提的是，玛格丽特摄政期间对自己的母国始终保持着警惕和距离，反倒延续了苏格兰王室长期以来与法国结盟的外交政策。詹姆斯五世虽然先后迎娶了两位公主，但是在1542年死于霍乱时，他膝下只有一个仍在襁褓中的女儿，她就是苏格兰历史上最著名的女王——玛丽一世。

作为玛丽一世的舅老爷，英格兰国王亨利八世此时早已对苏格兰垂涎三尺。他先是强迫苏格兰王室为6个月的女王与她血统上的表舅——英格兰王子爱德华六世订婚，随即又出兵北犯，试图将未成年的玛丽一世劫持到伦敦。从军事角度上来看，亨利八世代号"粗暴求婚"的奇袭行动堪称经典，但是政治上却是一步毋庸置疑的臭棋。为了避免玛丽一世落入英国人手中，她来自法国的母亲直接向自己的母国求援。在法国陆军和舰队的保护之下，玛丽一世前往巴黎避难，并正式与英国王室解除婚约，改嫁法国王子弗朗索瓦二世。

关于亨利八世缘何如此急于求成，历史学家认为与法国在1525年帕维亚战役遭遇西班牙的重创，英国王室急于抓住这一战略机遇以解决苏格兰问题。也有心理学家指出，亨利八世有意将玛丽一世纳入自己的后宫。应该说，作为国王，亨利八世虽然风流但似乎还不至于如此下流，何况在向苏格兰发动"粗暴求婚"之时，他正和自己的第六任妻子凯瑟琳·帕尔打得火热。而这位君王的罗曼史据说还衍生出了两个著名的童话故事——《蓝胡子》和《灰姑娘》。

"蓝胡子"的故事讲的是一个拥有蓝色胡子的富翁一生迎娶过多位妻子,但世人却都不知道他这些妻子的最终结局,直到最后嫁给他的一个小姑娘发现了他隐藏于密室中的前妻尸体,才最终揭露了"蓝胡子"丧心病狂的秘密。亨利八世自公元1533年与原配凯瑟琳王后离婚之后,短短的十年间,他又先后经历了五段婚姻。当然,亨利八世身为一国之君不会像"蓝胡子"那般藏头露尾。事实上,自从与凯瑟琳王后离婚后,亨利八世的床笫之事便几乎成为了全欧洲贵族的谈资。

由于曾和自己的哥哥亚瑟有过短暂的婚姻,亨利八世向罗马教廷提出离婚的主要理由就是叔嫂通婚不吉,甚至表示自己每晚抱着凯瑟琳王后都有罪恶感,但这一说法显然无法解释亨利八世婚后头十年里与凯瑟琳王后连生六胎的事实。真正令亨利八世对这段婚姻失去兴趣的,一方面是年长他六岁的凯瑟琳王后日益年老色衰,另一方面是这段夫妻所产下了六个子女之中仅有老五玛丽公主免于夭折。因此早在正式提出离婚诉求之前,亨利八世便已经在宫廷里寻花问柳,而他最初勾搭的对象之中便有王后身边的侍从女官——安妮·博林。

有趣的是,最早成为亨利八世情妇的本是安妮·博林的姐姐——玛丽·博林。或许还怀有一丝廉耻之心,也可能是施展了欲擒故纵的手段,安妮·博林一度曾拒绝了亨利八世的追求,甚至离开伦敦前往肯特郡。但最终安妮·博林还是于1526年回到了亨利八世的身边,翌年,亨利八世正式向罗马教廷提出了离婚的请求。但这种王室联姻显然不是你一句"感情破裂"便能画上句号的。自意大利战争以来,凯瑟琳王后的娘家——西班牙帝国已经通过联姻与神圣罗马帝国合并,组成了欧洲毋庸置疑的"超级大国"。教皇克雷芒七世刚刚由于与法国结盟,而招致西班牙军队洗劫罗马,此时更不敢在西班牙皇帝查理五世姨妈的婚姻问题上贸然发表意见。在苦苦等待了两年未见成效之后,亨利八世

安妮姐妹和亨利八世的故事被好莱坞搬上了银幕

被亨利八世驱逐的红衣主教托马斯·沃尔西，此举标志着英国宗教改革的开端

一气之下迁怒于红衣主教托马斯·沃尔西。随着自这位亨利七世以来便执掌英国宗教和世俗事务的"教皇代言人"黯然下台，一场声势浩大的宗教改革也随即席卷英格兰。

对于长期独断专行的沃尔西倒台，英国各界自然拍手称快，但是问题却随即接踵而至。英国教会整体上对亨利八世因为个人婚姻而推动的宗教改革并不看好，沃尔西的继任者托马斯·莫尔虽然以空想社会主义著作《乌托邦》而名留青史，但在信仰的问题上却是个因循守旧的老古董。甚至亨利八世本人也曾在1520年马丁·路德抨击罗马教廷之时挺身而出替教皇辩护。当然在具体的论战方面，亨利八世自知不是马丁·路德的对手，真正代表英国教会从理论角度反击马丁·路德的始终都是才思敏捷的莫尔。事后罗马教廷也特地授予亨利八世"信仰捍卫者"的称号。此时同样站到教皇对立面的亨利八世或许也认识到这种前后矛盾行为有些尴尬，于是自我解嘲道："如果路德只抨击教士的错误和弊端，而不是攻击教会的仪式和其他制度，我们本来都会支持他的。"

亨利八世的宗教改革以节流英国教会向罗马教廷的上贡开始，而教皇克雷芒七世则以开除教籍相要挟，勒令亨利八世在半个月内摒弃自己的情妇安妮。但此时的亨利八世已经将自己的原配凯瑟琳和女儿玛丽扫地出门。在亲自前往法国向此前争取到教会自主权的弗朗索瓦一世取经之后，亨利八世正式决定和罗马教皇决裂。1533年，亨利八世正式与身怀六甲的安妮·博林结婚，四个月之后，这对新婚夫妇的第一个女儿降生，她便是日后赫赫有名的英国女王——伊丽莎白一世。但是亨利八世对此却备感绝望，冒着被教皇废黜和外国入侵的风险依旧没有得到一个男性继承人的现实令他性情大变，甚至在安妮产后第三天便跑去了贵族约翰·西摩爵士的府邸，好事者随即发现约翰·西摩有一个同样身为王后侍女的女儿——简·西摩。

简·西摩的温柔显然无法化解亨利八世心中的不满。在国内外的质疑声中，亨利八世一面强硬地回应自己被开除教籍和来自西班牙帝国的外交压力，一面颁布了著名的《至尊法案》，宣布英国国王即为英国教会的最

高首领。新任红衣主教莫尔由于拒绝承认这一法令而锒铛入狱，并按照一年后通过的"凡是用言论、文字、行动诬蔑国王为异端、裂教者、暴君等恶名者，不承认国王是教会首领者，否认国王婚姻合法者，均为叛逆，罪当处死"的"叛逆法"问斩于伦敦。

托马斯·莫尔高悬的人头并不能吓退英国教会和各地贵族反抗的浪潮，为了捍卫自己的权威和所谓的爱情，亨利八世在全国范围内大肆镇压异己。此举固然不得人心，但在一片愁云惨雾之中，英格兰各地长期割据一方的诸侯势力也遭遇了空前的弱化，被莫尔生前讽刺为"羊吃人"的"圈地运动"至此也进入了顶峰，近代意义上的英国版图和经济结构在亨利八世的倒行逆施中初见端倪。出乎所有人预料之外的是，亨利八世的屠刀最终举向了自己的爱人——安妮·博林。

亨利八世处决自己第二任王后的罪名是通奸，但事实上真正"红杏出墙"的却是亨利八世本人。与简·西摩恋情的迅速升温和安妮王后的两次意外流产，令亨利八世坚信安妮不会给英国王室诞下男丁，于是在一系列的舆论准备和精心安排的通奸证据面前，安妮王后最终被送上了断头台。幸灾乐祸的西班牙帝国使节对此的描述是"在安妮等人遭到逮捕之后，亨利国王比以前更加高兴了"。而此时，亨利八世的前妻凯瑟琳也因病去世，国王的新欢——简·西摩入主后宫之路可谓畅通无阻。

安妮·博林尸骨未寒，亨利八世便心急火燎地将简·西摩迎娶过门。不过亨利八世这次似乎学乖了，他借口伦敦当时瘟疫肆虐而拒绝为新妻子加冕，多少有点"不见兔子不撒鹰"的意味。而简·西摩也没有让自己的老公失望，1537年10月12日，她终于为英国王室生下一位男性继承人——爱德华六世。但就在亨利八世还沉浸于得尝所望的满足感中时，简·西摩却因产褥感染而意外去世。英国民间纷纷猜测是简·西摩在分娩过程中出现意外，亨利八世强令剖腹保子。这位"昏君"名下于是又多了一桩恶行。简·西摩尽管执掌英国后宫仅有短暂的一年多时间，但她节俭内敛的性格以及善待两位公主——玛丽和

日后"弑君者"的祖辈——托马斯·克伦威尔

伊丽莎白的言行还是令亨利八世久久难忘，在其死后，亨利八世不仅三年未娶，更对简·西摩的两个哥哥委以重任。

亨利八世的第四段婚姻是在首席国务大臣托马斯·克伦威尔的竭力撮合之下展开的。托马斯·克伦威尔堪称是亨利八世推动政治改革和王权集中的左膀右臂，但是在为领导物色女人方面眼光却显然有欠老道。托马斯·克伦威尔原本寄希望于通过联姻强化英国与掌握荷兰东部的克里维斯公国之间的同盟关系，共同对抗强大的西班牙帝国。但做了三年鳏夫的亨利八

晚年发福的亨利八世

世显然更关心新娘的美貌。克里维斯公主安妮刚刚抵达英国之时，亨利八世便急不可待地跑去里士满迎接，但安妮公主过于严肃的长相随即令亨利八世心灰意冷。和所有以貌取人的男生处理无法摆脱的女孩一样，亨利八世选择将安妮认为"爱妹"，而倒霉的托马斯·克伦威尔则在随后因贵族的构陷而被判处死刑。从这一点来看，托马斯·克伦威尔的同族后裔奥利弗·克伦威尔日后对英国王室举起屠刀也算是报应不爽。

亨利八世和安妮公主这段离奇的婚姻，由于牵扯到英、德两国而成为后世著名的口水仗。英国史学家以"弗兰德斯母驴"的绰号讽刺安妮公主长相丑陋，而德国方面则说是安妮嫌弃亨利八世体态臃肿而故意让国王对她不满。但事实上，亨利八世在迎娶安妮公主之前早有新欢，这可能是导致他无法接受这段感情的真正原因。这一次，这位风流的国王勾搭上的竟然是自己女儿玛丽的侍女——凯瑟琳·霍华德。凯瑟琳·霍华德被宣布为英国王后时年仅22岁（一说17岁），面对这位拥有着超过此前任何一任妻子美貌的少女，亨利八世可谓是恩宠有加，甚至为了博美人一笑而主动减肥。但和所有的老夫少妻一样，亨利八世和凯瑟琳·霍华德的婚姻很快便败给了新娘的任性和好奇心。身为国王的亨利八世对自己妻子和她表兄托马斯·卡尔佩珀的地下恋情当然不会只是吃醋而已。1542年2月13日，英国迎来了第二位走上断头台的王后。不过凯瑟琳·霍华德并没有像安妮·博林那样在死前请众人为

国王祈祷,而是继续大放厥词说:"我将要作为王后而死去,但是我宁愿作为卡尔佩珀的妻子就刑。"

与凯瑟琳·霍华德的短暂婚姻似乎令亨利八世对年轻的少女彻底失去了兴趣。1543年7月12日,他迎娶了自己的第六任妻子凯瑟琳·帕尔。尽管同样为公主玛丽的侍女,但凯瑟琳·帕尔此时已经31岁了,有过两段婚史且与亨利八世的前大舅子托马斯·西摩(第三任王后简·西摩的哥哥)关系颇为暧昧。亨利八世选择将这位富有且风流的寡妇迎娶过门,与这位国王此时年事已高且财政拮据不无关系。1544年,亨利八世展开他人生中最后一次军事行动——远征法国。凯瑟琳·帕尔展现出非凡的施政能力,协调了王室军队后勤、财政等诸多问题,据说这段时光令她的两个继女——玛丽和伊丽莎白都印象深刻。

1546年,同时在苏格兰和法国两线作战的英国军队终于和亨利八世本人一起在筋疲力尽之后陷入了瘫痪。自知命不久矣的亨利八世开始为他的独子爱德华六世继位铺平道路:他囚禁了野心勃勃的诺福克公爵托马斯·霍华德(第五任王后凯瑟琳·霍华德的伯父),指定国舅爱德华·西摩(第三任王后简·西摩的另一个哥哥)为护国公。可是1547年,自认为已经安排好后事的亨利八世刚刚撒手人寰,他的王后凯瑟琳·帕尔便投入了旧爱托马斯·西摩的怀抱。应该说"太后改嫁"在西欧王室并不新鲜,何况托马斯·西摩贵为国王亲舅、护国公爱弟,同时自身也是英国海军的大当家,与凯瑟琳·帕尔也算是门当户对。而经历了三段婚姻均无子嗣的凯瑟琳·帕尔在嫁给托马斯·西摩之后竟也枯木逢春,在35岁时怀了自己的第一个孩子。但随后便传出了托马斯·西摩试图猥亵跟随继母改嫁的伊丽莎白的绯闻,为本还算美好的一切蒙上一层阴影。

1548年,凯瑟琳·帕尔和简·西摩一样死于产褥感染,不到一年之后,托马斯·西摩亦因叛国罪被自己的亲哥哥送上了断头台。有人认为托马斯·西摩之所以倒霉,是因为爱德华六世患有严重的结核病。英国政坛的各方势力都意识到,一旦王位再次传承,掌握在托马斯·西摩手中的伊丽莎白公主将是有力的竞争者,应该先行将其拔除。在爱德华六世苦苦与病魔作斗争的同时,一场王储争夺战也在紧锣密鼓地进行。按照常理,爱德华六世的大姐玛丽本是王位的第一顺位继承人,但亨利八世宗教改革之后,英国社会普遍不希望迎来一位信奉天主教的女王。因此排在这两位公主之后的简·格雷成为炙手可热的人物。

简·格雷是爱德华六世的外甥女，如此远亲亦能有机会问鼎大统也从一个侧面说明了都铎王朝的人丁单薄。随着爱德华六世的健康状况逐渐恶化，英格兰各方势力在联手扳倒了护国公爱德华·西摩之后，随即展开了对简·格雷婚配的争夺。最终战功赫赫的诺森伯兰公爵约翰·达德利拔得头筹。在将简·格雷纳为儿媳之后，1553年7月5日，约翰·达德利很快便等来了爱德华六世驾崩的消息，他随后命人请简·格雷登上停泊于泰晤士河的游轮，径直抵达伦敦。而直到简·格雷看到岸边欢迎自己的人群，才意识到自己即将成为英格兰的女王。在迎接自己儿媳前来加冕的同时，约翰·达德利也派出自己得力的小儿子罗伯特前往逮捕公主玛丽。但事实证明，约翰·达德利太过低估了他的对手，一路坎坷走来的玛丽早已不是当年任命运摆布的小丫头了。一场大逆转就在约翰·达德利自鸣得意的等待儿媳简·格雷为自己的家族带来王冠之时悄然上演。

四、童贞女王——伊丽莎白女王的崛起

《灰姑娘》的故事在今天早已是脍炙人口，但很少有人知道类似的故事早在格林兄弟出版他们的童话集之前就已经在全世界各地反复上演着。中国唐代著名志怪小说家段成式笔下的《支诺皋》中讲的就是南方某洞主女儿吴叶限便在神鱼的指引下，"衣翠纺上衣，蹑金履"参加了邻国陀汗王的宴会，通过现场遗失的金履，坐拥"水界数千里"的陀汗国王最终找到了在宴会上落跑的吴叶限的故事。后面的情节自然是群众喜闻乐见的大团圆结局。而在欧洲，法国作家夏尔·佩罗早在1697年便在他的个人童话集——《鹅妈妈的故事》里收录了类似《灰姑娘》的故事。

诚如先贤所说，每一个童话都是历史的投影，《灰姑娘》的故事在现实生活中也并非天方夜谭。在以血缘远近为继承权排序依据的封建时代，一个没有男性继承人的君王膝下之女往往会成为各方力量竞相争抢的结婚对象，而失去了母亲庇护的失宠公主更可能成为撬动一个王国政局的支点，因为这样的女孩身上不仅聚焦着国民同情的目光，更有一干国内的野心家希望能以之为旗帜推动重新洗牌。这也就不难解释为何玛丽公主常年饱受父亲亨利八世的冷落，卧病在床时连御医都"虐待"她，但其求婚者却依旧络绎不绝。而其表兄——西班牙皇帝查理五世更是长期充当玛丽公主的保护伞，使之能在宗教改革愈演愈烈的英格兰保持其天主教的信仰。

对于西班牙帝国在爱德华六世死后英国政坛的风云变幻中是否扮演着幕后推手的角色,史学家们依旧莫衷一是。但是在亨利八世激进的宗教改革中并非所有英国人都摒弃了天主教却是不争的事实。因此,当玛丽公主逃脱了约翰·达德利的追捕,出现在诺福克时,随即得到了来自全国的拥护:地主阶层渴望恢复往日天主教治下森严的等级制度,而农民则对约翰·达德利在1549年率领德意志雇佣兵镇压他们反抗圈地的暴行怀恨在心。面对如此广泛的统一战线,约翰·达德利所倚仗的少数武装力量根本不堪一击。7月18日,英国议会宣布约翰·达德利为叛逆,本就无心政治的简·格雷随即退位。由于其执掌英格兰的时间仅有短短的九天,因此又被称为"九日女王"。

童话故事的结局总是美好的,只有在比较原始的版本里才会出现血腥和复仇,如段成式笔下吴叶限女士的继母和姐妹便莫名其妙地"为飞石击死"。玛丽一世起初也抱着"首恶必究,胁从不问"的宗旨,仅仅处决了约翰·达德利公爵本人,甚至都没有拿这个政敌的家族开刀的意思。但是事情的发展却很快令玛丽一世不得不打开杀戒。玛丽一世不仅是一个虔诚的天主教徒,更拥有西班牙王室的血统,因此在择偶问题上,相对于下嫁约克王族爱德华·考特尼,女王更倾向于接受自己表兄的建议,与自己的侄子菲利普二世喜结连理。

此时的玛丽一世已经37岁了,在普遍早婚的欧洲王室堪称"大龄剩女"。她的未婚夫菲利普二世则年仅26岁,可谓风华正茂。如此老妻少夫的组合在英格兰和西班牙均不被看好。除了年龄问题之外,英国人视这场婚姻为天主教的复辟和西班牙的入侵,高傲的西班牙贵族则认为英格兰不过是一个"一个寒冷的、野蛮的、到处是宗教异端的国家"。在这样的背景之下,玛丽和菲利普尚未正式见面,心怀不满的野心家便以爱德华·考特尼为旗帜发动了叛乱。但此时,英国国内人心思定,叛乱者在是

成为政治牺牲品的"九日女王"——简·格雷

伊丽莎白一世最著名的"绯闻男友"
罗伯特·达德利

否废黜玛丽一世,另立其妹伊丽莎白的问题上出现了严重的分歧,最终在群起保护自身财产的伦敦市民的保护之下,玛丽一世成功扑灭了叛乱。为了以儆效尤,不仅参与叛乱的诸多贵族人头落地,被囚禁在伦敦塔内的简·格雷及其丈夫也被推上了断头台。

据说为了清除潜在的竞争对手,玛丽一世曾有心在流放相亲对象爱德华·考特尼的同时,将妹妹伊丽莎白一并处决。但是骨肉亲情和相似的童年境遇最终令玛丽一世选择了将妹妹囚禁在伦敦塔中。在这所英国著名的政治监狱里,伊丽莎白结识了她著名的"绯闻男友"——罗伯特·达德利。而在几个月提心吊胆的囚牢生活之后,伊丽莎白和罗伯特迎来了改变他们命运的恩主——西班牙王储菲利普二世。菲利普二世之所以为达德利家族求情,一方面是基于欧洲贵族之间复杂的姻亲关系,另一方面鉴于此时西班牙与法国之间的敌对关系,菲利普二世希望能借助达德利家族在加莱的军事力量。应该说,罗伯特在战场上的表现的确没有令菲利普二世失望,在1557年的圣康坦战役中,罗伯特率领达德利家族的部曲奋力死战,最终以其弟亨利的生命为代价,为西班牙守住了其在尼德兰的战略枢纽。玛丽一世至此也摒弃成见,恢复了达德利家族的部分领地。

如果说菲利普二世苟活达德利家族是基于军事考虑的话,那么他替伊丽莎白求情则更多的是出于政治上的长远考量。菲利普二世对年长自己11岁的玛丽一世并无爱意,更不相信这段聚少离多的婚姻可以为自己带来子嗣。为了可以进一步通过政治联姻保持与英格兰的同盟关系,菲利普二世一度曾有玛丽一世若死于难产自己便迎娶伊丽莎白的打算。而在1554年假怀孕的风波之后,菲利普二世又怂恿伊丽莎白嫁给自己的表弟。但是信奉新教的伊丽莎白对天主教和西班牙都缺乏好感。此时的菲利普当然不会想到自己的小姨子在未来竟会成为西班牙帝国霸权的掘墓人。

玛丽一世并不是一位无能的女王，在丈夫菲利普二世忙于征战之际，她将英格兰治理得井井有条。她展开了一系列货币改革以抑制国内愈演愈烈的通货膨胀。虽然碍于"英西两国的传统友谊"，玛丽一世严禁英国航海家们劫掠往来于大西洋上的西班牙大船，但是她依旧鼓励英国发展海外贸易和殖民开拓。正是玛丽一世时期印制的世界地图集鼓舞着无数英国人奔向大海。有着悲惨童年的玛丽一世是一个虔诚的天主教徒，这使得她在镇压异端邪说方面显得毫不留情。她虽然允

为妹妹伊丽莎白打下坚实基础的玛丽一世

许亨利八世宗教改革期间吞并修道院土地的英国贵族继续保留"非法所得"，但以火刑处决了近300名不愿放弃新教信仰的臣民。此举掩盖了她一生所有的功绩，只剩下"血腥玛丽"和鸡尾酒一起流传于世。

1558年，法国军队利用西班牙军队困守尼德兰和意大利两线之机一举拔出了英国在英吉利海峡以南最后也是最重要的据点——加莱。丢失"祖产"的巨大压力和不幸福的婚姻令原本就缺乏自信的玛丽一世陷入极度的沮丧之中。1558年5月，这位英国历史上第一位真正意义上的女王因流感而去世，尽管在其葬礼上，温彻斯特主教约翰·怀特赞许说："她是国王的女儿，是国王的姐妹，是国王的妻子。她是女王而同时她也是国王。"但是玛丽一世短短五年的统治期注定只能成为其妹伊丽莎白盛世辉煌的前奏而已。

伊丽莎白加冕之时，英国正处于一个内外交困的尴尬时期，用一位枢密院书记员的话说："女王经济拮据，王国耗尽财源，贵族贫穷没落，军队缺少优秀官兵，民众混乱，法纪废弛，物价昂贵，酒肉和衣服滞销，我们内部互相倾轧，对外同法国和苏格兰同时作战，法国国王一只脚站在加莱，另一只脚站在苏格兰，横跨在我们的王国之上，我们在国外只有不共戴天的敌人，没有坚强忠实的盟友。"但幸运的是，此时英国的主要对手——苏格兰和法国也正处于社会动荡的转型期。1559年4月，随着《卡托—康布雷西条约》的签署，法国与西班牙之间延续了半个多世纪的"意大利战争"

短命的法国国王弗朗索瓦二世

宣告终结。在极不情愿的情况下，法王亨利二世将女儿嫁给刚刚丧偶的西班牙皇帝菲利普二世。但就在婚礼现场，来自苏格兰的卫队长蒙哥马利突然冲出，以短矛刺入了亨利二世的头部。

蒙哥马利行刺的动机至今仍是一个未解之谜，但显然向来敌视英国的苏格兰人也不认可法国长期驻军于自己的国土之上。亨利二世去世之后，其年仅15岁的长子弗朗索瓦二世继位。作为苏格兰女王玛丽·斯图亚特的丈夫，弗朗索瓦二世无疑有权以苏格兰国王的名义加冕，但是，此时法国内部天主教势力与信奉加尔文教的"胡格诺"派剑拔弩张，自幼身体孱弱的弗朗索瓦二世还没来得及一展拳脚，便因耳部感染撒手人寰。16岁便成为寡妇的玛丽·斯图亚特面对自己强势的婆婆——法国太后凯瑟琳，最终选择离开巴黎，重返苏格兰。

身为教皇克雷芒七世的侄女，法国太后凯瑟琳是一个极端的天主教信徒。对于法国国内的宗教改革势力，凯瑟琳的态度是"宁可错杀一千，不可放过一个"。因此有人怀疑弗朗索瓦二世的离奇去世便是因为他试图与"胡格诺"派妥协而遭了亲生母亲的毒手。同样面对苏格兰国内宗教改革的呼声，玛丽·斯图亚特自然不敢在法国长待。摆脱了凯瑟琳的控制之后，玛丽·斯图亚特试图在苏格兰完成一场温和的宗教改革，同时与英格兰缓和关系。

在伊丽莎白和玛丽·斯图亚特两个女王的虚以委蛇之中，英国和苏格兰之间进入了一个短暂的蜜月期。伊丽莎白甚至亲自替玛丽和自己宠臣罗伯特·达德利做媒。而玛丽·斯图亚特则试图以表外甥女的身份窥测英格兰王位的继承权，毕竟伊丽莎白此时已经宣布将"终身不嫁"。如果两位女王之间始终能保持这种良性的互动，那么在伊丽莎白无嗣的情况下，玛丽将无可争议地头戴英格兰、苏格兰两顶王冠。但是1565年她却选择了下嫁自己同母异父的兄弟、苏格兰新教领袖——亨利·斯图亚特。玛丽女王此举或许并非缘于爱情，因为即便在婚后她仍同自己的私人秘书——大卫·瑞里奥保持着情人关系。可见，这场政治联姻并没有起到稳定局面的作用。

由于亨利·斯图亚特的新教背景，苏格兰的天主教势力随即展开了强烈的反弹。而在苏格兰全境内战连年的同时，玛丽女王的宫闱之中同样一片腥风血雨。1566年，不甘心被戴绿帽子的亨利·斯图亚特刺杀了自己的情敌——大卫·瑞里奥。不到一年，他本人也离奇地死在位于爱丁堡的别墅，很多人猜测凶手是玛丽女王的新欢——詹姆士·赫伯恩伯爵。

玛丽·斯图亚特的倒行逆施最终换来了被废黜的恶果。尽管她年仅一岁的儿子詹姆士成为了苏格兰的新国王，但惹来天怒人怨的女王却不得不流亡邻国——英格兰。此时的伊丽莎白对玛丽已经毫无香火之情，经过三个月的审判，玛丽·斯图亚特及其丈夫詹姆士·赫伯恩被分别囚禁于谢菲尔德城堡和丹麦。不过对于伊丽莎白而言，威胁并没有真正解除。信奉天主教的法国和西班牙都视宗教改革的英格兰为异类，一时间各种废黜伊丽莎白、拥立玛丽·斯图亚特的阴谋在伦敦反复上演着。不过此时的法国已经深陷宗教战争的泥潭，幅员辽阔的西班牙帝国也由于尼德兰地区的新教徒和资产阶级革命而不胜头疼。相反，伊丽莎白治下的英格兰则由于此前已经完成了宗教改革而形成天主教和新教的微妙平衡，货币改革和大西洋三角贸易的拓展更令英格兰的国民经济得以稳步提升不。因此，尽管伊丽莎白周围各种"险情"不断，但是这位孑然一身的女王却始终稳如泰山。

五、无敌舰队——英国海权时代的曙光和都铎王朝的终结

1570年，在向伊丽莎白求婚失败和英格兰北部天主教势力叛乱失败的双重作用之下，西班牙皇帝菲利普二世悍然操纵罗马教廷开除了伊丽莎白的教籍。但是此举对这位英国女王并无实质性的伤害，相反，以约翰·霍金斯和弗朗西斯·德雷克这对表兄弟为首的英国私掠船主却始终令西班牙人如鲠在喉。有趣的是，霍金斯和德雷克出道之时并非海盗，而是通过向西属美洲殖民地运送奴隶牟利的商人。尽管这条从非洲西海岸捕获黑奴前往加勒比海换取"兽皮、生姜、糖和珠宝"，最终返回英国的三角航线充斥着血腥和暴力，但是其巨额的利润却依旧令伊丽莎白公开为之背书。

西班牙帝国对霍金斯的所作所为又妒又恨，他们首先通过外交渠道向英国政府施压，随后又出动海军在墨西哥湾炮击霍金斯的船队。英国船只遇袭的消息传来，伊丽莎白随即扣押了在英国港口避难的一支西班牙船队。至此，都铎王朝与西班牙帝国的关系由昔日的姻亲逐渐滑向了对立的深渊。

1577年,约翰·霍金斯正式成为了英国海军的财务官,而他的表弟德雷克则在同一年扬帆出海,沿着麦哲伦的航线展开了英国人的第一次环球航行。

尽管德雷克一路在美洲沿海四处打劫西班牙商船,但伊丽莎白和菲利普二世却并不急于撕破脸皮。伊丽莎白很清楚英国在正面挑战西班牙这头"巨兽"之前仍需要韬光养晦;而菲利普二世则认为推翻自己的小姨子伊丽莎白只能让老对手法国渔翁得利,毕竟第一顺位继承人玛丽·斯图亚特有一半法国血统。但这种从大局出发的隐忍姿态并不能妨碍在对方的伤口上下蛆,在鼓励更多的私掠船主窜入大西洋的同时,伊丽莎白大力资助西属尼德兰的革命浪潮,西班牙则暗中鼓励爱尔兰独立。

1582年,"荷兰国父"威廉一世在宣布荷兰独立前两天遇刺,群龙无首的尼德兰革命者面对西班牙名将亚历山大·法尔内塞麾下的6万大军只能向英国求援。此时的伊丽莎白刚刚于两年前歼灭了一支试图潜入爱尔兰的西班牙"特种部队",随即大方地向荷兰派出了一支由心腹爱将罗伯特·达德利指挥的远征军。至此,英国和西班牙之间漫长的暗战终于浮出了水面。菲利普二世决心先摧垮荷兰共和国,随后派出舰队封锁英吉利海峡,掩护亚历山大·法尔内塞的地面部队攻入伦敦。

菲利普二世的战略很轻松地走完了第一步。经过13个月的漫长围困,亚历山大·法尔内塞所指挥的西班牙陆军不仅攻占了荷兰重镇安特卫普,更设埋伏击溃了英、法两国的援军。1587年,罗伯特·达德利不得不撤军回国,准备本土保卫战。但德雷克所指挥英国海军却在这一年突袭了西班牙最重要的军港——加的斯湾。客观地说,德雷克所取得的战果还并至于让西班牙海军伤筋动骨,但对手来去如风的攻击模式却令菲利普二世不得不正视西班牙海军所大量装备的桨帆战舰在风帆战舰面前的速度和火力劣势。

西班牙人之所以能够长期横行地中海,并在1571年的勒班陀海战中重创不可一世的奥斯曼帝国海军,很大程度上要归功于所在战场的风平浪静和一支训练有素的舰载步兵。在历次战役之中,西班牙海军组成类似陆战的阵列,

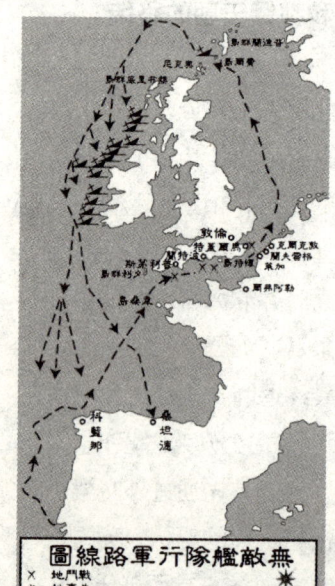

无敌舰队的航行路线

缓慢地靠近对手后展开接舷战。舰炮在西班牙海军的字典里只是用来削弱对手的辅助，而并非一击致命的主战兵器。德雷克的突袭尽管令菲利普二世看到了风帆战舰和火炮的威力，却无法改变一支海军的"光荣传统"。1588年5月，一支由130艘战舰组成

无敌舰队的溃败

的庞大舰队终于集结完毕。尽管这支舰队远比不上17年前高举十字架扑向异教徒的"神圣同盟"，但并不妨碍菲利普二世雄心勃勃地称之为"无敌舰队"。

　　面对来势汹汹的西班牙人，伊丽莎白女王的备战步伐从未停歇。为了防止国内反对势力的异动，1587年2月，被囚禁了19年之久的玛丽·斯图亚特在伦敦被处决。由于这位苏格兰女王在受刑之时身穿红衣以表明自己忠于天主教的信仰，在此后的漫长岁月里，她的形象被罗马教廷不断拔高，以至于人们逐渐淡忘了她拙劣的施政能力和并不检点的私生活。

　　在将其他天主教贵族送往伊利岛囚禁起来的同时，英国各阶层的动员也在稳步进行。一支2万人左右的陆军在伦敦地区集结，他们的指挥官是伊丽莎白女王最为信任的罗伯特·达德利。为了鼓舞士气，伊丽莎白女王甚至亲自前往提尔伯利阅兵，并发表了那篇"我知道自己是个女人，力微体弱，但是我有国王的心胸，尤其是有英格兰国王的心胸，藐视胆敢犯我国土的帕尔马或任何欧洲君主"的演讲。值得一提的是，伊丽莎白口中的帕尔马（公爵）便是曾在荷兰击败过英国远征军的亚历山大·法尔内塞，一旦西班牙陆军成功登陆，鹿死谁手便殊难预料。因此伊丽莎白女王更多地把宝压在英国海军的身上。

　　为了阻击"无敌舰队"，英国人动员了几乎所有可以使用的舰艇，来自沿海各港的私掠船主凑起了197艘船，但是其中真正有战斗力的只有34艘战舰。为此，德雷克曾提议放弃在英吉利海峡决战，以"围魏救赵"的方式突袭西班牙控制下的葡萄牙首都里斯本，但这个过于冒险的方案最终被

舰队司令查理·霍华德所否决。英国海军主力集结于普利茅斯港，一支分舰队前往那里监视西班牙陆军的行动。

但这种枕戈待旦的行动一直到7月19日傍晚才被证明有意义。由于遭遇风暴的袭击，导致两艘千吨级主力舰受损，西班牙舰队姗姗来迟，出现在英格兰最南端的利泽德岬角。得到消息的英国舰队赶忙顶着逆风从港口出击，但此时西班牙舰队已经出现在了普利茅斯港外。如果西班牙人能够抓住这一有利的战机，那么等待英国舰队的将是一场关门打狗似的屠杀。但是西班牙舰队司令梅迪纳·西多尼亚公爵却刻板地遵守自己出发时的使命，指挥着整个舰队浩浩荡荡地沿着英吉利海峡向北驶去。面对吨位远胜于己的西班牙双排桨大帆船，英国舰队小心翼翼地紧随其后，不断利用舰炮射程上的优势削弱对手。

在长达9天的追击战中，英、西两国的舰队展开了三次小规模的交火，但都没有取得像样的战绩。毕竟西班牙人的重型舰炮射程太短且射速不快，根本无法命中快速航行的对手，而英国人的轻型弹丸在远距离则无法击穿对手的舰体。不过巨大的弹药消耗量最终逼迫劳师远征的西班牙舰队在抵达会师地点之前前往中立港加莱下锚。西班牙舰队司令梅迪纳·西多尼亚公爵派出信使向亚历山大·法尔内塞求援，希望后者能尽快赶来。但此时，西班牙陆军由于受到荷兰的牵制根本无法如期抵达。在法国加莱总督不友好的态度下，西班牙舰队只能继续顺着西南风驶向敦刻尔克。

相比加莱港，敦刻尔克的水文条件更差，西班牙舰队只能在港外抛锚。英国舰队显然不会放过这一有利的战机。7月28日傍晚，英国海军以八艘满载炸药的火船为前锋，突袭加莱港。弹药告罄的西班牙根本无力抵挡，只能用小型舰炮和滑膛枪来对抗英国战舰的抵近射击，如同勒班陀海战中土耳其海军用弓箭来抵御西班牙人的火器一样。激战持续了八个小时，占尽优势的英国舰队最终也面临和对手同样的困境——他们的弹药用完了。目送西班牙人向着北海方向夺路而逃的查理·霍华德不无感慨地写到："他们的舰队浩浩荡荡，气势汹汹，可是我们终于把他们的羽毛一根一根地拔下来了。"

真正摧毁"无敌舰队"的并非是英国海军的舰炮，而是西班牙人并不熟悉的高纬度海域以及其糟糕的战备情况。在绕行整个不列颠群岛重返温暖的大西洋的道路之上，西班牙人损失了将近一半的舰艇和兵员。但这一点损失对财大气粗的菲利普二世来说似乎并不算什么，他甚至自信满满地

表示要"再来一次",相反,英国海军在战后不得不面临一个尴尬的战略机遇期。在失去制海权的情况下,西班牙人调整了其横跨大西洋的海上运输方式,大批200吨的小型武装商船取代了过去大而无当的西班牙宝船。面对这种航速和火力均不弱于自己的对手,英国的私掠船主们显得很不适应。而传统的英国贵族阶层更热衷于攻城略地。为此,英国舰队频繁地冲入加勒比海和墨西哥湾,希望能在西班牙的西印度群岛殖民圈内打入一个楔子,但这种远程突击对羽翼未丰的英国

伊丽莎白女王的心腹大臣
威廉·塞西尔

海军而言往往得不偿失。1595年,约翰·霍金斯和弗朗西斯·德雷克这对表兄弟再度联袂出击,率领27艘战舰冲向波多黎各,但是西班牙人早有准备。最终,这两位英国海军的开山祖师双双病死于自己的战舰之上。

和霍金斯和德雷克这对表兄弟的离世相比,更令伊丽莎白痛惜的是罗伯特·达德利及其继子罗伯特·德弗罗的先后故去。击败"无敌舰队"之后,伊丽莎白和罗伯特·达德利的关系进入了一个新的蜜月期,两人之间曾经的那些醋海风波和权力纠葛似乎都已烟消云散。但是就在1588年的9月4日,罗伯特·达德利这位伊丽莎白口中的"另一个朕"却意外死在牛津附近的科因伯利庄园里,痛苦万分的伊丽莎白为此闭门不出,最终还是"三朝老臣"威廉·塞西尔的破门而入,才从伤心欲绝中救出了女王。

罗伯特·达德利死后,伊丽莎白重用了其继子罗伯特·德弗罗。罗伯特·德弗罗也有没有令女王失望,1596年,他联手热衷于在美洲建立殖民地的探险家沃尔特·雷利扫荡了西班牙最重要的港口加的斯。尽管此举并未获得太多经济上的收益,但是年轻的德弗罗从此名声大振。1597年,这位年仅31岁的统帅以西班牙人即将"卷土重来"的名义,率领舰队直扑堪称大西洋枢纽的亚速尔群岛。事实证明,西班牙海军的主力根本不在亚速尔群岛,而是再度兵临英吉利海峡。如果不是菲利普二世健康状况的恶化和一场不可预测的风暴,英国很可能将会在第二次"无敌舰队"远征中沦丧。

德弗罗在亚速尔群岛的无功而返令他失去了女王的信任,但是面对爱尔兰人的揭竿而起,伊丽莎白还是给了德弗罗一个东山再起的机会。1599年,德弗罗率军前往爱尔兰平叛。但是这位埃塞克斯伯爵显然已经武运不再了,

SHIXUEMEIGUI
第一章 都铎王朝

精锐的英格兰陆军被爱尔兰人的游击战术打得满地找牙，而自作主张地与爱尔兰休战更令德弗罗与伊丽莎白的关系彻底破裂。在自己家中被软禁了几个星期之后，德弗罗选择了向伊丽莎白宣战，但一位33岁好勇斗狠的将军显然在政变领域敌不过66岁老于世故的女王。1601年2月，罗伯特·德弗罗在伦敦塔授首，他的政治盟友沃尔特·雷利虽然没有参与其中，但不久之后也因莫须有的罪名被投入监狱。

伊丽莎白一生最终倚重的还是老谋深算的财政大臣——威廉·塞西尔。这位跟随都铎王朝一起成长起来的老官僚，不仅在平衡英国国内各派势力方面颇有手腕，在外交领域同样长袖善舞。利用法国深陷宗教战争及西班牙皇帝菲利普二世去世的有利契机，威廉·塞西尔努力达成了英西两国的媾和。正是威廉·塞西尔折冲樽俎的外交努力，最终使得英国军队在西班牙正式介入之前平定了爱尔兰人的起义。出于对威廉·塞西尔能力和忠诚的肯定，伊丽莎白在其死后委任其子罗伯特·塞西尔为国务大臣。

1603年，70岁的伊丽莎白身患神经衰弱、风湿、慢性黄疸等多种疾病。对于自己的王位继承人，终身未嫁的伊丽莎白选择了与自己有表亲血缘的苏格兰国王詹姆士·斯图亚特。此举固然是人丁单薄的都铎王朝的无奈之举，但却有利于英国摆脱长期以来与苏格兰紧张对峙的局面。况且詹姆士·斯图亚特此时已然迎娶了丹麦公主，英国的商业资本相信由其执掌不列颠，将有助于开拓环波罗的海的贸易圈。

3月24日，病入膏肓的伊丽莎白默默地忍受着常常持续几个小时的阵痛。罗伯特·塞西尔向她建议说："陛下，为了满足人民的意愿，你必须躺到床上去。"得到的回答却是："臣子，对君王难道可以用'必须'这个词吗？"带着女王最后的荣耀和孤独，伊丽莎白最终离开了人世。总结这位传奇女王的一生，我们不难发现，她的确开创了一个属于英格兰的盛世辉煌，从接手玛丽一世所留下的300万英镑债务和一个四面受敌的外交困局，到最终击败无敌舰队，坐拥

中年的伊丽莎白一世

大西洋和波罗的海两个贸易圈，英国的国运的确在伊丽莎白手中实现了逆转。但是在1588年之后与西班牙漫长的海上战争中，英国并未讨到什么便宜，爱尔兰人的游击战更令那座岛屿成为了"英格兰国库的漏斗"。伊丽莎白虽然竭力补救，甚至不惜出售土地和官职，开增专利权税，但她逝世时英国依旧负债300万英镑，可谓从终点回到了起点。

伊丽莎白真正留给英国人的不是物资上的财富，而是一种"虽万千人吾往矣"的精神，恰如在战胜"无敌舰队"几年以后，莎士比亚在其名作《约翰王》中所言："尽管全世界都是我们的敌人，向我们三面进攻，我们也可以击退他们。只要英格兰对它自己尽忠，天大的灾祸都不能震撼我们的心胸。"

除此之外，伊丽莎白统治时期，英国政府成功地从爱尔兰人身上学到如何统治和管理殖民地，以特许公司为单位的英国商业资本开始涌向美洲和印度。1582年，沃尔特·雷利在北美建立了第一个英属殖民地——弗吉尼亚。1592年，未地英国海航家詹姆士·兰开斯特跟随荷兰人的角度抵达被称为"东印度群岛"的印尼和马来西亚地区。或许都铎王朝的先祖亨利七世和西班牙女王伊莎贝拉都不会想到，当年亨利八世迎娶凯瑟琳之时，"日不落帝国"的梦想竟也同时完成了传承。

第二章 弑君之斧

六、捉襟见肘——斯图亚特王朝时期的欧洲格局和王权与国会的对立

1618年10月29日,在一干来自苏格兰的斯图亚特王朝新贵的注视之下,昔日伊丽莎白女王的宠臣沃尔特·雷利从容地走上了断头台。自1603年被昔日恩主以谋反的罪名投入伦敦塔以来,他已经在其中自得其乐地生活了13年。他不仅在监狱里种植自己从美洲带来的烟草种子,著书立作,更将自己的娇妻爱子也接来同住,一时倒也其乐融融。但1616年,沃尔特·雷利最终还是耐不住寂寞,上书国王詹姆士一世,请求组织一支探险队前往20年前他事业的重地——圭亚那。

此时的英国已于1612年击败了试图垄断印度洋贸易的葡萄牙人,在莫卧儿帝国的主要涉外口岸——苏拉特建立了永久性据点,对北美的殖民也在艰难的推进之中。而就在沃尔特·雷利积极筹备再度远征南美之际,一批来自诺丁汉郡的英国清教徒正在荷兰忍受着当地人的白眼和西班牙可能再度入侵的威胁,商讨着是否应该进一步移民南美洲

英国历史上著名的花花公子——沃尔特·雷利

的圭亚那。不过沃尔特·雷利的探险最终堵住了他们的退路。找不到黄金的探险者将失望的情绪转嫁到了当地的西班牙移民头上,此举不仅破坏了詹姆士一世与西班牙保持"睦邻友好"的外交大计,更令荷兰的英国清教徒不敢轻易前往南美。

在垂垂老矣的沃尔特·雷利对着锋利的断头斧调侃说"这药的药力太猛,不过倒是包治百病"之时,他自然不会想到失去了前往圭亚那机会的英国清教徒竟然会在两年后主动与他所命名的弗吉尼亚公司合作,向詹姆士一世申请移民北美。1620年9月16日,来自荷兰和英国本土的102名清教徒乘坐三桅帆船"五月花"号扬帆西去。这些怀着梦想和虔诚信仰的英国人虽然遭遇了风浪和饥

复原后的"五月花"号

馑的袭击,但最终在北美印第安人的帮助下度过了第一个冬季,此后对印第安人的"感恩图报"和代表民众自治的《五月花号公约》伴随着名为"新英格兰"的殖民地在北美大陆逐渐生根发芽。

"五月花"号抵达北美之时,詹姆士一世对于那片大西洋彼岸的领土并不关心,这位自幼患有佝偻病的国王正忙于英国并无太大关系的一场欧洲战争。詹姆士一世因为宠信风度翩翩的男臣,而被指摘有"龙阳之癖",但在英国历代国君之中还算是颇能生育的。他和结发妻子安妮育有两子四女,在向来喜欢王室联姻的欧洲,詹姆士一世的子嗣也是一笔无形的外交资本。其长女伊丽莎白嫁给了德意志诸邦之中颇有人望的莱茵选帝侯腓特烈五世。这桩有些鞭长莫及的婚事很大程度上是腓特烈五世的母亲路易莎·朱丽安

詹姆士一世的全家福

娜促成的。作为与英国长期并肩作战的荷兰"国父"——威廉一世之女，路易莎·朱丽安娜对英国王室颇有好感，而迎娶了丹麦公主的詹姆士一世也热衷于打入日耳曼贵族圈，于是双方一拍即合。

1613年2月14日，伊丽莎白公主风风光光地过了门，一年之后，18岁的腓特烈五世正式亲政，在个人野心和妻子的怂恿之下，信仰加尔文教的腓特烈五世积极地在推崇宗教改革的德意志诸侯中活动。在其岳父的支持之下，腓特烈五世逐渐成为了1608年成立的"新教联盟"的核心人物之一。而1618年，捷克民众在布拉格掀起的反对天主教国王斐迪南二世的狂潮，更令腓特烈五世一夜之间黄袍加身，成为了捷克新任元首。

时运不济的"一冬之王"
腓特烈五世

就在詹姆士一世为自己的女儿成为王后而欣喜不已之际，1619年，神圣罗马帝国皇帝马蒂亚斯去世，被捷克人赶出布拉格的斐迪南二世随即加冕为德意志诸邦共主和匈牙利国王。在西班牙帝国的支持之下，斐迪南二世先是镇压了匈牙利人谋求独立的野心，随即便率领德意志天主教同盟的大军杀回捷克。1620年11月，捷克军队兵败白山，被讥讽为"一冬之王"的腓特烈五世连自己的固有封地都没能保住便直接跑去自己老妈的娘家——荷兰流亡去了。

自己的女婿挨了打，身为老丈人的詹姆士一世自然不能坐视不管，不过考虑到德意志与英格兰之间的距离，詹姆士一世选择了更为明智的方式来替人出头。抓住西班牙皇位更迭的契机，詹姆士一世向新任皇帝菲利普四世伸出了橄榄枝，希望能以结成儿女亲家的方式换取西班牙在德意志内战中的让步。不过忙于扩军备战的菲利普四世对这桩婚事并不热心，在"非诚勿扰"的婉拒之下，英国王室只能让王储查理亲自前往马德里相亲。尽管动身前往西班牙之时，查理王子已经23岁了，但是詹姆士一世还是对这个未曾出过远门的儿子颇不放心，特意派出曾在法国研习过宫廷礼仪且马步功夫皆了得的心腹白金汉公爵乔治·维利尔斯陪同并加以保护。

查理王子抵达西班牙之时，神圣罗马帝国已将国内新教势力牢牢压制，菲利普四世的目光开始转向世仇荷兰和控制德意志北部地区的丹麦。对于

詹姆士一世联姻的提议，菲利普四世并不反感，却也不同意就此恢复腓特烈五世的世袭领地。相反，西班牙方面提出英国应该摒弃宗教改革的传统，重回天主教的大家庭。消息传到伦敦，詹姆士一世恼羞成怒，公然宣布"绝不用女儿的眼泪去换取儿子的新娘"。国王的决定尽管获得了英国臣民的一致拥护，但是依旧身处敌对阵营的查理王子和白金汉公爵却只能溜之大吉。由于风向不顺，英国海军无力为王子的游轮提供护航，因此，当查理王子的坐舰出现在朴次茅斯港口之时，举国上下欢喜若狂。白金汉公爵也随即成为了名噪一时的偶像人物。

查理王子的马德里之行也并非全然无功，在前往西班牙的途中，他与白金汉公爵曾在法国短暂逗留。在巴黎，查理王子不仅爱上了法王路易十三的小妹亨利埃塔·玛丽亚，更接受了自己未来大舅子所推销的宏伟战略蓝图。虽然迎娶了一位西班牙公主，但出于自身利益的考量，路易十三不想看到法国深陷于同宗同源的西班牙和神圣罗马帝国夹击之下，因此在德意志本土新教势力土崩瓦解之时，路易十三鼓动丹麦和瑞典先后侵入德意志北部地区，而将自己的小妹加入斯图亚特王朝，更是路易十三谋求英国参战的一颗有力棋子。

1624年12月，英国王室批准了查理王子与亨利埃塔公主的婚约。三个月之后，喜好神学、畏惧葬礼的詹姆士一世病逝于伦敦。斯图亚特王朝迎来新的掌门人——查理一世，这位年轻的君王所要面对的第一个考验便是一场规模空前的大混战。英国介入德意志"三十年战争"的决定实际上早在詹姆士一世在位时便已经做出。为了支持自己的小舅子——丹麦及挪威国王克里斯蒂安四世，詹姆士不仅慷慨解囊，更派出一支由1200人组成的远征军进驻荷兰。尽管由于缺乏训练和补给不足，英国军队在战场上一触即溃，但西班牙人和神圣罗马帝国还是认定这是英国直接参战的标志。

1625年10月，为了配合自己的舅舅——丹麦国王克里斯蒂安四世对德国北部的地面进攻，查理一世任命身为剑桥大学校长的乔治·维利尔斯统帅英国舰队远征西班牙重要港口——加的斯。对于满怀报复的国王，英

风度翩翩的白金汉公爵

国国会勉强批准了巨额军费的预算,却要以收回关税定价权为条件。查理心怀不满地接受了条件,但是维利尔斯的远征却无功而返。面对朝野上下一片弹劾白金汉公爵的声浪,查理一世只能用解散国会来应对。

1626年8月,丹麦军队被德意志名将瓦伦斯坦打得溃不成军,查理一世的国际和家族义务也算尽了,可是偏偏此时法国国内的宗教战争又令这位生性鲁莽的国王按捺不住了。1627年,白金汉公爵再度领命出征。事实证明,这位风流才子实在不适合指挥军事行动。英国远征军刚刚在法国登陆,便被路易十三的股肱之臣——红衣主教黎塞留打得大败。有趣的是,在此后法国文豪大仲马所撰写的《三个火枪手》中,黎塞留是老谋深算的奸臣形象,而乔治·维利尔斯反倒成了法国王后安妮风流倜傥的情夫。

白金汉公爵的再次兵败令其早年襄助王子展开求婚之旅所积累的威望荡然无存。查理一世虽然有心为自己的好友找回面子,但是庞大的军费开支必须经过国会批准。面对一干准备在重开国会之时弹劾和羞辱乔治·维利尔斯的议员,无奈之下,查理一世只通过典卖王后的嫁妆和向国内大户借款的方式来组建新的远征军。一个丈夫出售妻子的嫁妆本是家事,外人自然无从置喙,但根据来自苏格兰的斯图亚特王朝的财政状况,英格兰的大户们却并不买国王的账,一怒之下,查理一世将五名所谓的"骑士"投入了大牢。

在议员们保证不弹劾白金汉公爵的情况下,苦于无法筹措军费的查理一世最终于1628年3月召开了国会。面对查理一世"如果你们不顾上帝的意志,不尽力满足当前国家的需要,我就必须利用上帝授给我的其他手段去抢救可能由于别人的蠢行而丧失的东西"的恫吓之下,英国国会最终同意拨款30万英镑用于战争,同时也提交了旨在限制国王的《权利请愿书》。在征求了法官们的意见之后,查理一世最终签署了这份"请愿书"。但是,就在议员们引经据典地将此举比拟为当年"无地王"约翰接受《大宪章》之时,他们并没有意识到任何一纸空文都无法对抗全副武装的国家机器。

拿着国王好不容易筹集来的军费,白金汉公爵意气奋发地出现在朴次茅斯军港。但就在乔治·维利尔斯准备一雪前耻之际,却被一名叫约翰·费尔顿的海军中尉暗杀在出征前夜。关于约翰·费尔顿行刺白金汉公爵的动机,英国史学家归结为其对迟迟未得到晋升而心怀不满。从言行上看,约翰·费尔顿是一个容易被蛊惑的理想主义者,在成功刺杀了目标人物之后,他本

有机会混进人群逃走,但是听到有人怒骂:"是哪个无赖刺死这位高贵的公爵?"他却停下了脚步转身展开了辩论。在临刑之前,这位刺客更富有哲理地忏悔道:"公共利益不应成为任何恶行的借口。"查理一世处决了约翰·费尔顿,但他更无法原谅那些到处散布反对国王言论的国会政客。他推翻了此前签署《权利请愿书》时的所有承诺,1629年再度宣布解散国会。都铎王朝以来王室与议员之间虽然时有龃龉,但是这种彻底闹僵的局面却是斯图亚特王朝所独有的风景。

查理一世很清楚,失去了国会的支持,他所要面对的是一个孤立无援的局面。因此,他首先选择了与法国和西班牙媾和。此时德意志大地之上的"三十年战争"已经进入了瑞典国王古斯塔夫二世横行无忌的"个人秀"时段,法国和西班牙都无心与英国纠缠下去,因此和谈进展顺利,大批在法国和荷兰被俘的英国士兵顺利返回了家乡。在稳定了外部局面之后,查理一世开始分化英格兰的贵族阶层。在国王的延揽之下,众多颇具影响力的政客顶着"国会叛徒"的骂名成为了查理一世的吹鼓手,这一切都服务于查理一世的最终目标——维持收支平衡。

来自苏格兰的斯图亚特家族是一个相对穷困的王室,詹姆士一世入主伦敦之时曾一度为英格兰的富庶所打动,照实过了一阵穷奢极欲的日子。国会尽管对此颇有微词,但仅凭大法官们判定进出口关税归王室支配这一点便足以令詹姆士一世这个"苏格兰穷光蛋"衣食无忧了。查理一世也曾认为,只要不发动战争、暂缓海外殖民,加上自己的节衣缩食便足以维持一个小康的局面。但他显然忽视了在自己的治下还有一个不断烧钱的爱尔兰。

为了收拾桀骜不驯的爱尔兰人,查理一世任命自己的亲信托马斯·温特沃斯为第一任爱尔兰总督。应该说温特沃斯对其本职工作可谓尽心尽责,在他刚柔并济的手段面前,爱尔兰一度出现了少有的秩序和繁荣。不仅大批爱尔兰人加入了国王的军队,财政上也首次扭亏为盈。可是来自爱尔兰的微薄收入并不足以偿还英国财政上旧有的债务,无奈之下,查理一世开始增收新税。1635年8月,查理一世按照阿尔弗烈德大帝时期"全国都应承担维持舰队的费用"的习惯法,宣布开征"海军税"。

尽管税款只有20先令,但早已心怀不满的国会议员们还是借题发挥。在"内陆郡同皇家海军毫无关系"、"只有国会有权开征新税"的口号声中,查理一世只能选择将这一问题诉诸法律。不过在得到法律支持的情况下,

英国中产阶级还是拒绝交税，同时为了逼迫国王让步，他们开始试图撕裂英国宗教对立这道旧伤疤。

七、兵连祸结——英国内战的爆发

由亨利八世所发动的英国宗教改革，其本意只是收回长期由罗马教廷所垄断的宗教裁判权，但经历了玛丽一世的天主教复辟和伊丽莎白女王的宗教调和政策，英国民间出现了一股名为"清教徒"运动的热潮。所谓"清教徒"，仅从字面上理解是要清除英国国内的天主教残余，但实质上却代表英国新兴资产阶级的宗教观和价值观。他们鄙视教堂和神父的权威，认为无需各种繁文缛节和宗教仪式，每位信徒都能直接与上帝交流。"清教徒"也不避讳从商和致富，甚至以"若有人问如何能感受上帝在他身上的恩宠，只要看看神赐给他的产业便成"自诩。

擅长神学的詹姆士一世一眼就看出了"清教徒"运动背后的政治野心，因为在"君权神授"的大前提下，"没有主教就没有国王"。当然，在与"清教徒"运动的对抗中，詹姆士一世采取的并非玛丽一世那样的高压政策，而是疏堵结合。一方面亲自修订《圣经》，强化教会和国王在上帝面前的特殊地位。另一方面或明或暗地鼓励"清教徒"移民北美。因此，在詹姆士一世统治期间，英国的"清教徒"运动没有掀起太大的风浪。

查理一世没有其父那般的神学修养，对于"清教徒"的势力也没有清醒的认识。为了增加收入，查理一世听信了大主教威廉·劳德的建议，强制要求所有国民必须去教堂作礼拜，违者罚款1先令。此举顿时引发了"清教徒"们的群起抵抗，查理一世则以枷刑、烙刑和割耳来回敬。英格兰"清教徒"的抗议声浪尚未平息，1639年，苏格兰又爆发了天主教徒的起义。

应该说，苏格兰人对斯图亚特王朝的不满由来已久，当地的天主教徒对詹姆士一世入主伦敦之后在苏格兰推行英国国教心存芥蒂；以"长老会"形式长期把持地方政局的封建贵族，则对来自英格兰的主教们大权独揽怀恨在心。对于苏格兰人长期隐忍不发，很大程度上，查理一世要感谢在德国境内狼奔豕突的瑞典国王古斯塔夫二世，后者的军队吸纳了大批来自苏格兰的雇佣兵。不过，随着古斯塔夫二世的战死和瑞典军队1634年在讷德林根的战败，大批苏格兰老兵解甲归田。借着查理一世要求苏格兰与英格兰使用同一版本《祈祷书》的由头，苏格兰人率先揭竿而起。

查理一世虽然有心与叛军血战到底，但是没有国会的财政支持，斯图亚特王朝唯一可以动用的武装力量只有温特沃斯麾下的爱尔兰驻军。为了迎合查理一世"宁可抛头颅，也不让最高权威受到轻视"的豪言壮语，枢密院炮制了一个向西班牙借兵的计划。但是，不等英国王室与西班牙展开接洽，在瑞典陆军元帅亚历山大·莱斯利便成为了叛军的首领。高举"为基督的荣誉而战"旗号的2万苏格兰军队浩浩荡荡开赴传统边界，既没钱又没兵的查理一世只能选择和谈。不过此时，整个苏格兰都已经被独立之火所点燃，查理一世的和谈被视为缓兵之计。无奈之下，查理一世只能宣布重开国会。此时，一个来自剑桥的议员出现在了国王的对立面，他就是亨利八世时期的重臣托马斯·克伦威尔的后裔——奥利弗·克伦威尔。

议员时代的克伦威尔

1640年4月召开的"短期国会"之上，查理一世对这位年长自己1岁的克伦威尔或许并没有什么特别的印象。由于英格兰北方贵族担心苏格兰人入侵会导致自身利益受损，因此纷纷捐助国王。手中略有盈余的查理一世不屑和议员们多费口舌，仅有四分之一议员出席的国会仅存在了不到一个月的时间便再度被解散。在苏格兰大军抵达泰恩河之际，查理一世终于凑齐了一支王室军团交给从爱尔兰只身赶来的温特沃斯指挥。

在泰恩河一线展开对峙的两支军队本是查理一世与苏格兰长老会谈判的筹码，但由于一名苏格兰骑兵偶然越界所引发的交火竟令王室军团土崩瓦解。溃散的英军振振有词地辩解称他们逃跑并不是由于恐惧，而是因为没有军饷。苏格兰大军随即势如破竹，直抵纽卡斯尔城下。面对内外交困的局面，查理一世只能向国会妥协。1640年11月3日，新一届的国会议员完成了选举，在心怀不满的贵族阶层大肆鼓噪所谓"我们选举的人不必有任何长处，只需要有敢于抗上的精神"的情况下，著名的反对派人士无一落选，新当选的议员也几乎全站在反对国王的立场之上。当然，为了防止苏格兰人直扑伦敦，英格兰经融界也向查理一世缴纳了5万英镑，以维持在苏格兰占领军和残存王室军队的开销。

新一届国会抛出的第一个议题并不是如何抵御苏格兰人的入侵，而是尽快惩办正在约克郡前线的温特沃斯，此举虽然有斩断查理一世臂膀和报

锒铛入狱的大主教威廉·劳德

复温特沃斯本人在解散国会后投靠王室的意味,但更重要的是温特沃斯手中掌握有议员首脑与苏格兰暗通款曲的证据。在举国上下的舆论攻势面前,查理一世不得不丢卒保车。温特沃斯刚从前线被召回伦敦便锒铛入狱,与此同时,查理一世的其他主要幕僚也纷纷倒台,大主教威廉·劳德被投入伦敦塔,国务大臣弗朗西斯·温德班克则逃亡海外。不过国会审判温特沃斯的过程也并不顺利。为了能将其置于死地,议员们罗织了一个"累积叛国"的新罪名,主要的证据是温特沃斯曾对查理一世表示:"你在爱尔兰有一支军队,可以把这支军队调来征服这个王国。"

尽管根据上下文的意思来看,温特沃斯口中的"这个王国"指的是叛乱中的苏格兰,但最终国会还是以204票对59票的绝对多数通过了死刑判决书。而就是这59位站在公平和理性立场上投票的议员随即也成为了同僚眼中的叛徒。最终还是议员奥利弗·圣约翰在国会说了一句公道话:"打碎狐狸和狼的脑袋从来就不算是残忍或者不合理的行为,因为它们是猛兽。"国会之所以咬住温特沃斯不放,正是出于对这位封疆大吏及其所统治下的爱尔兰心存畏惧。

1641年5月,温特沃斯在伦敦被枭首示众。5个月之后,爱尔兰人由于不满国会派来的新总督的种种作派而愤然起义。不过此时的英格兰已经无暇顾及这座邻近的岛屿,因为内战的阴云已经笼罩了整个不列颠。在处决温特沃斯之后,国会更进一步通过以"至少三年召集一次国会,必要时可以撇开国王"为标志的《三年法案》。至此,查理一世的独裁时代彻底宣告终结。但是,扳倒了国王之后,国会随即陷入了一场有趣的内讧之中,昔日官僚和贵族希望能够维持旧有的秩序,他们戴假发、佩长剑,自诩为"骑士党",而以乡绅和商贾为主的"清教徒"则因其理短的头发而被称为"圆颅党"。

"骑士党"和"圆颅党"在国会争吵不休之际,查理一世以安抚苏格兰的名义离开了伦敦。"圆颅党"领袖约翰·皮姆随即提出了清算查理一世继位以来所有罪行、剥夺国王对军队控制权的"大抗议书"。此举随即

招来了"骑士党"的强烈反弹,国会之中一度出现剑拔弩张的紧张气氛。克伦威尔不无悲观地表示,如果对峙的局面继续下去,他只能变卖家产移民北美去了。但就在此时,查理一世的鲁莽挽救了分裂边缘的国会,在王后的怂恿之下,1642年1月4日,国王亲率300名步兵突袭了国会。但约翰·皮姆等"圆颅党"领袖早已溜之大吉。查理一世没有一举捣毁国会的勇气,他只是比较客气地搜查了一番,便负气离去了。但约翰·皮姆却借机大做文章,在他的鼓动之下,大批伦

逃离伦敦的查理一世

敦市民涌上街头,包围王宫。到1月10日,查理一世已经不敢继续在伦敦逗留。随着王室仓皇北逃,在数千民兵簇拥之下重新现身的约翰·皮姆已经俨然是英格兰的无冕之王了。

"圆颅党"之所以敢于公开与王室对抗,得益于其背后强大的武力支持。在斯图亚特王朝统治时期,英国主要的武装力量是听命于国会的海军,地面部队则由各郡民兵组成。作为英国最大的城市,伦敦不仅拥有8000名训练有素的志愿兵,城中还有储备充裕的军械库。与之相比,逃往诺丁汉的查理一世麾下只有区区800人,因此在内战正式爆发之前,把持国会的"清教徒"们显得有恃无恐。

约翰·皮姆等人显然忽视了一个封建王朝传统忠君思想的力量。查理一世执政以来虽然成绩平平,但远未达到人神共愤的程度,何况英格兰此时所谓的"王脉"也"仅此一家,别无分号"。因此,储备有大量用于防御苏格兰武器的重镇赫尔尽管将国王拒之门外,但还是隆重地欢迎了两位年幼的王子,而剑柄上镌刻着"上帝说过,'不许犯我神权君王'"的骑士阶层更是怀着高涨的热情,汇聚于查理一世的战旗之下。除了本土"保王党"的支持,查理一世还有一支强大的"外籍雇佣军",其指挥官是经历传奇的鲁珀特亲王。

鲁珀特是查理一世的大舅子、"一冬之王"腓特烈五世之子,不过他自幼便跟随父母流亡荷兰。1636年,在父亲倒毙于复国之路四年之后,鲁

珀特来到了英国。在舅舅查理一世的宫廷之中，他首度感受到了家庭的温暖。尽管此后鲁珀特的复国之路走得磕磕绊绊，甚至沦为战俘（在奥地利被软禁了三年），但是在"三十年战争"中摸爬滚打的经验也令鲁珀特成为一名优秀的骑兵指挥官，同时也是国际军火和雇佣兵市场的常客。面对这位赶来助拳的侄子，查理一世自然龙颜大悦。而此时前往荷兰避难的王后也开始变卖珠宝，各地达官显贵更纷纷资助王室，甚至连牛津大学也熔解金银餐具，以充实查理一世的军费。剑桥大学本欲效仿，可是在率领武装自耕农赶来的克伦威尔面前，剑桥大学的校长和教授知趣地选择了罢手。这一举措也令克伦威尔很快在"国会军"赢得了一席之地，1642年9月，他以骑兵上尉的身份组建了一支由60名志愿者组成的骑兵团。不过此时他距离国会军总司令还有一段漫长的路要走。

查理一世和鲁珀特亲王在调兵遣将

查理一世很清楚他要面对的是一群阔绰的国会议员。集结着两万国会军的伦敦固然是终极目标，但在夺回属于自己的王宫之前，查理一世首先要做的是前往威尔士与他的支持者会合。国会方面注意到了王军的调动，随即委派埃塞克斯伯爵罗伯特·杜瓦率军前往阻击。查理一世虽然成功地绕过了国会军的主力，但在继续南下之前，查理一世还是选择了在通往伦敦的埃奇丘陵一带与尾随而来的埃塞克斯伯爵正面交锋。负责指挥王军骑兵的鲁珀特亲王出手不凡，轻松击溃了国会军的左翼，但是他麾下的雇佣兵显然已经习惯了"三十年战争"中的那套做派，假借着追击敌军骑兵的名义，鲁珀特亲王的部队脱离了战场，劫掠对手的辎重去了。此举令兵力本就处于劣势的王军顿时失去了支撑，在国会军步兵的猛攻之下，查理一世的禁卫军一度崩溃，连王旗亦被对手缴获，好在鲁珀特亲王和他的骑兵最终还是返回了战场。埃奇丘陵之战最终以平局收场。

跟随着埃塞克斯伯爵撤退的脚步，王室武装开始向伦敦进军。迫于军事上的压力，国会致信查理一世表示万事好商量。面对战与和的抉择，驻军牛津的查理一世显得有些举棋不定，不过他的侄子鲁珀特倒是战意正浓，

于是在泰晤士河畔，国会军再度被王室雇佣军击溃。国会就此指责国王背信弃义，宣称英国公民受到"德国式"的残酷虐待。而随着埃塞克斯伯爵的野战部队退守伦敦，王室武装不得不面对两倍于己的国会军，查理一世已经失去了最后一次入主伦敦的机会。

八、模范铁军——克伦威尔的崛起和英国内战的逆转

1643年春，屯兵于伦敦城下的查理一世开始在全国范围内攻城掠地，王后亨利埃塔·玛丽亚也冒着生命危险亲自押运大批军火从荷兰回国。由于沿途遭遇了国会海军的拦截，因此这位法国公主出现在北方重镇——约克郡的时候，受到了英雄般的欢迎。士气如虹的王室武装随即拔除了国会在北方的多个据点。与此同时，在英国西南部地区，国会军同样节节败退，在兵力和物资方面均处于优势的情况下，国会军之所以在战场上表现得"不给力"，很大程度上与其所过时的战术有关。

17世纪中叶的欧洲，"三十年战争"中瑞典国王古斯塔夫二世的军事改革已经凭借着其战场上优异的表现而深入人心。但是在孤悬海外的英国，国会军的骑兵依旧穿着中世纪笨重的甲胄，因此而被鲁珀特亲王麾下轻装的德意志骑兵讥讽为"龙虾"。当然，在步兵方

英国内战期间的火绳枪手

面，财大气粗的国会军比对手强得多，国会军的滑膛枪手都配有刀剑，身着盔甲的长矛手站到一个步兵团的三分之一，而王室武装中很多人还是"除了短棍以外，什么武器都没有"。因此，越来越多的阵地战开始令王室武装攻城掠地的速度逐渐放缓。

1643年9月20日，围攻伦敦门户、港口重镇——格洛斯特的查理一世在纽伯利与埃塞克斯伯爵的国会军再度交手，这一次不仅伦敦民兵以如林的长矛一次又一次地击退了鲁珀特亲王的骑兵，最终令王室武装不得不撤回牛津，一支全新的国会骑兵也出现在了王室控制区的侧后，他们就是克

伦威尔所组建的"铁骑军"。

王室武装控制牛津之后,在剑桥大肆收缴保王党武装的克伦威尔事实上已经孤悬于敌后了。1642年12月,国会宣布将剑桥及其周边的诺福克、萨福克等五郡组成共同防御的"东部联盟",随后这个独立战区的规模不断扩大。在镇压当地保王党的同时,克伦威尔也着手组建自己的核心武装,到1943年9月,克伦威尔麾下已经有1100名装备精良的骑兵。由于克伦威尔是清教徒,因此在招兵买马的过程中他格外注重部下的信仰问题,这使得他的"铁骑军"拥有同时代的军队所不具备的纪律和战意。与此同时,克伦威尔也着手改革英国传统骑兵的装备,"铁骑军"不再身着重甲,代之以轻便的头盔、背甲和胸甲,德意志雇佣兵所大量使用的手枪也被克伦威尔用于取代传统笨重的长矛。

由于"铁骑军"的兵员以拥有马匹的自耕农为主,因此骑术均不需要重新培训,在"征用"了各地保王党的马厩之后,克伦威尔开始率军北上。尽管"铁骑军"在战场上表现抢眼,但是克伦威尔与国会的关系却是每况愈下,一方面,国会更关注伦敦一线的战事,对克伦威尔频繁来信中增兵催饷的要求置若罔闻。另一方面,克伦威尔也始终没有得到他想要的官爵。直到1643年的8月,国会才任命克伦威尔为伊利岛总督,并拨款3000英镑给他的"铁骑军",作为交换条件,克伦威尔必须深入敌后,去解救被包围于赫尔的国会军将领——托马斯·费尔法克斯。

克伦威尔成功地完成了国会所赋予的使命,在与托马斯·费尔法克斯会合之后,克伦威尔成功控制了东部联盟的门户——林肯郡,军势为之大振。克伦威尔在战场上身先士卒的表现令他无可争辩地成为了国会新组建的"安全委员会"委员及"东部联盟"陆军中将。不过,尽管克伦威尔在东部很快建立了一支15000人的大军,但他仍不是国会眼中结束内战的核心力量。1643年9月25日,英格兰国会正式与苏格兰长老会结成同盟,在英格兰国会每月支付31000英镑的前提下,18000名苏格兰步兵和3000名高地骑兵加入了对查理一世的围攻之中。

苏格兰加入国会一方彻底终结了此前王室武装在英格兰各地的攻势,为了救援被苏格兰和国会联军围困的重镇约克,查理一世不得不从牛津前线分出最精锐的骑兵交给自己的侄子鲁珀特亲王北上驰援。鲁珀特亲王成功地越过了国会军重兵布防的乌斯河,被截断了退路的苏格兰军队慌忙放弃了对约克郡的包围向南溃退,面对鲁珀特亲王的追击,得到了克伦威尔、

托马斯·费尔法克斯所指挥的"东部联盟"军支援的国会军好不容易稳住了阵脚,在托克威斯和马斯顿之间的荒原布阵。至此,英国内战中第一场重量级的会战于1644年7月2日拉开了序幕。

率领麾下"铁骑军"参战的克伦威尔奉命攻击王室武装的右翼,下马步战的"龙骑兵"在驱赶了隐藏于篱笆和壕沟的王室火枪手之后,克伦威尔一马当先地冲入鲁珀特亲王的骑兵阵列。在针锋相对的肉搏战中,克伦威尔颈部被子弹射伤,双眼也几乎处于半失明的状态。但在他奋勇冲击之下,"铁骑军"还是成功击溃了对手的右翼,并在随后的战斗中一举扭转乾坤。在克伦威尔的"铁骑军"打开局面的同时,指挥进攻王室武装左翼的托马斯·费尔法克斯已经一败涂地,位于阵列中央的国会军步兵同样岌岌可危。但鲁珀特亲王麾下骑兵此时却故态复萌,在迂回国会军侧后的良机面前选择了脱离战场去劫掠敌方辎重,向来以长枪方阵著称的苏格兰步兵这才勉强稳定了中央战线的局面。而克伦威尔麾下纪律严明的"铁骑军"此时展现出了其难能可贵的品质,他们成功地抵达了王室武装的后方,彻底终结了鲁珀特亲王翻盘的机会,克伦威尔在递交给国会的报告中骄傲地写到:"我们击溃了鲁珀特王子的所有骑兵,对他们尽情砍杀,势如刈草。然后,我们的骑兵进攻敌军的步兵,一路横扫敌兵犹如风卷残叶。"

仅从伤亡数字来看,马斯顿荒原之战仍可以说是一场平手,但是从战略上来看,王室武装可谓伤筋动骨。会战失利之后,王室最重要的后方基地——约克郡随即落入了国会手中。而在战前,查理一世曾叮嘱自己的侄子:"如果约克失守,我仍将珍视我的王冠,前提是你必须迅速向我靠拢,而且我们必须趁敌人的北方部队赶来之前在南方出奇制胜。"鲁珀特亲王的战败也同时扑灭了王室武装在南方攻陷伦敦的最后机会。当然,此战影响最为深远的还是为国会竖立了一尊名为克伦威尔的战神。据说走过马斯顿荒原之后,鲁珀特亲王每次与国会军交锋都会不安地问俘虏:"克伦威尔在你们军中吗?"

苏格兰的介入和马斯顿荒原战败的同时,查理一世在牛津一线倒是力挫了埃塞克斯伯爵的进攻。此外,爱尔兰、苏格兰等地的封建势力也"踊跃勤王"。面对严冬将至的局面,国会方面出现了议和的声浪。克伦威尔的老战友兼名义上的领导托马斯·费尔法克斯尤为起劲,他在议会发表了著名的演讲:"我们打败国王99次,他仍然是国王,他的子孙后代也仍将是国王。而国王只要打败我们一次,我们便将被绞死,我们的后代将沦为

"新模范军"的骑兵和步兵

奴隶!"而克伦威尔则嗤之以鼻,宣称将以一个"更为迅速、更为强有力、更有效"的打击来结束战争。

最终议会选择了支持克伦威尔,倒不是他们不想和查理一世和谈,而是固执的国王拒绝妥协。而此时的克伦威尔展现出了他在战场之外的另一面——政客所特有的狡黠。他首先提议按照"铁骑军"的模式组建英国历史上第一支真正意义的常备陆军——"新模范军"。这支"新军"由12个步兵团、11个骑兵团和1个龙骑兵团组成,总兵力为14000名步兵和6600名骑兵。尽管"新模范军"兵力有限,但却一扫昔日贵族自行组建军队的陋习,也摒弃了本地人不愿在外地作战的传统观念。值得一提的是,英国陆军日后闻名全球的红色军装也是"新模范军"开创的先河。

组建"新模范军"的同时,克伦威尔还积极地在国会推动所谓的"弃权法令",按照这一政令的要求,国会所有的成员一律免除军政职务。表现不佳的埃塞克斯伯爵黯然下台,托马斯·费尔法克斯成为了国会军名义上的最高指挥官,但这位性格温和的将军不过是克伦威尔的傀儡,利用在军中的声望,克伦威尔依旧身兼议员和骑兵司令身份。而就在克伦威尔在他的独裁之路上越走越远时,查理一世正面对着左右为难的战略选择。在1645年5月8日召开的御前会议上,王室武装的主要将领开始讨论究竟应该北上收复约克,还是趁国会组建"新模范军"之时痛击对手,最终查理一世做出了最为愚蠢的决定:分兵。

王室武装原本就捉襟见肘的兵力在分散之后更显得不堪一击,查理一世与鲁珀特亲王刚刚率领3000骑兵和5000步兵北上,国会军便包围了牛津。唯恐巢穴有失的查理一世慌忙回师,最终在内兹比遭遇了以逸待劳的克伦威尔。尽管拥有两倍于敌的兵力优势,但"新模范军"的这次"处子秀"

却依旧谈不上完美，新近招募的国会军步兵根本不是王室武装老兵的对手，托马斯·费尔法克斯一度要带着自己的卫队和敌军肉搏，最终还是克伦威尔率老"铁骑军"的骨干击溃了鲁珀特亲王的骑兵奠定了胜局。事后克伦威尔不无傲慢地总结道："我单枪匹马巡视阵地时，只好对上帝微笑，希望得到胜利的保证，因为他可以让占优势的人失败，也可以使处于劣势的人取胜。"俨然将自己等同于英格兰命运的主宰。

内兹比战役彻底打断了王室武装的脊梁，查理一世只能在鲁珀特亲王和少数骑兵的护卫下到处游荡。尽管在牛津和英国西部的众多城镇仍在保王党的控制之下，但在克伦威尔强大的"新模范军"面前，这些据点最终无一例外地被各个击破。在自己的舅舅拒绝和谈的情况

战场上的克伦威尔

下，鲁珀特亲王最终选择了向国会军投降。随着1646年6月24日牛津向国会军敞开城门，长达四年的英国内战算是画上了一个短暂的休止符。

1647年1月，急于获得国会40万英镑军费欠款的苏格兰长老会宣布将流亡于爱丁堡的查理一世引渡给伦敦方面。尽管此时这位可怜的国王已经身无立锥之地，但在民间却依旧颇有威望。伴随着"苏格兰人黑心肠，出卖国王换铜钱"的童谣，查理一世一路南下，受到了各地民众的夹道欢迎。国会方面也认为战争已然结束，"烧钱"的常备军已经再无必要存在。面对步枪欠饷18个星期、骑兵43周没有收入的"新模范军"，国会议员们只肯拿出6个星期的军饷作为遣散费。

作为"新模范军"事实上的领袖，克伦威尔深知不能与掌握财权的国会正面抗衡，于是他一边承诺将按计划解散军队，一边却怂恿部下向国会递交措辞恭敬的请愿书。在这份请愿书中，除了要求对"新模范军"在战争中的种种行为不予追究，还提出国会应全额补发欠饷，对残废人员、寡妇和遗孤发给年金。向来视金钱为生命的议员们当然不愿意掏钱，随着"新

模范军"拒绝执行拆分或调往爱尔兰平叛的命令，国会与军队之间的关系随即降到了冰点。国会试图调动苏格兰军队南下镇压"新模范军"，而克伦威尔则抢先一步劫持了国王。

恰如日后身为"护国公"的克伦威尔对一名国会议员所说，他出身士绅，尽管并不显赫，但也绝不卑微。因此他本质上并不反对君主制，有证据表明，1647年的夏季，他曾认真考虑过与查理一世结盟。但此时的克伦威尔已经不仅是战场上一呼百应的统帅，更是由自耕农组成的"新模范军"利益的代言人。在发现军队之中弥漫着彻底打倒国王和贵族，平分地权的思潮之后，克伦威尔虽然拔剑冲入军营，亲手逮捕了试图反对他的下级军官，但克伦威尔却不得不彻底放弃与国王结盟的思路。而此时，伦敦方面爆发的市民暴动也迫使国会的主要议员逃入克伦威尔的军营，哀求"新模范军"保护国会的"自由"。随着克伦威尔重返伦敦，"新模范军"与国会由昔日的从属关系变成了分庭抗礼的伙伴关系。

在与克伦威尔接触的过程中，查理一世第一次感到了死亡的威胁。国会议员只是要限他的权，而"新模范军"的自耕农却是要了他的命。于是在1647年冬季，<u>查理一世逃亡怀特岛</u>，不惜代价地与大不列颠诸岛的各派势力达成妥协和盟约。第二次内战随即爆发。但恰如丘吉尔所总结的那样："国王、贵族和国会、地主和商人、城市和乡村、主教和长老会派、苏格兰军队、威尔士人民以及英国海军，均转而反对新模范军，但均被打败。"以伦敦为中心，克伦威尔首先击败了威尔士的保王党，随后挥军北上，与24000人的苏格兰大军会战于普累斯顿。一路上忍饥挨饿的苏格兰人士气低迷，在克伦威尔轻骑突进、缺乏火炮支援的情况下，仍在其最擅长的白刃战领域被击溃。至此，"新模范军"不可战胜的神话在不列颠正式确立，以至于装备精良的英国海军在面对衣衫褴褛，几乎赤足的"新模范军"时也乖乖地缴械投诚。

1648年年底，第二次内战以克伦威尔和"新模范军"的全面胜利而告终，保王党被彻底粉碎，国会也形同虚设，宪法成为一纸空文。苏格兰人龟缩北方，威尔士人则退居山上，舰队也被改编。当克伦威尔凯旋之日，整个伦敦都慑服于他的赫赫军功之下。对于克伦威尔而言，他仍需要最后一步来完成权力的登顶。

九、护国公——克伦威尔对不列颠群岛的征服和对外扩张

1648年12月1日,一个风雨交加的夜晚,"新模范军"的一支别动队在怀特岛登陆。查理一世此时竟还认为自己有与国会谈判的筹码,竟然在毫无抵抗的情况下任由对方将自己带往不列颠本岛,囚禁在赫斯特城堡。而与此同时,克伦威尔的部下已经控制了伦敦,普赖德上校率领全副武装的士兵控制了国会入口,根据克伦威尔所罗列的名单,45名不懂得趋炎附势的议员被直接逮捕,另有96人被挡在门外,史称"普赖德清洗"。克伦威尔于"大清洗"第二天抵达国会,此时,除了他的老领导——托马斯·费尔法克斯已经没有敢再当面提出反对意见的人了。

残存的议员和"新模范军"的主要将领都支持审判查理一世,但克伦威尔起初并没有坚持一定要判处国王死刑。在他看来,废黜或软禁国王同样足以将他推上英格兰主宰的位置,但费尔法克斯积极地为国王求情,最终令克伦威尔不得不痛下杀手。费尔法克斯的理由是,处决国王之后,其流亡于荷兰的王子必然成为国会新的对手,且英国历史上也没有公然处决一位合法君王的先例。此举随即引来"新模范军"军官团的一片嘘声,显然在军人的思维里"血债"必须"血偿"。克伦威尔同样在战争中失去了两个儿子,因此他便成了向查理一世复仇的最佳人选。

后世的英国史学家们总是不遗余力地将克伦威尔与查理一世描绘成天生的死敌,甚至杜撰说,他们童年时便曾大打出手,克伦威尔抓破了查理一世的鼻子云云。但事实上,在荷兰律师艾萨克·多利斯劳斯按照古罗马审判暴君的先例召集了135人的委员会公开审判国王之前,克伦威尔始终要求部下给予查理一世一个国王的礼遇。甚至在查理一世走进法庭之时,克伦威尔仍心虚地向部下询问应该以何种名义对其进行审判,最终还是有人及时给出了"以国会和所有善良的英国人的名义"这一经典答案。

对查理一世的审判在国王轻蔑的态度下进行了七天,由于查理一世拒绝为自己辩护。因此,如何量刑便取决于陪审团的国会议员们。日后许多在死刑书上签名的议员都宣称自己是在"新模范军"的压力之下才被迫妥协的,甚至有人绘声绘色地说是克伦威尔抓着自己的手进行了画押。事实上,克伦威尔本人又何尝不承受着来自军队的压力呢?毕竟处决国王,便意味着与苏格兰乃至整个欧洲的王室决裂,意味着他将从此站在英国传统忠君

思想的对立面上，但克伦威尔却已经无法回头了。1649年1月30日，在与自己年幼的子女告别之后，查理一世在这个寒冷、多雾的早晨走向了自己的断头台，在受刑之前，他追忆了曾被自己抛弃的能臣温特沃斯，向围观群众宣称自己是"人民的殉难者"。这种颇具君王气质的落

查理一世被斩首时的新闻画

幕为他赢得了诸多加分，以至于有人回忆，行刑之后，"新模范军"出动骑兵驱散了悲怆的民众。而对于国王之死，克伦威尔在"遗体告别"时说了一句同样流传千古的名言："残酷的必需。"

纵观英国内战的进程，克伦威尔个人能力的确起了推动作用，但他并不是一个人在战斗。这是一场新兴的资本力量战胜了传统的忠君观念、城市民兵和自耕农击败了贵族和佃农、清教徒派战胜英国国教的战争。因此，克伦威尔虽然处决了国王，但他却不能取而代之。国会虽然不再高朋满座，但依旧主导着这个国家，而背负所有的骂名的克伦威尔不得不面对一个尴尬的现实，在一个全新的共和国体制内他依旧不能卸下戎装。既然第二次内战也结束了，那么"新模范军"仍要接受裁员。为了保住这支忠于自己的武装力量，克伦威尔迫切需要一场新的战争。

好在处决查理一世所引发的一系列内外矛盾都急需用武力解决，爱尔兰出现了旨在复辟王室的"保王党—天主教"同盟，苏格兰人则拥戴查理一世之子威尔士亲王查理二世为新任国王，大有举兵南犯的架势。英国王室的传统盟友——荷兰、丹麦拒绝承认英格兰共和国的合法性，西班牙和法国更乘势在海上大肆劫掠英国商船，甚至连遥远的俄国沙皇也借机囚禁了英国商人，没收了他们的货物。当然在一一出兵惩戒之前，克伦威尔首先要面对的是名为"掘地派"的公社运动。

所谓"掘地派"是以伦敦破产商人温斯坦莱为首的一千无地农民，他们打着"平均地权"的旗号在各地圈占土地，集体耕种。尽管"掘地派"

最初的目标只是无主的荒地，但是他们"真正的自由就是自由使用土地"的口号却引起了以克伦威尔的警觉，特别是"新模范军"的退伍老兵也加入其中之时。而在大举镇压"掘地派"的同时，克伦威尔也开始整训出现厌战情绪的"新模范军"——不愿前往爱尔兰征战的士兵被开除军籍，拖欠的军饷也不再补发。

克伦威尔是一名虔诚的"清教徒"，因此他在征讨信奉天主教的爱尔兰人时刻意煽动"圣战"的情绪。在攻坚战中，克伦威尔不仅再度身先士卒，攻陷要塞之后更疯狂屠戮。在事后提交给国会的报告中，克伦威尔称自己的行为是"上帝给予这些野蛮人应得的惩罚"。但无论从个人威信还是"新模范军"财政的角度来看，克伦威尔在爱尔兰的行动都并非那么单纯。伴随着"新模范军"的挺近，克伦威尔也鼓励英国自耕农向爱尔兰移民，他驱逐爱尔兰人向西北迁徙的口号——"不想进地狱就滚到康诺特去"成为著名的"克伦威尔诅咒"，在日后爱尔兰的民族争端中持续发酵着。

1650 年 5 月，克伦威尔在爱尔兰战事仍未完全结束之际便将指挥权移交给自己的女婿亨利·艾尔顿，随后马不停蹄地赶回伦敦，因为此时来自丹麦和荷兰的大批雇佣军已经开始在苏格兰集结，国会迫切希望先发制人。最初国会议员并不希望克伦威尔独领风骚，他们委任托马斯·费尔法克斯远征苏格兰，但自查理一世被处决之后，费尔法克斯便对政治和战争失去了热情，而克伦威尔从爱尔兰前线赶回来"规劝"他领命的举动，更坚定了费尔法克斯激流勇退的信念。6 月 26 日，克伦威尔正式成为了英格兰共和国武装力量的最高统帅，对此克伦威尔不无虚伪地在写给朋友的信中表示："我并不想担任这些职务，这是上帝召唤我去做的！"

讽刺克伦威尔独裁的漫画

7 月底，克伦威尔统帅 10500 名步兵和 5000 骑兵进入苏格兰境内，志得意满的他并没有想到这次远征竟险些令他上演"走麦城"。由于英格兰和苏格兰边境地区早已由于反复拉锯而陷入荒芜，在苏格兰人的高沟深垒和后勤压力之下，克伦威尔的军队很快便陷入了进退维谷的窘境。8 月，在疫病和饥饿的折磨之下，克伦威尔先是退守马塞尔堡，随后又撤往沿海的丘陵地带——邓巴尔。此时苏格兰统帅大卫·莱斯利坚壁清野的战略目的已然接近了成功，但是把持苏格兰政权的长老会却对此失去了耐心，他们认定克伦威尔已然穷途末路，勒令大卫·莱斯利"追杀穷寇"。

1650年9月3日，克伦威尔生命中最为艰险的一战正式打响。手握21000苏格兰雄兵的大卫·莱斯利计划在清晨给予英国军队致命一击，没想到的是，仅有11000部下的克伦威尔却决定先发制人。午夜时分，克伦威尔先在左翼发动佯攻，随后六个中队的骑兵突然杀入苏格兰人的右翼。猝不及防的苏格兰军队虽然用长矛顶住了对手的第一轮进攻，但是随着克伦威尔亲率三个步兵团和一个骑兵团的预备队投入战场，大卫·莱斯利的战线彻底崩溃了。

由于大批部队被克伦威尔的骑兵驱赶进战场西侧的深谷地带，苏格兰军队的兵力优势根本无从展现便陷入了合围。最终带着上万名俘虏，克伦威尔策马扬鞭冲入了苏格兰首都爱丁堡。战争还在继续，但是在不列颠的土地之上至此已经再无一支武装可以挑战克伦威尔的权威了。后世，丘吉尔颇有诗意地写到："英格兰垂手顺服，爱尔兰俯首慑服，苏格兰悚然屈服。这三个王国统一起来，处于伦敦专制政府的统治之下，不可抗拒的力量填写了英国历史上最难忘的一页。"

在1651年9月，克伦威尔在伍斯特攻陷了查理二世据守的最后一座"王室堡垒"之后，国会不仅慷慨地支付给他4000英镑的年薪，更将号称"英国凡尔赛"的汉普顿宫辟为他的私人府邸。一时间，关于克伦威尔即将自立为王的传言在英国甚嚣尘上。

军队之中自然不乏"劝进者"，国会中一些认时务者也开始公开发表英国需要"君主制"的言论。克伦威尔身边稍有政治头脑的幕僚则建议克伦威尔可以先册立查理一世12岁的小儿子——格洛斯特公爵为国王作为过渡，克伦威尔却深知时机尚未成熟，因为他所要面对的敌人不仅在英国国内。庞大的军费开始令英国财政日益恶化，尽管在内战中没收的保王党土地还可以支撑一阵，但如果没有海外贸易的利润，最终都铎王朝统治时期所绽放的资本之花只会慢慢枯萎。要打开贸易航路便需要一场海上战争，这恰恰是克伦威尔仍需要国会的最佳理由。

在内战时期，英国海军的建设几乎停滞不前。因此克伦威尔出任全国武装力量之后，随即展开了规模空前的海军改革。一方面，大批新型舰艇

下水服役。另一方面，一个由"新模范军"将领组成的海军委员会取代了昔日私掠船主和贵族保持的海军元帅制。尽管海军委员会的主要领导对海战一窍不通，但是在充足的物资供应、丰厚的军衔以及鼓励缴获或摧毁敌舰的

英荷交锋，海上武装成了主战兵种

"奖金"还是令英国海军士气如虹。1651年10月9日，英国颁布旨在排斥"海上马车夫"荷兰的《航海法案》。该法案宣布英国在海上进口的货物只能使用英格兰船只，或是卖方的船只，而不得使用除此以外的其他船只。与此同时，英国海军开赴地中海等地打击以鲁珀特亲王为首的保王党私掠船。

英国海军对保王党舰队的打击很快便蔓延到其依为巢穴的欧洲港口以及英国的海外殖民地。1650年，英国海军封锁葡萄牙沿海，曾在英国的帮助下摆脱西班牙获得独立的里斯本方面无奈宣布放弃支持鲁珀特亲王。1651年1月，共和国军队收复英国在西印度群岛的据点。3月，保王党控制的美洲殖民地弗吉尼亚和马里兰宣布向伦敦投降。1652年春，克伦威尔大张旗鼓地宣布要越过海峡远征敦刻尔克，正在与西班牙人作战的法国枢密主教马萨林被迫与克伦威尔展开谈判。随着1652年9月英国海军重创法国舰队的炮声，被西班牙军队围困的敦刻尔克随即陷落。不过此时英国最主要的对手是控制着波罗的海贸易和印度群岛的香料，并垄断鲱鱼捕捞的荷兰人。因此克伦威尔并没有前往法国一展其陆战才华的野心。随着路易十四的特使抵达了伦敦，宣布无条件承认英国的共和国体制，英法之间结成了战略同盟。此时，英荷两个海上强国已经在辽阔的北大西洋和地中海大打出手了。

第一次英荷战争的起因是一起无足轻重的外交纠纷。1652年5月19日，一支由荷兰海军名将马顿·特罗普指挥的荷兰舰队保护着来自东印度群岛的货物通过英吉利海峡，恰巧与罗伯特·布莱克麾下的英国海军遭遇。眼前的荷兰舰队没有向自己致以"升旗礼"，布莱克秉承着"藐视我就是与英国为敌"的宗旨要求对方停船进行检查。由于此时英国海军正与法国处于敌对状态，所以英国政府长期坚持有权没收荷兰商船所承载的法国货物。以"海上

物流"为生的荷兰人自然不甘受辱，于是一场海上冲突由此展开。

克伦威尔虽然宣布自己不支持战争，但恰如荷兰人所说："英国海军在攻击一座金山，而荷兰人则在攻击一座铁山。"荷兰海军虽然在地中海取得了战术上的胜利，但其在波罗的海、北海和英吉利海峡的贸易航线却不堪英国人的滋扰。英国海军的损失不过是一些"铁屑"，而每一艘荷兰船只被击沉都是"金山"上掉落的财富。战争进行了近两年的时间，荷兰的经济便已经濒临崩溃，阿姆斯特丹街道上杂草丛生，乞丐遍地。1653年8月的斯赫维宁根海战，中马顿·特罗普的战死更令荷兰海军痛失支柱。荷兰政府迫切希望和英国求和。

与荷兰相比，英国的财政状况也并不太好。维持庞大的海军开支令英国政府一年需要支出100万英镑，其中还不包括建造新型舰艇的30万英镑。巨大的财政赤字令英国国会不得不重新推行"羊吃人"的圈地运动。面对社会上不满的声浪，冷眼旁观的克伦威尔随即以"代民请命"的身份挺身而出。1653年4月20日，克伦威尔以国会正在审议基于财产为分野的议员选举办法为着力点，带着满腔愤怒的军队出现在了国会之上。起初克伦威尔若无其事地坐在自己的位置上，但是当国会宣布对新的选举法进行表决之时，他却突然起立以不指名的方式呵斥国会议员们的腐败堕落，当情绪上升到最高峰时，克伦威尔大声怒吼道："我不让你们再胡说八道，你们根本不能代表国会。"随后大批士兵冲入国会大堂，将议员们赶到了街上，议长手中还拿着那个克伦威尔斥责为"不知道干什么用"的议长小槌。

面对空空如也的国会，伦敦人俏皮地在门上贴上了"本宅出租——不附带家具"的字条，但是权力的宝座却没有空置。英国的街头不仅出现了弹唱着"12个议员只值1便士"的欢呼，也出现了头戴王冠的克伦威尔画像，下面还出现了如下的注脚："登上三个王位的宝座，伟大而神圣的将军，这是上帝的旨

克伦威尔解散议会

意,狮子纹章应该属于你!"但是克伦威尔最终在王座面前停下了脚步。有人说他是良心未泯,心中已经有着共和的信念,也有人说他无法平息军队中的不平声浪,只能退而求其次。同样曾位极人臣的丘吉尔则说:"他是个土里土气的都铎王朝绅士。他只希望看到苏格兰和爱尔兰俯首归顺,看到英格兰成为西方世界所畏惧的强国,有顽强的自由民、正直的地方官、博学的牧师、蒸蒸日上的大学和无敌的舰队。"这些因素或许都存在,也或许都非决定性的。毕竟克伦威尔面对的已经不再是一个大不列颠可以闭关自守的时代,他无法像"无地王"约翰和亨利·都铎那样躲进一统山河的迷梦之中,没有英国各阶层的支持他无法结束与荷兰的战争,更无法面对一个充满敌意的欧洲。

1653年7月,克伦威尔重新组建了以军官团和清教徒为主的国会。与此同时,克伦威尔则获得堪称"无冕之王"的护国公头衔。可笑的是,这个新的国会成立伊始便宣布将参选议员的门槛由40先令的地产提升为200英镑的不动产。克伦威尔对此颇为不满,最终他咆哮着"你们似乎打算制造分裂,而不是帮助人民解决问题"再度宣布解散了自己所组建的小型国会。不过此时,英国已经于1654年4月15日与荷兰签订了《威斯敏斯特和约》。根据和约,荷兰承认英国在东印度群岛拥有与自己同等的贸易权,支付27万英镑的战争赔款,并割让了大西洋上的圣赫勒那岛。另外,在英国水域,所有荷兰水手都需要向英国船只致敬。

十、大狂欢——王政复辟与第二次英荷战争

晋升为"护国公"的克伦威尔并没有停止他对外扩张的脚步,1655年,英国海军以不宣而战的方式攻占了西班牙在加勒比海的重要据点——牙买加。由此,英国正式介入法国与西班牙之间的战争。对此,英国政务院秘书约翰·瑟洛曾不无忧虑地指出西班牙帝国已经日薄西山,而路易十四统治下的法国正冉冉升起,日后必将成为英国的潜在威胁,但克伦威尔更重视眼前的利益。在随后的两年里,罗伯特·布莱克闯入西班牙辽阔的海外殖民地,仅在1657年4月20日的战斗中,他和他的舰队便摧毁了西班牙人6个珠宝转运港、10艘护航舰和6个炮垒。

布莱克的成功得益于他在海军战术领域的创新——作战时他将所有舰只以一定的间隔排成一个纵队。这种队形可以最大限度地发挥舷侧炮火的

英国海军名将罗伯特·布莱克

威力,同时海军指挥官也可根据自己的作战意图对井然有序的舰队实施最有效的作战指挥。这一全新的战术配合加上英国海军三层甲板密布火炮的重型战列舰,及英国水手5分钟内实施5次舷炮齐射的战术素养,使得英国海军不但在海上所向披靡,甚至不再畏惧工事完备的岸炮堡垒。

常年的海上生活极大地损害了布莱克的身体健康。1657年夏,重病在身的他返回英国。渴望在去世之前能够靠岸的他最终是在战舰抵达扑茨茅斯海湾进口处溘然逝世。在他身后留下了一支"英舰千艘霸海天,夷艇垂篷表恭谦;军威远震如风吼,四海扬帆漫无边"的强大海军以及后世一度被奉为金科玉律的《永久战斗条令》。

与海军的高歌猛进相比,英国陆军在克伦威尔成为"护国公"之后处境有些尴尬。1655年3月,保王党"余孽"约翰·彭鲁达克上校发动叛乱。尽管这次武装政变很快便被镇压,但是来自秘密警察的报告却令克伦威尔在众多未遂的阴谋面前选择了高压姿态。他随即将英格兰和威尔士划分为十一个区,每个区派驻一支骑兵和经过改编的武装民兵。身为封疆大吏的各区的军政长官,除了维护治安之外还要向公认的保王党人征收特别税金以及推行清教徒的宗教观念。一时之间,英国各地赌博、酗酒、通奸等社会恶习被一扫而空,但一些如斗熊、斗鸡、赛马和摔跤在内的体育活动也遭到禁止,颇显得因噎废食,甚至出于对圣诞节的反感,克伦威尔纵容士兵在圣诞夜闯入民宅,抢走烤箱里的肉。

尽管对国内的整肃牵扯了克伦威尔很大一部分的精力和时间,但是1657年,他依旧无法拒绝路易十四的邀请,派出一支3000人的地面部队前往法国北部与西班牙作战,因为路易十四许诺一旦收复格拉沃利讷、敦刻尔克和莫迪克三座重镇,法国政府便将敦刻尔克割让给英国。为了应付这场战争,克伦威尔不得不重开国会。此时克伦威尔年事已高,他重组国会显然不只是为了获得战争经费,正如他的支持者所说的:"护国公的称号

不受任何法律的保护，而国王的称号则不同。"在军官团的反对之下，克伦威尔最终只能勉强保住"护国公"世袭这一权力，王冠依旧与他无缘。心怀不满的他于1658年1月突然第三次解散了国会。

克伦威尔出兵法国是他个人军事生涯的最后一次成功，在海军舰炮的支援下，英国陆军成功地在敦刻尔克东北的迪讷战场之上牵制住了西班牙军队的右翼及预备队骑兵，法国人才从容地完成了对敌军的左翼迂回。为了感谢克伦威尔的帮助，年轻的路易十四履行了承诺。在失去加莱整整一个世纪之后，英国终于重新在欧洲大陆获得了一个桥头堡。但是法国在这场战争中收获更多，获得了相当于今天比利时全境的西属尼德兰之后，一个强大的法兰西在欧洲日益抬头。

1658年9月3日，在邓巴尔战役的五周年纪念日里，克伦威尔在大风暴的怒吼声中逝世。据说他的遗嘱是"上帝和他的人民在一起"。这句话尽管充斥着共和精神，但是毋庸置疑的是，在其生命的最后几年里，克伦威尔所享受的一切待遇都与国王并无二致。在最后一届国会的开幕式上，议员们为他奉上一件貂皮镶边、紫红色的丝绒袍，献上黄金制成的权杖，一支160人的卫队拱卫在他的四周。而在其死后更享受到如詹姆士一世一般的王室葬礼，在灵车所过的街道两旁矗立满了身着黑色纽扣、崭新红色制服的士兵。君王的虚名对克伦威尔而言确实如"帽子上的一根羽毛"，可就是这"一根羽毛"的差别，最终将其继承者推行了万劫不复的深渊。

事实上，在1657年，强迫国会通过护国公世袭制之前，克伦威尔并未认真考虑过让他的儿子继承大统。因为在内战中失去了两个儿子之后，克伦威尔对自己的子女照顾有加，并没有刻意去培养他们在政界和军界的威望。其长子理查德被认为是一个"温和有礼"的农夫，甚至连自己的庄园都经营不好。长期以来，被认为最有可能继承克伦威尔衣钵的是他的大女婿——亨利·艾尔顿。但是，在爱尔兰执行反游击战的艾尔顿最终败给了病魔，克伦威尔随即将他的遗孀和爱尔兰地区的军务交给另一位颇具才能的查尔斯·弗利特伍德照料。

作为曾经和自己在苏格兰战场上一起浴血拼杀的老部下，克伦威尔对弗利特伍德颇为信任。而弗利特伍德也对克伦威尔表现得忠心耿耿，他拒绝了克伦威尔提名他为继承人想法，全力支持克伦威尔的长子理查德。事实上，克伦威尔的次子亨利倒是颇有乃父遗风，他从一名骑兵上校起步，最终继承了弗利特伍德的岗位，成为了共和国期间最后一任爱尔兰总督。

因此有人认为克伦威尔如果能够"废长立幼",那么共和国的危机仍有机会安然度过。

克伦威尔尸骨未寒,其继任者理查德便不得不面对来自国会和军队的双重压力。赋闲在家的议员们指责政府在护国公葬礼上花费太多,而军中老将则根本不买理查德的账。他们抓住总司令一职不可世袭的法律漏洞,要求理查德将军权交给他的姐夫弗利特伍德。这场危机表面上看是由于理查德个人威望不足,但事实上却折射出共和国经济和军队建设中长期存在的隐忧。克伦威尔统治时代,英国财政年收入约190万英镑,相对于斯图亚特王朝统治时期王室仅60万英镑的年收入可谓有了长足的进步。但仅军费开支一项却轻松耗尽了共和国的国库。尼德兰和牙买加雇佣军组成的6万常备陆军需要110万英镑来滋养,而活跃于辽阔大西洋、地中海和波罗的海的英国海军则每年至少需要消费50万英镑用于维持,如需进行海上战争,海军军费则将上涨至90万英镑。

克伦威尔不是没有想过裁军,在他的生命燃烧殆尽之时,英国陆军已经削减至4.8万人。要维护爱尔兰和苏格兰地区的稳定,这样的陆军规模已经是可以承受的底线了。在裁军的同时,克伦威尔也有意摒除有反政府倾向的军官,这一举措令共和国陆军的上层基本都是克伦威尔的老部下,他们对克伦威尔本人效忠却对政治漠不关心。昔日的"新模范军"的士兵在更新换代之中也逐渐视军队为谋生手段,不再热衷于分辨君主和共和之间的异同。如果说克伦威尔是一位国王,这样的军队或许仍将追随理查德,但是恰恰在西班牙还有一位"正统"的国王——查理二世正在虎视眈眈地关注着自己祖国的异动。

查理二世长期都在策划刺杀克伦威尔,在新任护国公被迫重新召集国会以压制军队势力之际,保王党人乘势而起。"新模范军"昔日的军威仍在,克伦威尔远征苏格兰时期的副手约翰·兰伯特轻松地镇压了保王党在各地的反乱。这次军事行动也最终宣布了军队在共和国中决定性的位置。克伦威尔已经证明了没有国会的共和国仍能运作,但没有了军队的支持整个体系便将轰然倒塌。1659年10月,迫于兰伯特的压力,国会被再度解散。兰伯特的野心还不至于此,他谋划着与查理二世结成儿女亲家,在复辟君主制之后谋得家族的荣华富贵。

军队上的名义领袖弗利特伍德对兰伯特的阴谋洞若观火,一时间英国陆军之中形成了以兰伯特为首的英格兰方面军与弗利特伍德、亨利·克伦威尔

指挥的爱尔兰方面军对峙的局面。新的内战一触即发。而双方力量消长的关键无疑掌握在提兵苏格兰的乔治·蒙克。蒙克出身贵族世家,早年还曾跟随白金汉公爵南征北战。在英国内战中他曾加入王室武装与国会军作战,无奈时运不济,最终被国会军俘虏,送入了伦敦塔中接受"改造"。

在被关押的两年里,蒙克笔耕不辍,写下了雄文《政治及军事情况分析》,克伦威尔对他很是赏识,不仅令其重获自由还委以重任。在苏格兰战场之上,克伦威尔与蒙克在邓巴尔并肩作战,事后论功行赏,克伦威尔委任其为苏格兰的封疆大吏。其后,蒙克虽然曾指挥海军参与第一次英

重返英国的查理二世

荷战争,但对苏格兰却始终不肯放手。克伦威尔倒是用人不疑,在出任护国公后任命为苏格兰总督。手握不列颠半壁江山的蒙克自然不是泛泛之辈,在国会与军队陷入分裂之际,他表面拥护共和,在苏格兰重组地方议会,但实际上却忙于排除军中异己。1659 年 11 月,在获得苏格兰普遍支持的情况下,蒙克高举恢复国会和法律原则的旗帜率 7000 精兵南下,此时雌伏已久的国会军元老——托马斯·费尔法克斯在约克郡公开支持蒙克,兰伯特曾试图率军抵抗,却发现自己的威望根本不足以调动军队和民众,在伦敦百姓的狂欢之中,理查德、弗利特伍德被迫下野,兰伯特则被送入了伦敦塔。在掌握了英国武装力量总司令的权柄之后,蒙克宣布重组国会,并提议迎回流亡海外的查理二世为英国合法君王。

国会随即给滞留西班牙的查理二世送去大笔金钱,过去敌视国王的舰队奉命保护查理二世回国,成千上万的人在多佛等候着他。1660 年 5 月 5 日,蒙克将军恭敬地迎接查理二世的"王者归来"。前往伦敦的途中,各阶层的人熙熙攘攘,人们抑制不住自己的情绪,噙着泪水尽情欢呼,仿佛终于从地狱中得到解脱。面对"新模范军"整齐威武、寒光闪闪的阵列,查理二世或许还会想起昔日被他们追逐得走投无路的时光。但是此刻,他们却依旧成为王权的坚盾。伦敦的市长和议员带头欢庆这一节日。国会上、下两院表示忠于国王本人,承认他的权利。各阶层的民众,无论是富人还是

穷人，保王党还是圆颅党，此时都表现出和解的精神，形成了史无前例的欢乐场面。丘吉尔不无感慨地称这一天为英格兰的极乐之日。而这一天恰恰又是查理一世的11周年忌日。

所谓快乐的时光总是短暂的，一个国王归来并不能为债台高筑的英国带来实质性的收益。相反，国会需要替查理二世流亡时打下的白条埋单。因此，解散常备军便成了缓解财务危机的唯一出路。好在拥有近5万之众的英国陆军此时也厌倦了战争和对内镇压，几个月之内，这支力量无限、不可战胜、随时可能吞噬不列颠王国和社会的军队中90%的人重归平民的行列，几乎没有任何的躁动，因为克伦威尔已经教导了他们服从和自制，如同勇猛而狂热一样。与普通士兵不同，昔日共和国军队的灵魂人物兰伯特被判处了死刑。为了替父报仇，查理二世又授意对昔日内战中打垮王室武装的克伦威尔、艾尔顿和布莱克三人进行"鞭尸"。

从人道主义的角度来看，查理二世将克伦威尔等人已经腐烂的尸体挂在绞刑架上24小时然后枭首示众的行为自然颇为残酷，但恰如英国史学家事后所总结的那样，面对社会舆论的压力，查理二世此举属于"抛出死尸而挽救活人"。克伦威尔的两个儿子并没有受到生命的威胁，理查德被放逐了30年之后于1712年回到英国，过着隐姓埋名的生活，亨利则由于拱手交出了爱尔兰的军权而受到了政治上的优待，保全自己家族在剑桥的产业。因此，英国民间长期流传着示众的尸体并非克伦威尔，护国公的遗体早已被秘密转移的故事。

历史的车轮并不像许多人想象的那样倒转整整一圈。查理二世的归来不仅是王政复辟，也是国会的复辟。国会在战场上打败了国王，同时也控制了它为此目的而建立的可畏军队。在纠正了过激的思想之后，国会的议员们最终成为不可抗拒、无可争议的英国统治机构。新的君主观念已经形成，但是英国距离完整意义上的君主立宪仍有漫长的道路要走。关于国王、国会与法律之间的关系，最终要在大西洋彼岸的另一场"英国内战"之中才会重新引发争论。

第三章 浑水摸鱼

十一、翻云覆雨——第三次英荷战争

英国军队和民众之所以摒弃雄才大略的克伦威尔，选择接受查理二世这个花花公子，很大程度上在于"护国公"严格要求整个社会按照他所认可的"清教徒"模式运转，令人备感压抑和无趣。这一方面他们的确没有选错人，查理二世风度翩翩、生性幽默，其风趣的言谈获得英国民众的爱戴。多年流亡海外，寄居各国王室的生活更令他成为了声色犬马领域的行家里手，英国日后风靡世界的赛马规则都是由他亲手制定的。民众称他为"快活王"并无讽刺之意。在这样一个国王的引领之下，英国社会各阶层都备感轻松，有人不无惋惜的总结道：各个阶层赞成罪孽者的松散统治，却不喜欢圣人的严格管束。谁愿意充当上帝选民，可是他们心目中的上帝不是清教徒所崇拜的那种不食人间烟火的形象。

由于有限的陆军需要驻守不安分的爱尔兰和苏格兰，查理二世在1662年将克伦威尔在法国圈占的据点——敦刻尔克以40万英镑的价格出售给了路易十四。不过上帝似乎很眷顾这个败家的花花公子，这一年，他迎娶了葡萄牙公主卡特林娜，又轻松地获得了80万英镑的嫁妆以及葡萄牙重要海外贸易据点——北非的丹尼尔和印度洋上的孟买。当然，查理二世的老丈人——葡萄牙国王若昂四世并非老年痴呆，他之所以如此大张旗鼓地将女儿嫁入英伦，主要还是出于自己国家的战略考量。自1640年重获独立以来，

查理二世风流奢华的宫廷生活

葡萄牙在欧洲便始终处于提心吊胆的状态。世仇西班牙虽然日益没落,但对于葡萄牙而言依旧是不可力敌的庞然大物。路易十四治下的法国野心勃勃,葡萄牙与之结盟也无非是被捆绑在"太阳王"的战车之上。真正对葡萄牙构成威胁的是新近崛起的海权强国——荷兰。

1640年6月,荷兰海军开始封锁葡萄牙在东南亚贸易的核心据点——马六甲。经过半年的围攻,葡萄牙守军付出了超过7000人的死伤,最终不得不开城投降。随后,荷兰又在印度洋连续拔除了葡萄牙人所建立的科伦坡和讷加帕特南,昔日葡萄牙航海家达·伽马开创的印度洋贸易圈只剩下果阿仍在苦苦坚持。为了"止损",更为了借助英国的力量对抗荷兰,若昂四世只能忍痛割爱,将自己的宝贝女儿嫁给用情不专的查理二世。

尽管风流成性的查理二世在宫廷里全然不顾影响,四处招蜂引蝶,一度气得正牌王后卡特林娜鼻孔出血,昏迷不醒。但对于自己岳父馈赠的两处殖民地,查理二世却颇为上心,他不仅不惜拿出国库年收入的十分之一去巩固遭受北非摩尔人围攻的丹尼尔,更在孟买的葡萄牙总督拒绝移交的情况下,大力扶植英国商贾进入印度洋。伊丽莎白时代成立的东印度公司正是在查理二世的统治时期进入了孟加拉海,并在查理二世特许其自主圈占土地、铸造钱币、组建军队、结盟和宣战、签订和约的五条法律之下日益壮大。

随着查理二世将英国对外扩张的重心由克伦威尔时代的欧洲大陆转向辽阔的海外殖民地,英国与荷兰之间的关系更趋恶化,此时的荷兰已经从第一英荷战争失败的阴影中恢复了元气,开始在各个领域挑战英国的权威。荷兰渔船频繁出没于苏格兰沿海捕捞鲜鱼,1626年以相当于24美元的价格买下的曼哈顿岛也日益成为荷兰在北美殖民地的中心,威胁着被称为新英格兰的英属北美殖民地。为了在海上一举击败荷兰人,英国国会拨款250万英镑用于加强海军建设,与此同时,英国内战时期的百战老将——鲁珀

特亲王和乔治·蒙克也联袂出征。不过英国海军总司令的桂冠还是戴在了查理二世的弟弟——约克公爵詹姆士的头上。

身为王弟的詹姆士倒不是一个纨绔子弟。在流亡海外期间，他曾

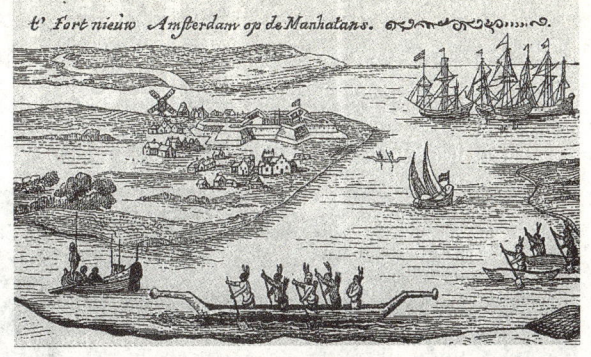
纽约的前身——新阿姆斯特丹

以客将的身份活跃于法国和西班牙的军队之中，并得到了法国名将杜伦尼的赏识。应该说，英、荷两国海军在开战前整体战力不相伯仲。但是此时的荷兰殖民地遍布亚非拉美，不免呈现强干弱枝的局面。1654年，荷兰被迫放弃对葡萄牙殖民地巴西的入侵，1662年又被郑成功驱逐出台湾，都显示了荷兰海军在全球战线上的兵力不足。因此，约克公爵在第二次英荷战争正式爆发之前，首先拿荷兰在北美的殖民地开刀。1664年8月，四艘英国海军战舰驶入赫德森河入海口，被称为"新阿姆斯特丹"的荷兰殖民地无力抵抗，英国人随即将这座据点改名为"新约克"，国人则以其音译称为"纽约"沿用至今。英国人在北美的不宣而战以及频繁骚扰荷兰西非殖民地的举动，令荷兰政府忍无可忍。1665年2月22日，阿姆斯特丹正式向伦敦宣战。

英荷之间的第二次交手在开始阶段几乎是第一次战争的翻版，英国海军扼守英吉利海峡和北海，迫使对手展开毫无胜算的决战。1665年6月13日爆发的洛斯托夫特海战，英国海军成功地重创了对手。但是查理二世却被胜利冲昏了头脑。他先是解除了不肯追杀残敌的弟弟詹姆士的指挥权，随后又命令英国舰队冲入中立国的港口攻击荷兰商船，此举引发了丹麦与英国的敌对。路易十四也趁机向英国发难。至1666年1月，

"霍尔姆斯篝火"事件被认为是英国海军的奇耻大辱

英荷战争已经演变成了三大西欧强国对英国的围攻。尽管英国海军在战场上仍保持着进攻态势，但国内蔓延的"黑死病"和1666年9月的伦敦大火却令查理二世不得不与荷兰展开和谈。

应该说，英国和荷兰此时都已经意识到这场战争再继续下去只能令法国这个渔翁得利。

率军跨过莱茵河的路易十四

在具体的和平条约仍在商洽之时，荷兰海军却于1667年6月19日夜晚涨潮之时闯入了泰晤士河，荷兰军舰的炮声随着泰晤士河的波浪传到伦敦，隆隆巨响，震耳欲聋，令整个大不列颠为之震动。荷兰海军展开此次奇袭是为了报复1666年8月8日英国海军一气纵火烧毁了停泊于弗利兰岛的150多艘荷兰商船的"霍尔姆斯篝火"事件。荷兰人虽然出了一口恶气，但也令英国上下无不怀恨在心。英荷媾和的《布雷达条约》墨迹未干，查理二世便开始为一举打垮荷兰而进行备战。

事实证明，查理二世不是一个可以在战场上披坚执锐的统帅，却是工于心计的君王。第二次英荷战争刚刚结束，查理二世便以共同防御法国为名组建了英国、荷兰和瑞典三方同盟，之所以拉上瑞典，是因为此时的瑞典为争夺北欧霸权与丹麦势同水火，三方同盟的缔结无疑是在荷兰与其传统盟国丹麦之间打入了一个楔子。而事实上，查理二世根本无心将这个同盟长久维系下去，他所有的外交动作无非是在法国人面前自抬身价。一心想要称霸欧陆的路易十四果然坐不住了。这位亲政不久的少年君主一边与西班牙媾和，一边向查理二世暗送秋波。1670年，堪比日后《苏德互不侵犯条约》的英法《多佛条约》签订，和苏德瓜分波兰一样，英法将矛头对准了共同的敌人——荷兰。

"三方同盟"无疑是查理二世手中最大的砝码，为了收买英国和自己站在同一战壕，路易十四不仅开出了200万利佛尔的军费以补助英国海

军，同时还为查理二世奢靡的宫廷生活埋单——每年向英国王室提供16.6万英镑的赞助。当然路易十四也并非全无所求，作为天主教势力新生代的旗手，路易十四要求查理二世"在对他的王国无害的时候加入天主教"。

荷兰人成功的阻止了英国海军的入侵

　　1672年3月法国向荷兰宣战，在路易十四的亲自指挥之下，12万法国陆军浩浩荡荡地越过莱茵河。而此时的荷兰仅有2.7万常备陆军。查理二世随后跟进，秉承着他"同他们（荷兰）决裂，然后把责任推到他们身上"的旨意，英国海军在英吉利海峡公然向荷兰舰队挑衅，第三次英荷战争随即拉开了序幕。面对兵力雄厚的法国陆军，荷兰人在地面战中且战且退。但是在海战中，荷兰海军却秉承着先发制人的宗旨，直接将战舰驶入了英法联合舰队的锚地——索莱湾。面对众志成城的荷兰海军，英法两国同床异梦的弱点显露无余。坐拥35艘战舰的法国海军借口风向不利仓皇避战，丢下由约克公爵詹姆士挂帅的英国海军独自承受荷兰人的火船冲击和炮火。

　　据说身为王弟的詹姆士在海战中两易旗舰，最终换来了英国海军的援军抵达，逼迫荷兰人退出了战场。索莱湾海战尽管从战术层面来说可以算是平手，却为荷兰赢得难得的喘息之机。在荷兰海军将英法联合舰队阻击于英吉利海峡的同时，昔日"荷兰国父"威廉一世的曾孙威廉三世被公推为荷兰"最高行政长官"。这位22岁的年轻人上台伊始便效法先祖在1574年对抗西班牙人的手段，掘开保护荷兰免受海侵的穆伊登堤坝。汹涌的海水不仅吞没了众多不及躲避的法国士兵，更令莱茵河两岸成为一片泽国。路易十四通过"闪电战"鲸吞荷兰的计划至此彻底破产。因为随着时间的推移，法国的反对势力也开始动员起来，以勃兰登堡选帝侯腓特烈·威廉为首的德意志联军开始跨越莱茵河中游威胁法国本土，西班牙人则在法国所控制的意大利地区四处点火。此时英国国内反对与法国结盟入侵荷兰的呼声也日益高涨。

1673年5月，在又一次撤换了自己的弟弟詹姆士之后，查理二世委任自己的表舅——鲁珀特亲王为海军司令。英法联合舰队开始尝试着夺取制海权，将法国陆军直接运送到阿姆斯特丹附近登陆。但是荷兰海军在战场上的表现却令这一计划再次流产，鲁珀特亲王事后声称："法国舰队对这次失败应负全责。"英国史学家坎·贝尔中肯地表示："荷兰，因其舰队司令精明强干，使他们在这次战斗中取得了巨大的成就。他们使完全被封锁的港口重新开放并战胜了一次可能的入侵，而使敌人放弃了所有入侵的思想。"

英国海军在战场上的失利，加速了国内的政治分歧。英国商贾们不满频繁的征战导致进出口衰退，攻击国王为路易十四的走狗，清教徒们则指责《多佛条约》出卖了不列颠的自由和信仰。无奈之下，查理二世只得于1674年与荷兰单独媾和。根据双方签署的《威斯敏斯特和约》，荷兰以80万克伦的战争赔款买来了英国的中立。此时疲于和德意志、西班牙交战的路易十四自然怒不可遏，他随即向欧洲披露了《多佛条约》的秘密条款。一时间，英国国内反对"天主教复辟"的声浪空前高涨。由于长期没有子嗣，查理二世只能将自己的侄女玛丽下嫁给荷兰执政威廉三世，以暂时缓解民间对于其弟詹姆士即位的担忧。詹姆士是虔诚的天主教徒，英国民间甚至流传着其第二任妻子——意大利城邦摩德纳的公主玛丽亚是教皇安插在英国的奸细。

英国社会对詹姆士的不信任随着时间的推移而不断发酵，查理二世尝试过解散国会、将自己的弟弟流放，但结果却差强人意。毕竟自王政复辟以来，英国国内便始终处于一种微妙的政治平衡之中，关于詹姆士是否应成为王储的问题不过是各派政治势力争斗的一个导火索而已。有趣的是，由于内战血腥的记忆并不遥远，因此敌对双方都不为自己命名，而是给对方贴上标签。反对詹姆士的清教徒和苏格兰长老派被称为"辉格党"（意为马贼），支持詹姆士的一派则被讥讽为"托利党"（意为土匪）。在各种阴谋和动荡不断之下，查理二世的生命逐渐走向了尽头。在英国人看来，查理二世并非无能的君主，少年时代的颠沛流离和登基后的内忧外患使得他积累了丰富的经验，堪称老成持重。尽管他的光芒被路易十四无情地掩盖了，英格兰似乎不复昔日伊丽莎白和克伦威尔的统治时期的强盛。但是恰恰在查理二世统治时期，英国在印度洋、非洲沿海打下了一系列坚实的基础，更将地平线扩展到遥远的北美。恰如《神圣的不列颠》一书中所说"那

里阳光灼热,已经成为我国的一部分,它得到迅速发展,将比本土拥有更加雄厚的力量"。

十二、大同盟——"光荣革命"和英国介入欧洲争夺的内幕

　　1681年,查理二世驻军牛津,以武力逼迫"辉格党"放弃与詹姆士敌对的立场。此后的五年时间里,英国表面上平静如初,但反抗的力量却在暗中集聚。1685年查理二世去世之时,甚至没有人公开反对詹姆士继承大统。一心想要效仿路易十四建立一个强大中央集权国家的詹姆士二世随即错估了形势,开始在国内推行其蓄谋已久的"天主教复辟"来。这位习惯了戎马生涯的约克公爵显然高估了自己的影响力,论神学修养他难望其祖父詹姆士一世的项背,论军功他又岂能赶上克伦威尔?这两位都未能改变英国传统国教的统治地位,詹姆士二世的改革也就不难预测了。

　　第一个跳出来反对这位新任国王的是其侄子——查理二世的私生子蒙茅斯公爵。在苏格兰人在北方发动叛乱的同时,寄居荷兰的蒙茅斯公爵率领一干志同道合者杀回英国。登陆伊始便大肆造谣说詹姆士二世"弑兄篡位"的蒙茅斯公爵虽然成功地纠集了数千心怀不满的农民,却迎头撞上了詹姆士二世放弃北非丹吉尔要塞回国的一干虎狼之师,打着黑色军旗的蒙茅斯公爵随即溃不成军,授首于断头台上。

　　蒙茅斯公爵之所以敢于铤而走险,很大程度上缘于他自恃有一个颇具实力的堂姐夫——荷兰执政威廉三世。威廉三世表面上不建议蒙茅斯公爵回国夺位,但暗中却表示将派出三个荷兰步兵团支援自己的小舅子。当然,蒙茅斯公爵不仅成为了投石问路的棋子,他的死更为威廉三世扫除了继承英国王位的一大障碍。随着詹姆士二世对蒙茅斯公爵的支持者展开疯狂的迫害,在国内变本加厉地推行独裁统治,威廉三世开始筹划进军英国。

　　1687年1月,众多查理二世时代的老臣被詹姆士二世罢免。威廉三世随即以规劝之名向英国派出特使,开始秘密联络英国的反对派。经历了一次血腥的内战之后,英国军队普遍不愿同室操戈。于是在威廉三世的鼓动之下,军队上层很快便形成逼迫国王退位,拥立新君的共识。1688年11月,在授意勃兰登堡选帝侯腓特烈·威廉为首的德意志联军牵制路易十四之后,威廉三世率领一支精锐的荷兰海、陆军向英国进发。

　　在获悉威廉三世登陆之时,詹姆士二世似乎还相当的淡定。毕竟在位

三年以来,他始终在强化军备以巩固自身统治,每年60万英镑的军费为他豢养了一支近3万人的常备陆军,詹姆士三世还经常巡视军营,他自认在军中颇有威望。詹姆士三世计划用两倍的兵力将自己的女婿围困于英格兰西部,然后再出动海军破坏对手的海上补给线。但是两军刚一接触,英国陆军便倒戈成风。詹姆士二世企图以逮捕军官来控制局面,最终却换来了更大规模的崩溃。无奈之下,詹姆士二世只能逃亡法国,威廉三世从容地进军伦敦,史称"光荣革命"。

发动"光荣革命"将自己岳父赶下台的威廉三世

"光荣革命"之所以被英国史学家津津乐道,并非在于它是一场"不流血"的改朝换代。事实上,在詹姆士二世及其继承人的鼓动之下,"光荣革命"在苏格兰和爱尔兰地区所引发的"流血冲突"不亚于克伦威尔的杀戮。1690年,为了驱逐盘踞在爱尔兰的老丈人,威廉三世亲率4万大军出征都柏林。直到1691年7月,在奥格里姆大败法国与爱尔兰联军才最终稳定了局面。而苏格兰人的暴动更是此起彼伏,一直延续到1745年。

事实上,1688年英国鼎革所谓的"光荣",完全来自于普通民众和国会议员们的心理满足。自伊丽莎白以来,英国终于迎来了一位在宗教上放任自留,对国会尊崇有加的君主。当然,威廉三世并非不想强化自身的王权,而是面对路易十四在欧洲大陆的扩张,这位身兼英国国王和荷兰执政的君主实在分身乏术。

1661年亲政的路易十四可以说是上帝的宠儿,他接手的法国经历了黎塞留和马萨林两代"红衣主教"的励精图治,已经成为了独步欧洲的庞然大物。其1900万的人口是英国或西班牙的三倍,接近荷兰的八倍,这意味着法国拥有远超任何一个对手的战争潜力。装备精良的法国陆军在名将杜伦尼、孔代亲王等人的率领之下可谓横行无阻,而在管理与经济天才科尔贝尔的精心组织之下,法国海军通过规模化生产,在短短五年间便建造了

65艘战舰,其海军总吨位迅速攀升至欧洲首位。但是握有满手好牌的路易十四却不是一个精明的统治者,他好大喜功的个性令法国军队在一场场劳而无功的战争中耗尽了气血。

第三次英荷战争虽然于1674年便落下了帷幕,但法国和荷兰及德意志诸邦之间的厮杀却持续到了1679年。在名将杜伦尼战死、国内经济日益吃紧的情况下,法国虽然与荷兰、西班牙及德意志诸邦签署了《奈梅亨条约》以结束战争,但路易十四却并不满足,条约墨迹未干他便在国内成立所谓的"复合法庭",开始向缔约国追缴所割让的土地。德意志诸邦此刻正面对匈牙利人反德起义和土耳其入侵的威胁,自然不愿与路易十四正面冲突,一时之间,法国的版图可谓如日中天。

1683年,20万土耳其大军由贝尔格莱德沿多瑙河北上,于7月17日合围维也纳。一时间整个欧洲为之震动。波兰国王约翰·索比斯基不顾国土动荡和与俄国的兵连祸结,毅然率军驰援。而在法国宫廷鼓动路易十四率军加入圣战行列的也不乏其人。出生于巴黎的意大利少年贵族弗朗索瓦·欧根由于母亲和路易十四关系暧昧,主动向路易十四请求率一个步兵团前往维也纳参战。不过兴灾乐祸的路易十四非但没有为这位少年的拳拳报国之心所感动,反而讥笑其身材矮小。正所谓"打人不打脸",小欧根一气之下独自前往维也纳参战,日后在奥地利军中声名鹊起,成为了路易十四晚年的克星之一。

维也纳之战最终以波兰飞翼骑兵大破土耳其大军而告终,但在追击的过程中,德意志诸邦军队却远不如波兰人热情,因为他们深知在其身后还有一头名为法兰西的猛兽正在虎视眈眈。而在此后的几年里,以奥地利为首的德意志军队在匈牙利、捷克和塞尔维亚地区与土耳其恶战多场。1688年9月6日,奥地利军队攻克土耳其深入欧洲的前哨据点——贝尔格莱德,但德意志诸邦还来不及庆祝,数万法国军队便攻入了莱茵河流域。或许路易十四本想更早发难,但是他个人的宗教信仰令他在1685年颁布了著名的《枫丹白露敕令》,撤销了其祖父亨利四世以信仰宽容为宗旨的《南特赦令》,重新挑起了法国国内的宗教对立。此时,法国国内的"胡

17世纪的波兰以其背插飞翼装饰的骑兵而著名

格诺派"新教徒已经无力再与法国王室对抗,不过"惹不起"还"躲得起",于是在随后的几年里,20万法国新教徒移民海外,除了英国、荷兰和普鲁士之外,大西洋彼岸的"新英格兰"也成为了他们的选择。由于法国的新教徒大多是崇尚科学精神的能工巧匠,因此,这些人的背离不仅是法国的损失,更无形中促进了英属北美殖民地的繁荣。

法国军队攻入德意志地区后的烧杀掠夺,令松散的联邦迅速团结在神圣罗马帝国皇帝利奥波德一世的身边。法国军队虽然不断地攻城掠地,但始终进展缓慢。路易十四此时又不明智地介入英国的王位争夺,向西班牙宣战,令原本就与之对立的威廉三世义无反顾地加入了德意志诸邦的反法联盟,因此这场战争又被称为"大同盟战争"。威廉三世除了亲自率军前往爱尔兰之外,还授意英国海军广泛地袭击法国遍布世界各地的殖民地。除了非洲和印度洋之外,北美成为了英法在海外的主要战场,不过此时的英属殖民地羽翼未丰,双方围绕哈得孙湾反复争夺,最终还是一无所获。

"大同盟战争"初期表现最为抢眼的并不是英国的传统优势——海军,而是由昔日查理二世的宫廷侍卫——约翰·丘吉尔所指挥的英国陆军。约翰·丘吉尔是路易十四的老相识,在第三次英荷战争中,丘吉尔就曾因在战场上表现勇猛而获得了路易十四的亲自接见。但路易十四对他的评价却是:"小白脸式的人物,日后终难成大器。"而在1689年8月的沃尔考特之战中,丘吉尔用自己的实际行动回敬了路易十四。

战场上的失利令路易十四龙颜大怒,他随即派出了自己并不信任的老将——卢森堡公爵领军出征。卢森堡公爵是路易十四的主要政敌——孔代亲王家的养子,两人并肩作战给路易十四制造了很多麻烦。尽管在战场上始终表现出色,但1679年与荷兰的战争结束之后,还是被以亵渎罪投入了巴士底狱。幸好孔代亲王从中斡旋才免除了一场牢狱之灾。62岁高龄的卢森堡公爵出马果然"一个顶俩",他先是在弗勒律斯以微弱的伤亡重创了德意志、英国、荷兰、西班牙四国联军,随后又在战场上连挫从爱尔兰赶来的英、荷两国国主——威廉三世。威廉三世不仅在野战中不是卢森堡公爵的对手,最后甚至连掘壕死守也做不到。如果不是路易十四频频干涉前线军务,令卢森堡公爵错失了多次追亡逐北的有利战机,"大同盟战争"可能于1693年便画上句号了。

与法国陆军高奏凯歌相比,其海军的战绩只能用平平来形容。在开战之初,法国海军曾在1690年的俾赤岬海战中重创英荷联合舰队,但路易

十四并没有抓住有利的战机登陆英国本土,在掌握制海权的情况下,仅满足于向爱尔兰的英国反政府武装提供援助。最终英、荷两大海上强国在两年后卷土重来。面对准备一举夺取英吉利海峡的法国舰队,英荷两国集中了99艘战舰和38艘火船,而法国海军由于分兵地中海战场仅能出动44艘战舰。以两军旗舰"太阳王"号和"不列颠尼亚"号为中心,双方恶斗四天。最终法国舰队率先撤出了战场。据说流亡法国的詹姆士二世亲眼目睹了英国舰队摧毁搁浅的法国战舰,虽然自己复辟的梦想破灭,但他仍为自己祖国的水手喝彩。他的女儿——英国女王玛丽则将格林威治地区一所未建成的宫殿改成海军医院,从而得到了反感战争的民众的拥戴。

　　频繁的海上交锋令英、法两国都无力维持。法国人虽然在1691一年之间便建造了10吨的主力战舰,但是国内的饥荒和陆军的膨胀,令法国海军缺乏足够的人手和火炮。而英国方面却缺乏足够的海军军费,国会不得不通过发行国债和成立英格兰银行以融资。在这样的情况下,双方都不敢轻易展开主力决战,改由招募私掠船主在大洋之上角逐。尽管以让·巴尔为首的一干法国私掠船主干得也是风生水起,但无力进攻英国本土和切断英国及其主要盟友交通线的事实最终令法国在持久战中日益衰弱。

　　1695年1月,卢森堡公爵在凯旋巴黎后不久病逝于凡尔赛宫。这位沙场老将在战场的辉煌,表现在那些悬挂在巴黎教堂的敌军战旗上,以至于孔代亲王之子称其为"我们夫人的布料商"。卢森堡公爵的去世彻底带走了法国陆军的武运,在接下来的两年时间里,交战双方均再无决定性的突破。1697年,法国与反法同盟签署了归还所有自1679年以来获得领土的《瑞斯维克条约》,9年的征战最终又回到了原点。

　　英国人对这场"大同盟战争"缺乏热情,在他们看来这场战争最终的结果无非是"荷兰人保全了面子,法国人取得了优势,而英国人得到的只是耻辱"。上层贵族对性情孤僻、粗暴无礼的威廉三世更是嗤之以鼻,称其为"荷兰矮熊"。只是在法国军队可能登陆英伦拥护詹姆士二世复辟时,他们才团结于女王玛丽二世的身旁。不过玛丽和威廉的夫妻感情并不和睦,从后来披露的一些书信中人们发现玛丽二世另有爱人——王家鹰苑管理员的女儿弗兰西丝·阿斯普利。而威廉三世的身体也远不如他在战场上表现的那么强大,他自幼患有肺结核和气喘病。因此这对夫妻要想为英国孕育一位全新的国王显然是不可能的。因此在玛丽二世1694年去世后,英国国会便开始谋划通过立法来阻断詹姆士二世及其继

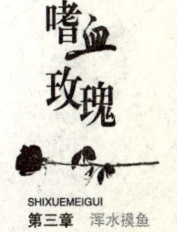

承者卷土重来的可能。

　　1701年英国国会通过"嗣位法"。这一法案不仅明确了英国王位未来相当长一段时间的继承顺序为：无嗣的威廉三世将传位于自己的小姨子——安妮。作为詹姆士二世的次女，安妮虽然于1683年便嫁给了丹麦王子乔治，并保持着多达17次的怀孕记录，但却没有一个继承人可以免于夭折的。基于这一情况，"嗣位法"特意明确，如果安妮女王无后，那么英国王位将传给德意志地区的汉诺威选帝侯——乔治·路德维格。

　　英国与汉诺威虽然看似天遥地远，但安妮和乔治·路德维格却还是有血统上的联系的。乔治的母亲是莱茵选帝侯腓特烈五世的小女儿——索菲亚。"一冬之王"腓特烈五世正是因为迎娶了詹姆士一世的千金伊丽莎白才令英国也卷入了德意志地区的"三十年战争"之中，因此安妮和乔治是真正"一表三千里"的"表姐弟"。腓特烈五世虽然在"三十年战争"之初便失去了领地，但其家族还是与斯图亚特王室荣辱与共，乔治的舅舅鲁珀特亲王便是最好的例证。何况为了表彰汉诺威在"大同盟战争"中的表现，1692年德意志帝国已经将其新增为第9个选帝侯公国，也就是说，如果迎立乔治为英国国王，也许有朝一日英国的国王还能戴上神圣罗马帝国的皇冠。不过更为现实的因素是，1700年西班牙国王卡洛斯二世终于死了，这个被称为"中魔者"的西班牙国王的确遭遇了欧洲王室近亲通婚的诅咒，在生理和心理上都不正常。因此欧洲各强国早已磨刀霍霍，准备瓜分昔日强大的哈布斯堡王朝。西班牙帝国虽然风光不再，但依旧在意大利、德意志拥有诸多飞地。因此站在英、荷两国国主的位置上，威廉三世迫切需要一个强大的德意志城邦作为自己的盟友。

　　最早盯上西班牙帝国这块肥肉的无疑是路易十四，他的母亲是哈布斯堡王朝末代皇帝卡洛斯二世的姑妈，他自己是卡洛斯二世的大舅子。卡洛斯二世生前立下的遗嘱也明确说将王位传给路易十四的孙子——安茹公爵腓力。据说卡洛斯二世临终前曾感慨说"这是上帝给予又夺走的帝国"。的确，哈布斯堡王朝通过联姻和武力构筑了欧洲第一个超级大国，此刻被路易十四以同种手段夺走无可厚非，西班牙的贵族更从现实的角度出发，认定只有傍上法国这棵大树才能保障其领土完整。1700年11月1日，按照西班牙和法国方面的约定，在安茹公爵腓力宣布放弃法国王位的继承权后，正式加冕为西班牙国王，是为西班牙波旁王朝的始祖——腓力五世。

　　路易十四独吞哈布斯堡王朝遗产的举动随即引来了欧洲王室一片"羡

慕妒忌恨"的目光，神圣罗马帝国皇帝利奥波德一世率先挺身而出，利奥波德的老妈也是卡洛斯二世的姑妈，他自己也是卡洛斯二世的大舅子。抱着"和尚摸得，我为什么摸不得"的心理，利奥波德一世提出自己也有权分上一杯羹。此时"大同盟战争"刚刚过去四年，欧洲各国普遍不愿再动刀兵。因此在英、荷两国国主威廉三世出面调整，法、德两强一度将西班牙帝国的一部分遗产交给巴伐利亚选帝侯约瑟夫·斐迪南打理。约瑟夫·斐迪南是利奥波德一世的外孙，同时外交又奉行亲法政策，因此一时被认为是调和矛盾的最佳人选。不过未等到双方谈妥条件，约瑟夫·斐迪南便撒手人寰。于是利奥波德一世又推出自己的次子——卡尔大公为卡洛斯二世的继承人。

在卡洛斯二世生命的最后时光中，法、德双方展开了一系列的分赃协议，法国曾一度同意由卡尔大公继承西班牙本土，而安茹公爵腓力则接受哈布斯堡王朝在意大利的势力范围。但是利奥波德一世并不满足，恼羞成怒的路易十四干脆吃起了独食。面对聚集在欧洲上空的战争阴云，身为英、荷两国国主的威廉三世处境颇为尴尬，一方面英国国会不愿意为荷兰打仗，1699年通过的《裁军法案》规定英国的常备陆军不得超过7000人，另一方面，从1701年开始法国陆军开始进驻今比利时境内的西属尼德兰地区，战争一触即发。随着法德两军在莱茵河和阿尔卑斯山脉正式交锋，威廉三世被不可避免地捆绑在了反法同盟的战车之上。

尽管威廉三世在1702年3月8日去世，荷兰国会拒绝执行其遗嘱，导致英、荷之间短暂的联邦解体，但是继承英国王位的安妮还是遵循其姐夫的外交政策，于当年5月15日向法国宣战。率领1.2万英国远征军协防荷兰的约翰·丘吉尔发现这个国家早已失去了昔日的热情，由于不再有一言九鼎的执政总揽全局，荷兰政府和军队均陷入一盘散沙的境地，约翰·丘吉尔虽然在西属尼德兰取得了一些突破，但最终还是被兵力雄厚的法国人赶回了荷兰。

鉴于荷兰政府缺乏合作的诚意，约翰·丘吉尔率军转向多瑙河流域。由于此时法国前线指挥官均缺乏主动进攻精神，因此

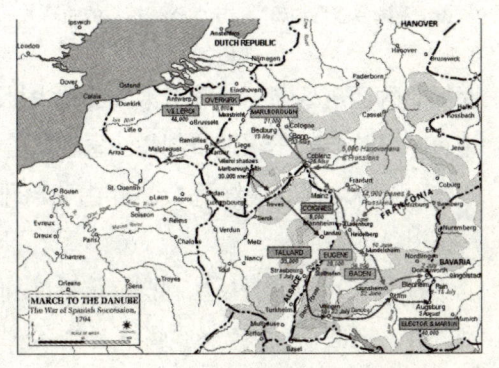

英国陆军少有的远距离机动——挺进多瑙河

2.1万英荷联军得以从容沿着双方犬牙交错的战线纵向移动400公里。这一英国陆军少见的远距离战场移动被温斯顿·丘吉尔满怀激情地形容为:"一条红色的爬虫,在万众瞩目之下,日复一日地拖着战争,穿过欧洲的地图。"在抵达目的时,约翰·丘吉尔的部队不仅没有受到损失,相反还沿途吸纳德意志诸邦的军队扩充至4万人规模。此举彻底改变了德意志南部战场的力量对比。与法国结盟的巴伐利亚公国本是路易十四威胁维也纳一把尖刀,此刻反倒成为了一个亟待救援的缺口。

1704年8月13日,约翰·丘吉尔与德意志新生代名将——欧根亲王携手将6万法国与巴伐利亚联军诱至多瑙河北岸的布伦海姆展开决战。此役英国陆军主攻左翼,不仅成功拖住了法国陆军的预备队,约翰·丘吉尔更亲率精锐骑兵冲垮了敌军的中央阵线。背水列阵的法国—巴伐利亚联军在溃败中损失近4万人。而英、德方面仅有4500人战死,7500人负伤。较之战场的胜利,布伦海姆会战在战略层面为反法联盟打开一个巨大的突破口,巴伐利亚落入了德意志帝国的手中,使得反法同盟可以有足够的兵力用于荷兰和意大利战场。

布伦海姆会战后约翰。丘吉尔签署捷报的油画

在取得地面战辉煌胜利的同时,英国海军也在大西洋上四线出击。1703年5月葡萄牙加入反法同盟之前,英国舰队还只满足于劫掠往来的西班牙商船。随着里斯本成为英国海军主要的前线据点,英国海军不仅更为放肆地攻占西班牙人经营近300年的要塞直布罗陀,袭扰法国在地中海的港口和船只,更将德意志方面拥立的西班牙国王——卡尔大公和大批陆军运送至伊比利亚半岛。在利用直布罗陀要塞牢牢地牵制住法国舰队的同时,英国海军从海上源源不断地向葡萄牙增兵,最终于1706年由葡萄牙方向突入西班牙腹地,攻占首都马德里。

1706年可以说是反法同盟最接近胜利的一年,除了西班牙战场上的胜利之外,返回荷兰战场的约翰·丘吉尔攻占了法军在西属尼德兰的一系列要塞,而欧根亲王则横扫意大利北部。一系列的失败令路易十四心灰意冷,

他开始尝试通过外交途径来结束战争。恰在此时，反法同盟内部出现了严峻的分歧。在大陆战场之上，英军主帅约翰·丘吉尔力主直捣巴黎结束战争，而德意志各路诸侯却热衷于借助这场战争打击异己，扩大地盘。因此，整个 1707 年，尽管反法同盟在地面战场上占据优势却未能成功结束战争，反倒令法国军队成功地将卡尔大公赶出了马德里。但英国海军对法国土伦军港的长期封锁，最终逼迫法国地中海舰队的 50 艘舰艇自沉于港内。此举不仅为反法联盟舰队夺取制海权奠定了胜局，更令法国海军独大局面成为了历史。在此后的漫长岁月里，巴黎虽然一再打造过强盛一时的庞大舰队，可其规模和战斗能力始终无法与老对手英国正面抗衡。不过在从土伦返航的途中，英国舰队也遭遇了风暴的洗礼，损失了包括克劳德斯利·肖维尔在内的 1500 人。

经过 1707 年的碌碌无为之后，1708 年反法同盟终于决定集中兵力于荷兰一线打开局面。约翰·丘吉尔和欧根亲王联手将法国军队赶出了西属尼德兰，战火开始向法国本土蔓延。此时英国国内开始蔓延起了急躁的情绪，民众渴望一举割断敌人的喉咙，结束这场旷日持久的战争。于是在 1709

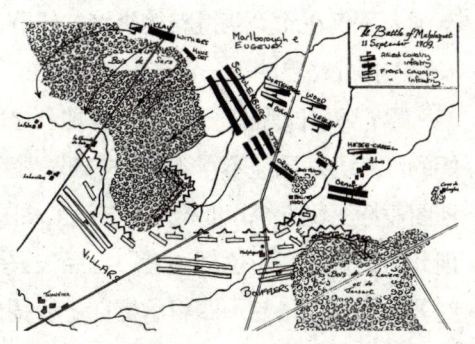

马尔普拉奎特战役双方布阵图。北线为反法同盟，南线为法军

年 9 月 11 日，11 万反法盟军在蒙斯以南的马尔普拉奎特平原与 9 万法国军队展开决战。此役尽管约翰·丘吉尔再度成功地施展出两翼迂回，中央突破的故伎，但却遭遇了对手的顽强抵抗。在好不容易将法军步兵防线击溃之后，部署在纵深的 260 个法国骑兵中队又展开了反冲锋，两军总计超过 4 万的骑兵一直厮杀到黄昏，法国军队才有序地撤出战场。

关于这场马尔普拉奎特战役的胜负，约翰·丘吉尔事后心情黯然地写到："我们今天进行了一场血战。我们在上午打败了他们的步兵，继而战胜了他们的骑兵。感谢上帝，我们现在可以任意确定和平的条件了。"而由于在战场之上给反法同盟造成了远较己方更大的伤亡，法国统帅不无自夸地向路易十四汇报："如果我方再遭受两次这样的失败，那么联军本身也将毁灭。"也正是基于这一信念，路易十四不再寄希望于和谈，决心将战争进行到底。

十三、趁火打劫——欧洲王位继承战争中的英国

毫无意义的拉锯战又进行了两年，1711年，神圣罗马帝国的皇位更迭彻底终结了早已同床异梦的反法同盟。一心想和路易十四分庭抗礼的神圣罗马帝国皇帝利奥波德一世死于战争爆发时的1704年，7年之后，其长子约瑟夫一世又死于天花，皇冠随即落在了反法同盟长期支持的西班牙国王——卡尔大公的头上。眼见这场"西班牙王位继承权战争"削弱法国的目的已经达到，英国政府随即于当年年底解除了约翰·丘吉尔的指挥权，并从荷兰撤回远征军。随后，孤掌难鸣的欧根亲王兵败德南，反法同盟中除了奥地利之外均选择了与法国媾和。根据1713年签署的《乌得勒支和约》，英国人不仅在北美获得赫德森湾、纽芬兰、圣克里斯托弗岛等地，更得以长期占据战略要冲——直布罗陀。

尽管欧洲大陆之上法国与奥地利之间的战争仍在继续，但英国女王安妮的注意力却已经不得不转向内部。鉴于女王没有子嗣的现实，渴望延续斯图亚特王朝统治的贵族开始与流亡法国的女王弟弟詹姆斯·爱德华联系。但此时这位"老王位觊觎者"已经失去了法国的支持，根据《乌得勒支和约》的要求，路易十四将詹姆斯·爱德华赶往罗马。与之相比，被"嗣位法"确定为下一任英国国王人选的汉诺威选帝侯乔治·路德维格麾下却是兵强马壮。不仅德意志诸邦支持他，由于被指控挪用军费，而被迫流亡海外的约翰·丘吉尔也统帅留在荷兰的英国老兵为其张目，宣称如果乔治·路德维格不能顺利继位，他们将掀起第二次"光荣革命"。在这样的情况下，1714年9月，在得到安妮女王逝世的消息后，乔治·路德维格大摇大摆地抵达伦敦，顺利加冕为"乔治一世"。

乔治一世在英国人眼中是个五短身材、其貌不扬的德国佬，其反对者不无讽刺地以"在查理二世时代，统治我们的是一群法国妓女，在威廉国王的时代，统治我们的是一群荷兰步兵"来预言英国即将落入日尔曼人的手中。但事实上，乔治一世本人对英国兴趣阙如，他不会说英语也没有学习这种语言的热情，君臣之间长期靠"洋泾浜"的法语和拉丁语沟通。在这样的情况下，英国政府的实际运转便掌握在了财政大臣罗伯特·沃波尔等本土官僚的手中。在乔治一世很少参加内阁会议，对于翻译成法文的书面报告也是一签了之的情况下，沃波尔得意地宣称："我用蹩脚的拉丁语

和可口的混合甜酒控制了乔治。"

乔治一世统治时期的欧洲，巴黎和维也纳作为欧洲的两大政治中枢依旧彼此敌对着。1715年路易十四病逝，临终前他告诫自己的继任者——曾孙路易十五说："不要像我一样喜欢建筑和战争。相反，设法与你的邻居和平相处。"但庞大的战争机器并不是说停止便不再运转的。路易十五登基不到三年，他便与其继承西班牙王位的叔叔——腓力五世刀兵相见。由于英国、荷兰和奥地利抱着幸灾乐祸的心情与法国结盟，因此这场战争又被称为"四国同盟战争"。尽管法国和西班牙之间的敌对关系随着1720年《海牙和约》的签署，腓力五世放弃对法国王位的继承权而终结，但英国和西班牙关于直布罗陀归属问题的争执和冲突却一直持续到1729年才以西班牙签署《塞维利亚和约》正式承认直布罗陀为英国属地而告终。

相比于英国的海外利益，乔治一世显然更关心自己的故国汉诺威的安危。以1716年奥地利正式与威尼斯结盟对抗奥斯曼帝国为标志，德意志诸邦再度与土耳其人在巴尔干展开了拉锯战。不过此时的土耳其已经日薄西山，一个新兴的军事强国正在中欧日益崛起，它便是由勃兰登堡选帝侯国进化而成的普鲁士王国。作为曾经双属于神圣罗马帝国和波兰的附庸国，普鲁士的任何一个宗主国在强盛时都可以轻松捏断其自立门户的妄想。但此时的波兰早已在与瑞典、俄罗斯的战争中耗尽了气血。奥地利也忙于和法国争雄，在这样的情况之下，乔治一世不得不将大部分的精力放在汉诺威的防务问题之上。对于英国的统治，乔治一世更多地仰仗自己地独子——乔治二世以及两个情妇——达灵顿女伯爵基曼塞格和肯德尔女公爵舒伦堡。但乔治一世和自己的儿子关系不睦，两个情妇又贪婪无度，于是英国第一场金融危机——"南海泡沫"在乔治一世统治时期便悄然上演。

事实上，在"南海泡沫"危机之前欧洲便有过荷兰人爆炒郁金香球茎的"郁金香泡沫"和法国"密西西比开发计划"引发股市暴涨最终崩盘的金融危机。英国的"南

金融危机的雏形——"南海泡沫"事件

海泡沫"与前两者有相似之处却也有所区别。荷兰的"郁金香泡沫"证明了著名的"博傻理论",即大多数参与郁金香炒作的人都知道一株再稀有的球茎也不能价值40头公牛,但人们总心存侥幸地认为,会有一个更大的傻瓜会花更高的价格从其手中将它买走。而法国的"密西西比泡沫"和英国的"南海泡沫"则都由经营海外殖民地开发及贸易的企业所发行的股票引发。由于对辽阔的海外市场抱有不切实际的回报预期和一些达官显贵介入其中,使得这些公司的股票往往一夜暴涨。

有人曾形容"南海泡沫"巅峰时期的英国"政治家忘记政治、律师放弃打官司、医生丢弃病人、店主关闭铺子、牧师离开圣坛,就连贵妇也放下了高傲和虚荣"。甚至连科学家牛顿都坐不住了,在第一次小赚7000英镑之后,再度在高位大举买入南海公司的股票。但恰在此时,英国政府及时介入颁布了著名的"泡沫法案"——《1719年皇家交易所及伦敦保险公司法案》,严厉打击试图浑水摸鱼的"题材股"和"概念股"。此举导致英国股市连遭重创,许多中产阶级血本无归,牛顿也损失了2万英镑,不得不感叹:"我能算准天体的运行,却无法预测人类的疯狂。"但相比较法国"密西西比泡沫"破灭时的哀鸿遍野,无数家庭由于投机失败和通货膨胀而破产相比,英国政府由于介入及时,且采取了一系列救市措施,最终不仅令南海公司免于破产,更维护了政府形象。但是乔治一世却由于自己的两位德国情妇牵扯其中而名声扫地,倒是财政大臣罗伯特·沃波尔收获了民心,成为了英国第一位有实无名的首相。

1727年6月,频繁往来于汉诺威和英伦之间的乔治一世终于病倒了,英国人对这位国王素无好感。在"此乃吾君也,何其声之不似我也?"的嘲讽声中,乔治一世病逝于其出生地——奥斯纳布吕克。尽管乔治一世只有一个独子,但是在继承人问题上这位国王还是一度希望能将英国和汉诺威分别交给自己的长子乔治二世和长孙弗雷德里克·路易斯。此举固然有复杂的家庭矛盾,但乔治一世更多的考量还是为避免汉诺威选帝侯的继承权会被德意志诸邦拿来大做文章。

从某种意义上来看,乔治一世的担忧不无道理。在他逝世之后不久,欧洲大陆便爆发了一场大规模的王位继承权战争。1733年,来自德意志萨克森选帝侯国的奥古斯特二世在两度出任波兰国王之后,终于凭借着阅女无数、坐拥365个情妇的"强力王"之名永垂史册了。而空悬的波兰王位随即引来了法国和德意志诸邦之间的新一轮混战。尽管在战场上欧根亲王

等德意志名将依旧老当益壮，但是由于在波兰问题上与俄罗斯结盟，奥地利不得不同时面对法国和土耳其两个对手。最终双方都理性地选择了握手言和。尽管波兰的王位落入了奥地利所支持的萨克森选帝侯奥古斯特三世之手，但在这场"波兰王位继承战争"中，乔治二世虽然以汉诺威选帝侯的身份支持奥地利，但英国政府却始终严守中立。以罗伯特·沃波尔为首的英国官僚们无心在一场欧洲王室的恶斗中花钱，他们的目光投向了遥远的加勒比海。根据1713年签署的《乌得勒支条约》，英国有权在西班牙特许的情况下向其位于南美洲的殖民地"出口"黑奴。和所有的双边贸易协定一样，英国人只看到了"有权"，而西班牙人则注重"特许"。一场打击英国走私船的贸易战争因此在加勒比海上展开。面对西班牙缉私舰频繁拦截英国商船的外交纠纷，两国最终于1739年1月签署了旨在消弭两国贸易争端的《普拉多公约》。

罗伯特·沃波尔一手操办的《普拉多公约》显然无法满足英国商贾的胃口，于是一个连续八年投诉无门的"上访户"——罗伯特·詹金斯被推到了舆论的风口浪尖。作为商船"丽贝卡"号的船长，詹金斯本是一个籍籍无名的小人物，但是当他拿着自己据称是被西班牙海岸警卫队割下的耳朵出现在英国国会之时，他便成了急于向外扩张的英国商业资本的代言人。在高人的指点之下，詹金斯在国会慷慨陈词，在所谓"把我的灵魂交给上帝，把我的事业交给祖国"的鼓动之下，《普拉多公约》墨迹未干，一支由海军上将爱德华·弗农指挥的英国舰队便扑向了加勒比海军。

在充沛的财力支持下，英国海军此时已然独步欧洲。因此弗农一到加勒比海便轻松拿下了西班牙的白银出口——贝约港，一时间英国国内欢欣鼓舞，日后著名的英国国歌《天佑吾皇》便是在此时首次于伦敦响起。但此时的英国海军还没有足够的两栖作战经验，离开战舰深入西班牙殖民地内陆的英国海军陆战队很快便为后勤和热带疫病所拖垮。为此，英国政府开始在英属北美招募辅助兵员参战，对"美国国父"乔治·华盛顿影响颇大的长兄劳伦斯·华盛顿便在此时投身军旅，成为了弗农远征军中的一员。

在英国对环加勒比海及菲律宾地区西班牙据点展开漫长围攻的同时，欧洲大陆正发生着一场惊天动地的裂变。1740年10月20日，奥地利国王查理六世病故，由于生前没有子嗣，查理六世很早便将其女玛丽娅·特蕾莎立为继承人。应该说此时的欧洲并不乏女性元首的先例，但查理六世留给女儿的并非只有奥地利，还包括神圣罗马帝国共主之外以及匈牙利、捷

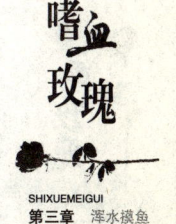

第三章 浑水摸鱼

克的王位。因此,早在1713年,查理六世签署政治遗嘱——《国本诏书》之时便招来了一片反对的声浪。面对德意志九大选帝侯的虎视眈眈,查理六世一方面通过政治、军事种种手段要求欧洲主要强国书面承认自己的《国本诏书》,另一方面积极寻求政治联姻来巩固爱女的威权。关于玛丽娅的结婚对象,查理六世首先考虑的是俄国雄主彼得大帝的嫡孙彼得二世,但这位短命的罗曼诺夫王朝继承人14岁便一命呜呼了。查理六世于是又相中了普鲁士王储腓特烈。

引发奥地利王位继承战争的玛丽娅·特蕾莎

身为德意志诸邦中日益崛起的新星,奥地利与普鲁士联姻的意义自然不言而喻。而考虑到腓特烈的母亲还是英国国王乔治一世的掌上明珠,如果这桩婚事真的能成,那么玛丽娅女王的继承权可谓稳如泰山。但不幸的是,玛丽娅一心钟情于其表哥弗兰茨·斯特凡,腓特烈则一心想和入主英国的汉诺威王室联姻,加上老将欧根亲王的竭力反对,最终奥普联手压制德意志诸邦的计划彻底流产。玛丽娅不得不面对巴伐利亚选帝侯查理·艾伯特和已经成为波兰国王的萨克森选帝侯奥古斯特三世的挑战。

查理六世去世之初,刚刚接掌普鲁士的腓特烈二世曾向焦头烂额的玛丽娅伸出过橄榄枝,表示愿意帮助奥地利打击反对者,但这个忙不能白帮,腓特烈早看中了膏腴之地——西里西亚。客观地说长期以来,新教泛滥的西里西亚地区便与信奉天主教的奥地利离心离德,外加民族矛盾尖锐。玛丽娅如真能以其换取普鲁士的强援也不失为驱虎吞狼的上策。但在"祖宗基业,岂容轻弃"的思想作用之下,最终普鲁士成为奥地利的第一个敌人。1740年12月,玛丽娅尚未加冕,腓特烈便率军突入西里西亚。

1741年4月,奥地利与普鲁士两军会战于西里西亚境内的莫尔维茨,尽管双方死伤相当，但巴伐利亚勾结法国攻入捷克，瑞典打着支持普鲁士的名义向奥地利盟友俄国宣战。兵力捉襟见肘的玛丽娅只能选择与腓特烈媾和。应该说腓特烈与奥地利王室毕竟还有几分香火之情，何况他深知奥地利一旦崩溃，普鲁士便将成为巴伐利亚和法国人的下一个目标。由此普鲁士坦然中止了与奥地利的敌对关系，坐看奥地利军队将在布拉格加冕为查理七世的巴伐利亚选帝侯打得到处流亡。

身兼英国和汉诺威两国国主的乔治二世于1743年加入了战团，他打着拥护《国本诏书》、维护玛丽娅继位合法性的旗号纠集了一支由英国、荷兰及汉诺威军队为主的德意志联军，但却没有赶往混战的中心——巴伐利亚和西里西亚，而是沿着莱茵河向法国进军。本就对英国向同为波旁家族的西班牙宣战心怀不满的路易十五随即调集了数万陆军前往围堵乔治二世，与此同时，法国和西班牙也试图组建一支联合舰队，向英伦三岛发动入侵。

为了阻击对手，英国海军再度围攻法国在地中海沿岸的重要军港——土伦，不过此时英国海军内部陷入了必须以阵阵之师对敌的《永久作战条令》的桎梏。提前突围的法西联合舰队打了英军指挥官托马斯·马修斯一个措手不及，英国舰队不仅未能完成封锁任务，更导致整个舰队受了不必要的重创。但土伦之战也并非全无价值，在海战中法国和西班牙人都意识到了自己与英国海军实力上的巨大差异。因此，尽管在1744年法国海军至少有两次机会从布勒斯特，然后从瑟堡护送部队入侵英国，但最终路易十五还是选择了更为稳妥的方法——1745年他将斯图亚特王朝的后裔查理·爱德华送往苏格兰，让这位"小王位觊觎者"鼓动他的追随者在苏格兰起义。

应该说路易十五的这一招的确起到了"四两拨千斤"的作用，为了应对苏格兰高地部落的南下劫掠，乔治二世不得不从欧洲大陆抽调自己的爱子"坎伯兰公爵"威廉·奥古斯都麾下的精锐野战部队回国平叛。不过此时的苏格兰已经正式与英格兰合并，低地居民敌视高原部落，商贾阶层把打着斯图亚特王朝旗帜的"起义军"视

苏格兰高地民族最后的反抗——卡洛登沼泽之战

为土匪,而爱丁堡等主要城市更早已习惯了汉诺威王朝的统治。因此,"小王位觊觎者"虽然一度控制了苏格兰的绝大部分地区,但其复国之梦却犹如昙花一现。1746年4月16日,坎伯兰公爵麾下混合了荷兰和德意志黑森雇佣兵的野战军在卡姆登沼泽重创苏格兰人。由于坎伯兰公爵在苏格兰不留俘虏的大肆屠戮,"坎伯兰屠夫"之名很快在英伦如雷贯耳。

和历史上大多数失意的政客一样,查理·爱德华不仅被其追随者描述为风度翩翩的"白马王子",更颇有女人缘。在被坎伯兰公爵一路追杀,走投无路之际他受到了苏格兰沿海赫布里斯群岛女酋长——弗洛拉·麦克唐纳的庇护。如此大恩查理当然不能一谢了之,于是两人私定终身。在离开苏格兰重返法国之际,查理曾许下日后必定回来的誓言。但查理·爱德华离开苏格兰的境遇只能用每况愈下来形容,他先是被路易十五驱逐出境,随后又遭到了罗马教廷的抛弃,最后连他的妻子都嫌弃他而另投他人怀抱。这位自称"查理三世"的王子于1788年病逝于罗马。对于这位颇具游侠气息的王子,法国文豪伏尔泰不无概括地总结道:"金钱决定一切的年代,他的这种冒险无法指望能成功。"而可怜的弗洛拉则被英国政府投入伦敦塔,最终化为雕塑矗立在她挥别爱人的斯凯岛上。

1745年4月奥地利与巴伐利亚正式媾和,这场由神圣罗马帝国皇帝之位所引发的战争悄然转换成了欧陆宿敌之间的捉对厮杀。英、法围绕尼德兰地区展开对峙,奥地利则纠集萨克森等德意志诸邦向普鲁士所控制的西里西亚进军。应该说此时羽翼未丰的普鲁士仍不足以一国之力对抗德意志诸邦,但是腓特烈优越的战场指挥,令普鲁士骑兵和新颖的"斜形战列"大放异彩。最终玛丽娅女王只能忍痛承认普鲁士领有西里西亚的现实,以换取腓特烈支持她的丈夫弗兰茨·斯特凡为神圣罗马帝国皇帝。不过这顶皇冠早已不代表德意志共主的权柄,普鲁士的崛起令维也纳威风扫地,恰如法国文豪伏尔泰的"吐槽"——经历了"奥地利王位继承战争"之后的神圣罗马帝国"既不神圣,又不在罗马,更不是帝国"。

苏格兰著名的"望夫石"
弗洛拉·麦克唐纳

英国、荷兰及奥地利与法国的战争状态直到1748年10月18日签署了《亚琛和约》方始画上了一个句号。而英国和西班牙之间的"詹金斯耳朵战争"要到1750年随着双方签署《马德里和约》才以西班牙象征性地赔款10万英镑画上了一个不太圆满的句号。爱德华·弗农收兵回国,大批来自英属北美的殖民地辅助兵卸甲归田。但是乔治·华盛顿的大哥劳伦斯还是对这段军旅生涯颇为怀念,将其新建的别墅命名为"弗农山庄",并积极鼓动小乔治报考英国皇家海军院校。此举虽然最终没有成行,但尚武的基因却由此植入乔治·华盛顿那一代的英属北美青年心中。

自"西班牙王位继承战争"以来,欧洲大陆频繁的王位争夺引发了固有国际秩序的全面崩溃,曾经作为"欧洲警察"对抗伊斯兰世界的西班牙和波兰彻底沦为了二流国家,其辽阔的疆域成为新兴列强瓜分的蛋糕。而长期独霸中欧的维也纳集团也在与法国的消耗战之中日益衰弱,面对普鲁士的挑战时显得力不从心。走过了"太阳王"路易十四时代的如日中天,法国开始从对外扩张的激进轨道之上转向收缩和防御。在欧洲大陆及其海外殖民地的角逐中,英国、普鲁士和俄罗斯正日益占据主导地位。在重新瓜分利益范围的趋势之下,所谓的"和约"不过是整兵再战的"中场休息"而已。

十四、走进蛮荒——英国在印度扩张的序幕

战争往往是野心家们崛起的最佳舞台,不过在"奥地利王位继承战争"中真正成为英国政坛新星的并非是"代父出征"的王子——坎伯兰公爵,而是在战争末期出任军需大臣的"辉格党"议员——威廉·皮特(也就是著名的老皮特)。老皮特其貌不扬、身材矮小,出身更非名门望族,他之所以能在英国政坛崭露头角,一方面固然是由于他拥有非凡的演讲天才,更重要的是,按照英国的传统,战争时期担任军需大臣往往可以从中渔利,但皮特除了他的薪水外,不收一个便士。这种作风对社会舆论产生了重要影响,各个阶层都对他敬佩有加。当然世人只看到了皮特的清廉,却忽视了他的家族早已富可敌国。

皮特家族的崛起很大程度上与英国对印度展开成功殖民有关——他的祖父托马斯·皮特于1674年跟随英国东印度公司前往南亚,很快这位出生于布拉德福德的青年便发现此时的莫卧儿帝国正处于群雄并起的乱世前夜,

可谓是西方冒险家的乐园。于是他随即甩开了公司单干，很快便捞取了自己人生的"第一桶金"，英国虽然事后对他处以400英镑的罚款，但这点小钱对托马斯·皮特而言不过九牛一毛，他不仅轻松地缴纳了罚款，还大方地收买了一个选区，从而成为了英国国会的议员。东印度公司也不敢追究他此前的行为，还将他聘为处理印度事务的专员。

托马斯·皮特之所以能在印度一夜暴富，不得不归功于莫卧儿帝国的经济体系。长期以来，印度都在中、西方贸易之中扮演着中间商和转运港的角色，来自爪哇、苏门答腊、马来亚和中国的货物通过马六甲海峡之后抵达环南亚次大陆的各大港口，再转运到波斯湾与红海的阿拉伯商贩手上。这种巨额的转口贸易一度令印度赚得盆满钵满，以至也门的穆哈港被称为"莫卧儿的金库"，因为从这里大量流向南亚次大陆的金银，不仅可以满足本身没有太多白银储量的印度商人铸造钱币用于国际支付，更令莫卧儿贵族们可以暴发户意味十足地把自己全身装点黄金。虽然西方殖民地涌入印度洋之后，一度打破了穆斯林对海上贸易的垄断，但在南亚大陆之上，欧洲商贾仍不得不向莫卧儿帝国所控制的港口缴纳关税。对于欧洲人在印度所建立的贸易据点，莫卧儿帝国亦是予取予求，1632年，莫卧儿军队便曾捣毁过葡萄牙人在孟加拉的据点——胡格利港，将所有俘虏卖为奴隶。

但正如一句著名的台词所说："人生的大起大落，实在太快、太刺激了！"1658年，40岁的奥朗则布先后搞死了自己的三个兄弟之后，从自己的老爸、著名的泰姬陵修建者——沙·贾汗手中"抢"过了莫卧儿帝国的接力棒之后，开始频繁对外用兵。据说他"高抬贵脚"拿下了那只著名的黄色拖鞋放在装饰华丽的象背上越过国境。抵达邻国之时，如果对方的国王光着脚跑出来，并带领群臣低头平身迎接，将大象引入皇宫郑重地取下拖鞋，放在王座上，那么这个国家尽管失去了主权，但至少可保臣民性命无虞；而如果对此"一笑而过"那么随即就会被亡国灭种。最终这只拖鞋先后灭亡了17个国家。

泰姬陵的建造者——沙·贾汗

这个印度版的"剑及履及"的故事听

起来"霸气外露",但却与正史相差甚大。因为早在奥朗则布的祖父辈,莫卧儿帝国便名义上征服了东到孟加拉、西到喀布尔、南到德干高原,北达克什米尔的辽阔疆域,而奥朗则布在开疆拓土方面最上得了台面的成就也仅仅是征服了南亚次大陆最东段的阿萨姆那和吉大港而已。但是与这些"微小成就"不成正比的却是奥朗则布对莫卧儿帝国统治基础的摧残。

奥朗则布本人是个狂热的伊斯兰教信徒,为了证明自己的虔诚,他执政之后便全盘否定了曾祖父阿克巴大帝一系列宽容的宗教政策。应该说经过莫卧儿帝国多年的统治,南亚次大陆的居民们早已接受了"城头变幻星月旗"的客观事实。但是当1679年政府开始向印度教教徒征收人头税,而其他税收应交额度也是穆斯林的两倍之时,被动了"小钱钱"的印度教徒们开始不淡定了。面对自己统治区域内此起彼伏的武装叛乱,脑子稍微清醒一点的君王都懂得"攘外必先安内"的道理。但1681年,已经63岁的奥朗则布却又兴致勃勃地将自己的矛头对准了德干高原南部的两个苏丹国——比贾普尔、高康达。此举无形之中促使了长期雌伏的马拉地人迅速崛起。

马拉地人据说是南亚现存最古老的居民——达罗毗荼人和最早入侵次大陆的雅利安人的后裔。不过在长期"蜗居"于德干高原西部(今孟买周边地区)的"贫民窟"中,这一古老的民族除了展现自己的"民主"和"骄傲"之外,便只能充当南亚次大陆各强权的雇佣兵,而正是莫卧儿帝国与当地苏丹国比贾普尔之间常年累月的战争,最终令原先不过是部族领袖的西瓦吉瞅准机会揭竿而起,夺取位于孟买西南140公里的重镇——浦那,堂而皇之地建立了所谓的"马拉地公国"。

在相当长的一段时间内,莫卧儿帝国都对出现在宿敌——比贾普尔侧后的马拉地公国采取放任自流的态度。但是随着比贾普尔苏丹国的日益衰弱,莫卧儿帝国必须直面马拉地人的威胁,因为和传统的印

马拉地公国的元首——西瓦吉

度土邦不同，在注重地面力量的同时，马拉地人还着手建立起了一支强大的海军，因此西瓦吉也被现代印度奉为"海军之父"。西方史学家认为马拉地海上力量的崛起，令南亚次大陆和阿拉伯世界的贸易和文化交流免受了莫卧儿和波斯之间帝国战争的隔绝，可谓是居功至伟。但是他们很少谈及，为什么频繁骚扰莫卧儿帝国沿海地区的马拉地海军却从不招惹近在咫尺的欧洲贸易据点。正是在马拉地崛起的过程中，英国以嫁妆的名义通过迎娶葡萄牙公主凯瑟琳获得了印度西海岸名为"博姆·巴伊阿"的七个岛屿，而后世这个由英国人所扩建的深水良港以"孟买"的名义成为了阿拉伯海上贸易的明珠，并很快便取代了莫卧儿帝国所控制的国际贸易中枢——苏拉特。

觊觎南亚次大陆的英国人，当然清楚随着他们在阿拉伯海和印度洋上的扩张，莫卧儿帝国迟早会站在伦敦的对立面上，而扶植马拉地公国自然成为了英国东印度公司扩大自身利益的不二选择。不过马拉地公国建立之初显然无力和莫卧儿帝国正面抗衡。在一度乘虚而入占领了莫卧儿帝国重要海港苏拉特之后，襁褓之中的马拉地公国随即招来了莫卧儿帝国的大举围攻。在悬殊的力量对比面前，西瓦吉理性地选择了割地求和。

在获得了包括马拉地公国首都浦那在内的23座城市之后，心满意足的奥朗则布宣布大赦天下，保全了首级的西瓦吉，在莫卧儿帝国腹地盘桓了一年之后逃回了自己的地盘，卧薪尝胆三年之后再度揭竿而起。西瓦吉之所以敢于在自己跌倒的地方再爬起来，显然是看清了莫卧儿帝国由于奥朗则布错误的宗教政策而日益衰弱的本质。1680年4月3日，马拉地公国的缔造者、被印度教奉为反对异族统治的英雄——西瓦吉撒手人寰。他的死随即成为了南亚次大陆全面战争的发令枪。一年之后，年逾古稀的奥朗则布亲自统率大军南下，先后荡平了南印度长期与莫卧儿帝国对立的比贾普尔、高康达两大苏丹国，并于1689年捕杀了西瓦吉之子桑巴霍基，莫卧儿帝国的版图至此达到了顶峰。9年之后，托马斯·皮特以东印度公司专员的身份觐见了奥朗则布，为英国获得了在孟加拉地区设立商业据点——威廉堡的特权。

今天饱受贫瘠之苦的孟加拉湾地区是当时整个南亚次大陆最为富足的地区，丰足的物产不仅向南亚次大陆的其他地区出口棉织品、丝织品和大米，同时也吸纳着来自中国西藏、云南和缅甸的陆路以及经由孟加拉湾运来的白银和黄金。正因为如此，继葡萄牙和荷兰之后进入印度洋的法、英两国

都将孟加拉视为自己南亚殖民发展的重点。两国先后在葡萄牙人被摧毁的要塞——胡格利港附近建立了自己的据点,凭借着与莫卧儿帝国的良好关系,托马斯·皮特成为了威廉堡的首任总督。除了继续从事利润丰厚的进出口贸易之外,托马斯·皮特还收买当地部族,雇佣土著士兵充实自己的军营,为英国日后窃取整个孟加拉打下了坚实的基础。

1707年病逝于印度南部的奥朗则布是否意识到西方殖民者对印度的野心世人不得而知,但是对于自己常年奉行严酷的宗教政策以及令帝国军队深陷德干高原的马拉地人游击战泥潭的现实,这位89岁的老人估计是连肠子都悔青了,他感慨地在遗嘱中写到:"除了苦行之外,过去的日子留下的只是悔恨,如此宝贵的生命,却没有收获任何意义。" 而莫卧儿帝国最大的不幸是奥朗则布太过长命,尽管他的继任者巴哈都尔·沙还算"守成之君",但留给他"待从头收拾旧山河"的时间也仅有短短的五年。1712年,69岁的巴哈都尔·沙病逝之后,曾经强盛的帝国陷入了一连串的宫廷内斗。1712年到1719年之间帝国更迭了五位君主。其中值得一提的是莫卧儿帝国的第九任皇帝——法鲁赫·西亚尔。不仅是因为此公在位的时间"长达"六年,更因为在其任内作了两件对后世影响深远的事情。

1717年,法鲁赫·西亚尔"特批"英国东印度公司在威廉堡设立免税区,而莫卧儿帝国每年仅收取3000卢比的低廉"管理费"。此举随后引来的大批印度商人涌向皇帝在孟加拉湾附近画的"那个圈"。威廉堡以此为契机一跃成为了环孟加拉湾经济圈的明珠。当然此时托马斯·皮特已经捞得盆满钵满,1709年离开印度之时,皮特家族到底有多少财产世人不得而知,但是仅从世人所熟知"皮特钻石"中,他的收益便令人咋舌。托马斯·皮特曾在印度以2.4万英镑的价格收购了一颗410克拉的原钻,带回英

昔日孟加拉富庶的贸易港口

国之后经过一番切割打磨，仅其中140.5克拉的部分便以15万英镑的价格出售给了法国摄政王奥尔良公爵。正是源于这样的财大气粗，托马斯·皮特在英国又一口气买下了五个选区，成为了英国举足轻重的政治力量。

而法鲁赫·西亚尔所做的另一件对南亚次大陆影响深远的事件则是皇帝出于个人喜好将今天阿拉哈巴德邦内靠近运河的一片肥沃土地赏赐给了一个名叫拉杰·考尔的婆罗门，此后拉杰·考尔的后裔便以"尼赫鲁"为姓（印度语中"运河"之意），日益活跃于印度政坛，到了拉杰·考尔重孙辈，这个家族已经成为了莫卧儿帝国不敢得罪的"太上皇"——英国东印度公司驻莫卧儿朝廷的首任代表和法律顾问。

尽管法鲁赫·西亚尔在位时间颇长，但最终还是难敌试图将皇帝架空为橡皮图章的帝国官僚系统。1719年，法鲁赫·西亚尔无奈地迎来了被毒瞎双眼，随后被废黜和"被病死"的命运。在法鲁赫·西亚尔之后，莫卧儿帝国走马灯似的又换了三任君主，直到穆罕默德·沙入主德里，帝国的中枢才恢复了稳定。不过穆罕默德·沙之所以可以坐稳龙椅，并非缘于自身的能力和威望，这位莫卧儿帝国末期在位时间最长的君主实际上不过是盘踞德干高原的"副王"——阿萨夫·贾赫的代理人而已。

自奥朗则布大帝以来，莫卧儿帝国的"德干副王"便由于手握重兵而在政治格局中扮演着举足轻重的角色。阿萨夫·贾赫出生于土耳其，其早年以伊斯兰圣战者的身份加入奥朗则布大帝的军队之时，或许并未想过自己也有黄袍加身这一天。当莫卧儿帝国陷入政权频繁更迭的动荡之中时，阿萨夫·贾赫原本担负的任务是监视蠢蠢欲动的马拉地人。不过这位油滑的将军一眼就看出虚弱的帝国已经无力维持高压的姿态，与其徒劳地和马拉地人对抗，不如借助他们的力量。而他的主要合作伙伴则是他战场的对手——年轻的马拉地联盟宰相——巴吉·拉奥。在与马拉地人达成了某种协议之后，1720年阿萨夫·贾赫率领着精锐野战军北上德里，在保留"德干副王"头衔的同时，开始以宰相的名义主持帝国的日常事务。

此时的莫卧儿帝国已经风雨飘摇，各地总督拥兵自重、割据一方。因此，精明的阿萨夫·贾赫很快就意识到了所谓的帝国宰相不过是一个随时可能吞噬自己的火山口。1722年阿萨夫·贾赫便离开了德里，回到了自己的势力范围，两年之后终于按捺不住，在盛产钻石的德干行政区首府——海得拉巴自封为"尼扎姆"（意为：最高地位者）。就在莫卧儿帝国日益衰弱之际，其西部近邻波斯也随着民族英雄纳狄尔的出现而再度进入了扩

大的周期。1737年，波斯大军进入自1709年便不断起义谋求独立的阿富汗地区，随后杀气腾腾地连续击败了莫卧儿边防军，轻松攻破了莫卧儿帝国首都。在德里波斯人掠走了最保守估计也价值1亿美元的金银和珠宝，令莫卧儿帝国"348年累积的财富瞬间易手"。领土和财富都遭遇"大失血"的莫卧儿帝国名义上依旧存在，但却沦为了政治僵尸。真正拥有主宰南亚次大陆命运力量的是各地争先割据的昔日总督们。其中除了盘踞次大陆中南部地区的阿萨夫·贾赫以及从德干高原西部浦那一隅扩张到整个印度西、北部地区的马拉地联盟之外，最具实力的便当属1740年正式宣布独立的孟加拉王国。

早在奥朗则布统治的末期，远离德里的孟加拉总督穆尔希德·库利·贾法尔便呈现出尾大不掉的态势。而随着波斯大军进入德里，贾法尔的继任者阿里瓦迪更正式"称王道孤"，在印度东部建立起了自己的势力范围。贾法尔家族是孟加拉当地颇有权势的婆罗门种姓，自雅利安人征服南亚次大陆以来，由部落文明时代的祭司组成的婆罗门种姓便始终以其圆滑的处世手段屹立于动荡之中。在莫卧儿帝国政治中枢忙于内斗之际，贾法尔家族在孟加拉大肆扩张，不仅成功地并吞了比邻的比哈尔、奥里萨两邦，更废黜了莫卧儿帝国的伊斯兰贵族在孟加拉的诸多采邑，从某种意义上来讲，18世纪上半叶的孟加拉是南亚次大陆首先实现中央集权的地区。不过事实证明贾法尔家族所建立的自上而下的行政管理体系以及现金税收制度最终不过是为英国人作了嫁衣。

莫卧儿帝国的崩溃令原有社会经济秩序也随之瓦解，富有的印度商人成为了各派武装势力眼中的肥羊。原有的陆上贸易网络由于军事割据而迅速瓦解，曾经是莫卧儿帝国最大商业港口的苏拉特也遭到了埃塞俄比亚雇佣兵的洗劫。1735年他们以德里拖欠他们军饷为由，掠走了所有停泊在苏拉特的船只，由此可见索马里海盗是有悠久的传承的。经此一劫之后苏拉特港每年停靠的商船锐减一半左右，显然，尽管不是所有印度商人都选择从危险的苏拉特搬迁到英国人控制的孟买，但是南亚次大陆西部的阿拉伯海沿岸的海上贸易日渐势衰的局面却是无法改变的趋势。与之形成鲜明对比的是印度东海岸的孟加拉王国，在英国政府和当地王公的共同努力下呈现出蒸蒸日上的势头。不过英国人在孟加拉的日子并不是世人想象的那么

舒服，在贾法尔家族眼中，莫卧儿帝国给予英国人自由贸易的权利可以保留，但是让英国人在自己的地盘上自由铸币就不能接受。于是在 18 世纪初期，英国人在孟加拉始终处于贸易逆转的状态，大约 220 万英镑的白银哗哗地流入孟加拉王公的腰包。英国人之所以甘心长期忍受孟加拉银行家加贾特—舍特（意为"世界商人"）用他认为合适的汇率将英国人带来的白银转化为当地货币，除了英国人在印度东海岸羽翼未丰之外，主要是缘于强大的竞争对手——法国的存在。

十五、一时瑜亮——英法在印度的争夺

法国抵达印度洋的时间远晚于英国，但是在路易十四的时代，雄心勃勃的法国人向来是"人有多大胆，地有多大产"的"洋冒进"，在英国人小心翼翼地巩固在印度东、西海岸的威廉堡和孟买之时，法国竟连续在南亚次大陆建设了本地治里、苏拉特、马苏里帕塔姆、金德讷格尔、巴拉索尔、卡提巴扎尔等一系列贸易基地，构成了 18 世纪的"珍珠战链"，与英国东印度公司一度保持和马拉地联盟、孟加拉王国的"良性互动"，法国人也在南亚次大陆找到了自己的"战略合作伙伴"——盘踞印度中部的阿萨夫·贾赫。

由于自立为王之后便始终处于马拉地联盟的压制之下，在巨大的压力面前，海得拉巴王国不得不"打开国门"，用贸易特权换取来自法国的军事援助。法国政府也正是在这一时期将自己的东、西印度公司合并，大量地引入商业资本。未来声名远播的法国名将约瑟夫·弗朗索瓦·杜普莱克斯正是在这一时期来到了印度。不过在他纵横南亚次大陆之前，这位大器晚成的军政人才默默地在法国位于孟加拉的金德讷格尔贸易基地工作了 20 年。

18 世纪是火药武器终结骑兵优势的时代，在南亚次大陆之上，莫卧儿帝国也正是依靠着伊斯兰世界的火炮优势摧毁了德里苏丹国的象阵。据说莫卧儿帝国著名的君主阿克巴大帝还曾亲自参与对武器的改进工作，设计出了机动性更强的野战炮车以及比欧洲射程更远、精度更高的步枪。到了莫卧儿帝国统治的中后期，不仅帝国军、各地封建王公的武器库中堆放有数量庞大的火绳枪和加农炮，甚至连抗税的武装农民都可以从村里的铁匠

手中买到私造的枪械。
但在欧洲殖民地深入南
亚次大陆之前，主宰着
战场的依旧是马拉地联
盟和来自阿富汗的骑兵，
甚至战象这种大而无当
的南亚传统兵种也仍未
退出历史舞台。面对如
此诡异的局面，杜普莱
克斯用自己的行动给出

辽阔的南亚普是骑兵的天堂

了答案。经过法国军事顾问团的训练，使用同样武器的海得拉巴王国军队轻松地便将纵横南亚多年的马拉地骑兵击溃。

　　法国人化腐朽为神奇的诀窍其实很简单，杜普莱克斯只是将欧洲陆军推行已久的步兵阵列和排枪齐射引进了南亚而已。而在莫卧儿帝国统治时期，装备火绳枪的印度步兵更崇尚"一枪一命"的"狙击"。法国人带给海得拉巴的成功在印度王公眼中并不值得复制，比起教会准文盲的农民步兵以整齐划一的节奏同时射击，印度的将军更喜欢策马冲杀的快感。法国人和海得拉巴王国的对手也不总是战术上不思进取的马拉地人。很快海得拉巴的领土纠纷最终将英、法两国在南亚的明争暗斗升级为了兵戎相见。坐镇德干高原中心的阿萨夫·贾赫的统治模式照搬自他的老东家——莫卧儿帝国。各地的总督依旧掌握着军政大权，而其中哥达瓦里河出海口那片肥沃的三角洲更是作为"卡那提克"独立省份掌握在了地方豪强——多斯特·阿里的手中。

　　1743年，长期对阿萨夫·贾赫效忠的总督多斯特·阿里过世，海得拉巴王国随即认为这是一个收回当地政权的绝佳机会。于是乎在卡那提克当地颇有权势的多斯特·阿里养子兼女婿昌达·萨希布被剥夺了理所当然的继承权。对于这一变故，法国人本不想"趟浑水"，毕竟法国印度公司在卡那提克地区构筑有以本地治理为中心的多个贸易据点的，而此时欧洲大陆又因为奥地利的王位继承问题而闹得不可开交。但是"树欲静而风不止"，盘踞孟加拉的英国人认为这是一个将法国势力驱逐出印度东南部的绝佳机会。

　　可惜英国政府并不完全清楚印度洋上双方真实的力量对比，在与南亚

次大陆隔海相望的非洲岛屿毛里求斯（当时被称为"法兰西岛"）此时正盘踞着一位牛人：法国东印度公司当地总督拉—波尔多内。从现实的情况来看，这位总督对海权的理解更像一位被巴黎招安的海盗头子。毕竟在18世纪，自负盈亏的海盗永远拥有比正规海军更高的"战斗热情"。在得到杜普莱克斯的求援之后，拉—波尔多内随即率领着8艘战舰和1200名"海军陆战队"，杀气腾腾地越过印度洋包围了英国人位于印度东南部海岸的贸易基地——马德拉斯。面对海上的封锁和杜普莱克斯由印度土著为主的法国雇佣军，英国守军在马德拉斯仅作了象征性的抵抗便缴械投降了。而走进法国人牢房的英国东印度公司雇员中有一位特殊的人物——书记员克莱武。

杜普莱克斯和克莱武在南亚次大陆的西方殖民史中的表现可以说是英法版的"孙膑、庞涓"或"苏秦、张仪"。有着相类似人生轨迹的他们在南亚次大陆谱写了一段斗智斗勇的传奇。杜普莱克斯出生于法国北部城市朗德勒西的一个富农家庭。怀着对新世界的好奇和对财富的渴望，1715年，18岁的杜普莱克斯跳上了一艘开往南亚的法国东印度公司的商船。罗伯特·克莱武的家族据说曾经显赫一时，但已是家道中衰，面对每年只有500英镑收入的贫瘠庄园，1743年，连续被3所学校开除的克莱武被身为市议员的父亲强行塞进了在当地招聘的英国东印度公司，而此时的克莱武恰好也是18岁。杜普莱克斯在南亚次大陆工作了20年才熬到了本地治理总督的位置，这段时间里，他的职业经历没有留下详细的记录。而克莱武却在自己的回忆中对自己在南亚次大陆最初的生活大吐苦水。在闷热的阁楼公寓里，克莱武常年忍受着疟疾的折磨，思乡的情绪和恶劣的环境甚至令他两次选择过自杀。不过每一次扣动扳机克莱武等来的都是哑弹，于是在"求生不得，求死不能"的情况下，克莱武只能相信这是上帝准备"降大任于斯人也"，随即转身抽起了鸦片。这里不得不说一下，西方历史上很多"大恶人"都曾有过自杀未遂随后发奋图强的记录，其中最为著名的莫过于希特勒。

占领马德拉斯之后，法国军队高层出现了意见分歧。来自毛里求斯的拉—波尔多内显然对南亚次大陆缺乏兴趣，按照他的"海盗逻辑"马德拉斯连同战俘无非是劫掠到的货物，应该奇货可居地"卖还给"英国。杜普莱克斯则对马德拉斯在印度东海岸特殊的战略地位洞若观火，不惜背城与英国人支持的海得拉巴王国军队一战。对于杜普莱克斯的坚持，拉—波尔

多内无法理解、也不想理解，带着从马德拉斯掠夺的财富，这位总督高呼着"伤不起"跑回了毛里求斯。而就在马德拉斯的两支法国军队分道扬镳之际，战俘营里的克莱武乘乱带着20名同僚成功"越狱"，逃往邻近的圣戴维堡。

在圣戴维堡，克莱武的"英雄事迹"得到了当地驻军指挥官金格·劳伦斯的赞赏，当然更重要的是，此时圣戴维堡内兵员有限，克莱武随即被"火线入伍"成为了英国陆军的一名旗手，从此开始了他的军旅生涯。克莱武对于收容自己的劳伦斯感恩戴德，多年之后他后来居上成为了孟加拉总督，也要求所有人在向他效忠时必须对劳伦斯致以同样的礼仪。

与马德拉斯比邻的圣戴维堡一度处于法国及其印度盟友的威胁之下，好在海得拉巴王国所任命的卡那提克总督安瓦鲁汀率领大军赶到。安瓦鲁汀未必是英国人的盟友，但绝对是法国人支持的当地豪强昌达·萨希布的敌人。而更令杜普莱克斯哭笑不得的是安瓦鲁汀告知他，离开的拉—波尔多内收取了这位总督相当于200万美元的巨款，已经将马德拉斯卖给了海得拉巴王国。1746年9月21日，刚刚占领马德拉斯仅11天的杜普莱克斯，便由于拒绝移交城市而遭到了海得拉巴王国军队的围攻。不过安瓦鲁汀虽然兵多将广，但却缺乏与欧洲军队作战的经验。杜普莱克斯首先在马德拉斯城外击溃了对手的攻城部队。1746年11月3日更在野战中以230名法国士兵和730名印度土著组成的混合部队击败了对方上万大军，如此辉煌的战果连杜普莱克斯都感觉难以置信，随即以基督教神话中感化南亚的使徒之名将此役命名为"圣汤姆之战"。杜普莱克斯的武运至此达到了顶峰。

从1746年11月开始，杜普莱克斯挟"圣汤姆之战"的余威开始围攻英国在印度东海岸南部最后的据点——圣戴维堡。英国方面的史料对包括克莱武在内的一干英国东印度公司的武装雇员面对杜普莱克斯麾下的百战之师，为何能够坚守18个月之久语焉不详。邱吉尔在其著作《英语国家史略》提到：作为"奥地利王位继承权战争"的交战国，英法在经过7个月的漫长谈判之后已经在1746年11月达成了停战协议。杜普莱克斯很可能出于外交的考虑而放缓了攻势。而马汉则在《海权对历史的影响1660-1783》中则认为是英国海军对印度洋制海权的控制，使得杜普莱克斯始终存在着后顾之忧，无法专心于圣戴维堡。综合其观点，我们大致可以勾勒出事情的全貌。1746年11月下旬结束了"圣汤姆之战"的法国军队开始向圣戴维堡进军，此时尽管欧洲战场已经停火的消息可能仍未传到南亚次大陆，但

是进入 1746 年以来，战局已经朝着对法国不利的方向发展，而巴黎决定与英国、奥地利议和的外交努力更是从 1746 年 4 月便已经开始了。因此，杜普莱克斯一开始便对攻克圣戴维堡首鼠两端，并不积极。1746 年，英、法在印度洋海上力量的对比由于一个偶然因素而发生了根本性的改变。负气离开马德拉斯的拉—波尔多内在驶回毛里求斯的途中遭遇到了风暴的袭击。他的舰队之中至少有二艘战舰被彻底摧毁，其余战舰也遭遇重创。拉—波尔多内抵达毛里求斯之后便被召回了法国本土，在软禁中去世。拉—波尔多内的舰队毁于风暴之后，法国在整个印度东海岸的据点均处于"有海无防"的尴尬境地。1747 年 3 月，鉴于一支英国舰队逼近马德拉斯和本地治理的海岸，杜普莱克斯不得不放弃对圣戴维堡的围困，全力构筑本地治理的防御。

事后，马汉借着一位可能并不存在的法国历史学家之口总结道："阻碍杜普莱克斯前进的主要原因，是法国海军低效无能。在他那个时代，法国皇家海军未曾在印度海域露过面。" 不过杜普莱克斯却并不愿承认自己的失败，而亲手在莫卧儿帝国的残骸上建立海得拉巴王国的阿萨夫·贾赫的离世更给了杜普莱克斯一个翻盘的机会。和多数草创的政权一样，海得拉巴王国在其创立者逝世之时也走到了一个危险的瓶颈期。客观地说，阿萨夫·贾赫不是一个没有远见的政治家，早在 1737 年他离开德里，放弃主持整个莫卧儿帝国日常事务之时，他便培养自己的儿子纳西尔·姜格为继承人，甚至一度让其代行职权，自己则以太上王的身份退居幕后。

在大权独揽的诱惑面前，父子亲情往往经不起时间的考验。1741 年，野心勃勃的纳西尔·姜格发动了不成功的政变，尽管阿萨夫·贾赫最终赦免了自己的儿子，但是显然纳西尔·姜格合法继承人的位子是无法再继续保留下去了，阿萨夫·贾赫转而开始培养自己的孙子穆扎法尔·姜格。这种"隔代传位"的例子在世界历史的长河中并不鲜见，但却几乎没有成功的案例。无论是雄才大略、心狠手辣的朱元璋还是百折不挠的武田信玄，都无法保证在自己身后，第二代领导核心不去或明或暗地将名正但言不顺的第三代赶下台。更何况是"才智不过中人"的阿三王公阿萨夫·贾赫。阿萨夫·贾赫死后，其孙穆扎法尔·姜格不知道从那里搞来了莫卧儿帝国皇帝颁发的委任状。不过既然皇帝本人此刻也不过是一个任人使唤的橡皮图章，那么这张委任状自然也没有效力。身为长辈的纳西尔·姜格随即在自己的根据地——布尔汉布尔"另立中央"。一场印度版的"靖难之役"由此正式开场。

这场海得拉巴王国的内讧,法国人力挺"相对合法"的穆扎法尔。不过除了道义上的支持之外,杜普莱克斯显然将更多的精力放在了支持自己在卡那提克省的盟友——昌达·萨希布。于是《第二亚琛和约》墨迹未干,被史学家称为"第二次卡那提克战争"的角逐又再度在英法之间展开了。在"第二次卡那提克战争"中,尽管交战的主体是割据一方的印度王公,但是此时的南亚次大陆已经没有任何一股政治力量敢于拒绝西方殖民者的帮助了。因此,"第二次卡那提克战争"事实上不过是"奥地利王位继承权战争"在印度南部争夺的延续而已。在经过了近一年多的激战之后,得到英国支持的纳西尔最终被证明没有朱棣那样的运气。随着1750年12月16日纳西尔兵败被杀,"第二次卡那提克战争"事实上已经算是画上一个圆满的句号。但也就在这个时候,自恃兵强马壮的杜普莱克斯写下了自己军事生涯最大的败笔。

在自己的盟友穆扎法尔和昌达·萨希布均根基未稳的情况下,杜普莱克斯草率地调集了自己全部力量扑向英国人支持的卡那提克省前任总督安瓦鲁汀的根据地——特里奇诺普。客观地说,在1751年的战略选择中,杜普莱克斯有两个选择,除了对安瓦鲁汀的势力穷追猛打之外,杜普莱克斯有足够的力量再度夺取马德拉斯。但是出于外交角度的考量,杜普莱克斯显然不愿在南亚次大陆与英国人再度交恶,于是配合昌达·萨希布麾下土著部队,杜普莱克斯挥兵南下,准备一举摧毁英国人在印度东南部的代理服务器。

关于杜普莱克斯围攻特里奇诺普的总兵力,西方史料说法不一。虽然各方都肯定昌达·萨希布麾下的土著部队大概为1万人左右,但是关于此役法国军队的数量却有150人和1800人等多个版本。不过略微分析一下,我们便可以认定参与特里奇诺普攻城战的法国人数量不会太多,毕竟杜普莱克斯的军事行动没有获得法国政府的支持,在没有本土援军的情况下,法国东印度公司可以使用的机动兵力并不多,加上杜普莱克斯必须在新夺取的一些据点分驻守军,因此最终可以用于特里奇诺普方向的兵力也就是数百人的规模。与杜普莱克斯手中捉襟见肘的兵力相比,英国人在特里奇诺普却保存着一支相对强大的防御力量,城内集结了1000人左右的英国武装人员以及2000名英国人效仿自己的对手组建的印度土著部队,数量和质量两个维度综合考量之下,围绕特里奇诺普的攻守双方可谓是旗鼓相当。而就在这样微妙的平衡之下,一支由马德拉斯出发的英军部队最终改变了

南亚次大陆的局势走向。

率军从马德拉斯驰援特里奇诺普的英军指挥官,正是时年26岁的克莱武。对于这次军事行动中克莱武所发挥的作用,西方史料众口一词地将其描述成了力挽狂澜的英雄,甚至绘声绘色地还原了克莱武从前线连夜赶回圣戴维堡,进谏自己老领导劳伦斯少校的整个过程。和所有历史大剧的龙套一样,劳伦斯对法军围攻特里奇诺普显得束手无策。而年轻的克莱武则是一派"伟岸光明"的形象,高瞻远瞩地提出了"围魏救赵"——直取杜普莱克斯后方基地——阿尔科特,从而一举扭转南亚次大陆之上,英国东印度公司所面临的不利局面。

克莱武的运气实在不错,在昼夜急行了一周之后。伴随着1751年9月1日的暴雨,英国军队抵达阿尔科特的城外,并在几乎兵不血刃的情况下夺取了这座印度南部的重镇。表面上看来,克莱武的成功是缘于"围魏救赵"的战略眼光,以及出其不意的奇袭战术。但从战场一些反常的现象,我们却不能不说其中另有玄机。首先克莱武抵达阿尔科特之时,城中守军少得可怜——仅有80名印度土著士兵,而为了解释这一令人匪夷所思的情况,有好事者在史料中画蛇添足地指明:阿尔科特城内数千名守军此时正在城外的军营中"避雨"。至此我们可以大胆猜测,作为英国盟友——卡那提克省前任总督安瓦鲁汀的传统势力范围,法国人和昌达·萨希布在阿尔科特的统治并不稳固。在得到了当地居民即将、甚至已经揭竿而起的消息,克莱武才敢于在缺乏重型武器的情况下,向阿尔科特急进。而正是由于这种战机稍纵即逝,因此劳伦斯少校才没有时间召回已经出发的精锐部队,只能临时拼凑出最后的预备队交给自己的亲信克莱武指挥。在奇迹般的反客为主,轻取阿尔科特之后,克莱武成功坚守了这座敌后要塞近三个月之久。克莱武的成功固然与其坚忍不拔的毅力有着必然的联系,但他的对手——杜普莱克斯和昌达·萨希布之间的不和,也是决定性的因素之一。

昌达·萨希布对阿尔科特的围攻充斥着"印度特色"。在缺乏火炮的支持下,土著士兵在大麻的鼓舞之下,以披甲战象为掩护"蚁附攻城"。而克莱武则灵活地运用自己手中为数不多的大炮,居高临下不断轰击,其炮火甚至打到了昌达·萨希布的"中军大帐",一度导致对手中断攻城六天之久。1751年11月底,据守阿尔科特的克莱武手下已经只剩下120名英国人和200名印度土著。但此时整个印度南部的战局已经发生了根本性的转变,面对英国及其印度盟友在特里奇诺普集结的生力军,昌达·萨希布

最终失去了"将战争进行到底"的信心。1751年12月，目送着昌达·萨希布麾下大军远撤的背影，克莱武终于迎来了自己的春天。

尽管在与英国人对峙的同时，杜普莱克斯麾下的法国将领德·比西成功地击败了马拉地联盟对印度南部的窥测，并以此为契机，将印度东部沿海四个县转化为法国印度公司的采邑，从而部分解决了长期战争消耗中的经费问题。但法国印度公司的股东们对这场战争已经表示厌倦，在他们看来，

印度的传统兵种——披甲战象

杜普莱克斯在印度的表现，纯属"不务正业"。在商言商，法国印度公司尽管幕后老板是路易十五，但维持其在南亚次大陆运转的终究是商业资本。因此，法国印度公司的董事们终于在1754年对连年赤字的报表发出了"不玩了"的最强音，随着《本地治理和约》的签署，英、法在印度南部的"代理人战争"也由此画上了一个句号。仅从经济利益角度看，法国印度公司的"止损"决策无疑是经过考虑的。《本地治理和约》的相关条款尽管对英国人有利，但在缺乏海权支持的情况下，法国能够仅以此"终战"，保全其在印度的殖民地也不失为上上之选。但是法国印度公司的董事们显然没有预见未来的高瞻远瞩，随着英国人在印度的扩张失去了制约，其势力必将轻松地吞并那些落后于时代的印度土邦。而在此消彼长的情况下，要想长期保持南亚次大陆两强并存的局面无疑是痴人说梦。

与被解雇后死于穷苦的杜普莱克斯相比，作为"第二次卡那提克战争"的英雄，克莱武的行情却是一路走高。早在《本地治理和约》之前，克莱武便被召回本土了。鉴于盎格鲁·撒克逊人向来有包装英雄的传统，克莱武在英国本土所受的热捧自然可想而知。也正是在这段时间里，他迎娶了以天文学家和魔术师而著称的马斯基林家族的千金。不过克莱武在英国本土虽然声名鹊起，又兼"入赘豪门"，但他拿着在印度"吃拿卡要"来的

那点小钱就想参选下议院议员，却多少有些不自量力了。竞选虽然失败，但克莱武至少在英国政坛混了个脸熟。1755年克莱武晋升为陆军上校，率领皇家第39掷弹兵连和第12炮兵连开赴他的第二故乡——马德拉斯。克莱武之所以在这个时候重返印度，因为随着欧洲局势的日益紧张，英国有必要加强在南亚次大陆的战备，同时也是英国东印度公司对印度当地王公的一种威压。

第四章　封锁大陆

十六、七年之痒——七年战争和英国全球霸权的基础

克莱武动身前往印度之时，同样通过南亚殖民地而暴富的威廉·皮特正在国会积极推动英国与普鲁士的同盟。皮特构筑英普同盟的初衷或许并非为了鼓励奥地利，而是希望通过乔治二世汉诺威选帝侯的身份令德意志重新归于团结。皮特曾这样诠释自己的外交政策："如果没有持久的和平，那么英国和欧洲则势难生存，而如果没有普鲁士的介入，那么目前的联盟则无力保持和平。"但是奥地利女王玛丽娅却对腓特烈从自己手中夺走西里西亚耿耿于怀，于是在其外交顾问考尼茨—里特贝格的谋划之下，奥地利展开了被称为"逆转联盟"的合纵连横。

1756年1月，奥地利与法国签署《凡尔赛协定》，长期相互敌视的巴黎和维也纳正式联手对抗英国与普鲁士。自知综合国力处于劣势的腓特烈决心先发制人，他一边着手战备，一边遣使维也纳，要玛丽娅女王做出一年之内不进犯普鲁士的保证，在奥地利方面含糊其词的情况之下，早已整装待发的普鲁士陆军冲入了奥地利盟国——萨克森的领地。与普鲁士同为德意志选帝侯的萨克森国主奥古斯特三世长期在华沙以波兰国王的身份沉迷于打猎和戏剧，自"奥地利王位继承战争"后根本没有认真进行战备。因此，普鲁士军队几乎不费吹灰之力便占领了萨克森首都德累斯顿，奥地利军队虽然随即驰援，但在易北河畔的罗布西茨，腓特烈成功地以围点打援的方式击败了自己的老对手——奥地利陆军元帅冯·布劳恩，并将1.4万

萨克森降兵编入了自己的军队。

应该说战争进行至此，普鲁士可谓占尽优势。但是腓特烈单方面宣布将萨克森并入普鲁士的行径却引发了德意志诸邦一致反对，毕竟日尔曼诸侯早已习惯了割据一方，谁都不愿意自己的一亩三分地落入普鲁士的名下。而在奥地利重金贿赂路易十五情妇——蓬巴杜夫人的情况下，法国迅速宣布参战，并承诺除非奥地利收复西里西亚的主权，否则永远不与普鲁士媾和。与奥地利长期保持同盟关系的俄罗斯则威胁着腓特烈的龙行之地——东普鲁士，在大半个欧洲选择与普鲁士为敌的情况下，早已沦落为二流强国的瑞典也跑来助拳，几乎一夜之间腓特烈从高歌猛进的统帅成为了孤立无援的君王。

作为普鲁士的主要盟友，英国政府当然不想置身事外，尽管奥地利向伦敦保证只要英国不参与欧陆战事，德意志诸邦将不侵犯汉诺威的领土完整。但此时英法已经在北美为了争夺俄亥俄地区而大打出手，法国舰队又夺取了英国在地中海的重要据点——梅诺卡岛。乔治二世别无选择，只能全力投身于战争之中。

战争初期普鲁士军队占据着战场的主动权，1757年，腓特烈亲率6万大军杀入捷克境内，在布拉格城下，腓特烈以华丽的骑兵机动战术重创奥地利人，玛丽娅女王倚为长城的冯·布劳恩亦战死沙场。但是普鲁士终究国力有限，布拉格战役的损失尚未得到补充，另一支奥地利援军便又抵达了战场。在分兵围困布拉格的同时，腓特烈率3.5万近卫军赶往阻击奥地利陆军新秀——利奥波德·约瑟夫·道恩。道恩也是腓特烈在战场上的老对手，"奥地利王位继承战争"中多次与普鲁士人的交手，令道恩对奥地利军队的因循守旧痛心疾首，在玛丽娅女王的支持之下，道恩出任奥地利特雷莎军事学院的校长，不过道恩的军事改革尚未完全展开战争便已然爆发，在奥地利主力兵败布拉格的情况下，道恩实际上是率领一支由新兵、败军拼凑而成的二线部队去迎战腓特烈的精锐之师。但是结果却令世人大跌眼镜，在距离布拉格不到50公里的科林谷地，奥地利军队以逸待劳的防线不仅令腓特烈无功而返，更令普鲁士军队的伤亡超过总兵力的三分之一。尽管生性谨慎的道恩没有展开追击，但腓特烈也不敢继续屯兵于布拉格城下，至此，普鲁士迅速结束战争的梦想归于破产。

腓特烈从捷克的撤军不仅令俄罗斯和瑞典军队放心大胆地围攻东普鲁士，更令英国在欧洲大陆的飞地——汉诺威陷入了奥地利和法国的夹击之

中。面对 12 万法国陆军和 6 万奥地利军队的步步紧逼，英国王子坎兰伯公爵手中只有区区 1 万英国远征军，尽管为了稳定西线腓特烈向他提供了 4 万援军，但是寡不敌众的坎兰伯公爵还是被驱逐出了汉诺威，最终在向北海方向撤退的过程中被法国军队合围于易北河畔。坎兰伯公爵满怀希望自己的父亲可以派出强大的舰队来接应自己，但此时的英国海军却忙于在本土准备防卫法国人的大举登陆，走投无路的王子只能选择与法国人媾和，签署了

七年战争初期纵横战场的普鲁士骑兵

放弃汉诺威、解散军队的《泽文协定》。乔治二世得知此事，自然龙颜大怒，在"我的儿子令英格兰蒙羞"的训斥下，回到英国的坎兰伯公爵只能黯然辞职。

整个 1757 年的下半年，腓特烈都在几大强敌的围攻之下苦苦挣扎。英国政府虽然将主要的精力集中于海外殖民地的争夺，但在北美战场上面对法国宿将蒙卡姆侯爵和骁勇善战的法属加拿大民兵，英国军队不仅未能打破僵局，反倒令对手抓住战机捣毁了英军前沿要塞——威廉·亨利堡。由于交战双方都大量雇佣印第安人参战，美国作家詹姆斯·库柏以这一历史事件为原形写下了脍炙人口的小说——《最后的莫西干人》。

唯一令英国人感到欣慰的是，在这一年的 6 月，克莱武在印度狠狠教训了孟加拉新任王公——苏拉贾。在托马斯·皮特所建立的威廉堡附近，克莱武以 4 个英印混编的步兵接连击溃了 5 万孟加拉大军，这一堪称人类军事史奇迹的"普拉西村之战"背后固然有诸多的政治博弈，但英国在孟加拉霸权的确立却是毋庸置疑的。英国军队及其孟加拉盟友洗劫了王国首府穆迟达巴德，劫走了相当于 6000 万英镑的财物，直接导致这个城市从此一蹶不振。日后针对英国国会对自己贪污的指控，克莱武曾大言不惭地说道："一个伟大的王公巴结我，一个富裕的城市受我的支配。它的富裕和人口稠密都超过了伦敦。其中最富有的银行家为了博得我一笑而竞相出价。我出入只为我敞开的金库，里面满是金条和珠宝。此刻，我对自己那时的

节制也大为吃惊。"其潜台词是:"老子在孟加拉连送到手边的金条都不要,又怎么会去拿区区几个先令!"

征服孟加拉的克莱武

有了富饶的孟加拉提供战争经费和兵源,英国在与法国争夺印度的战争中无往不利。巴黎虽然不断向本地治理增兵,但这座要塞最终还是在1761年在英国东印度公司的海陆围攻之下陷落。克莱武凭借着从印度掠夺来的巨额财产,很快便成功地荣升国会议员,但是他挥金如土的暴发户形象及吸食鸦片的陋习却也令他官司缠身。

在印度驱逐了法国势力的同时,英国也将整个北美成功地收入了囊中。尽管英国正规军及乔治·华盛顿等人组成的殖民地部队在五大湖地区一再被法国人击败,但是掌握着制海权的英国可以源源不断地向北美投送兵力。1758年,英国陆军少壮派将领——詹姆斯·沃尔夫成功地拔除了扼守圣劳伦斯河入海口的路易斯堡,至此,英国海军可以畅通无阻地进入北美内河水系,威胁法国在加拿大最大的据点——魁北克。法国宿将蒙卡姆只能放弃一线的诸多据点,退守圣劳伦斯河北岸。

1759年6月,沃尔夫与蒙卡姆展开了隔河对峙,英国方面虽然有舰队支援,但法国人却拥有兵力和地形上的优势。因此整整两个月的时间里,沃尔夫竭尽全力也未打破僵局。反倒是英国舰队担心圣劳伦斯河冬季结冰准备先行撤离之时,沃尔夫的侦察兵发现了在峭壁林立的对岸有一处可供迂回的山间小路,于是沃尔夫请求海军在圣劳伦斯河上展开佯攻。在威廉·豪上校的率领之下,一个英军轻装步兵营乘坐平底船,在夜晚的掩护下从法军侧翼迂回登陆。

蒙卡姆被英国海军的舰炮所牵制,等到他警觉英国陆军已经登陆之时,沃尔夫在圣劳伦斯河北岸已经集结了1200人,并夺取了法国人的一座炮台作为桥头堡,无奈之下,独力在加拿大对抗英国3年之久的蒙卡姆只能选择在魁北克城下与对手决战。1759年9月13日的亚伯拉罕平原之战堪称是18世纪排枪战术的典范,在双方都缺乏重炮的情况下,装备着燧发滑膛枪

的步兵组成阵列以排枪对射。法国人在两军相距180米时首先开火，此后每向前推进12米左右便开火一轮。但是沃尔夫却勒令部下必须等对手进入18米的距离才能开火。

在沃尔夫本人中弹，英军阵列损失四分之一的情况下，英国步兵却始终保持着不动如山的镇定。上午10点55分左右，法国军队终于进入了沃尔夫所设定的射击距离，随着一阵整齐划一的枪声，蒙卡姆称之为"这是我在战场上从未见过的，想来也是有史以来，最恐怖的排枪"，瞬间便击溃了法国军队的战列，在此后的10分钟内，英国陆军连续三轮释放齐射，当"苏格兰高地团"吹响风笛之时，面对英国人的刺刀冲击，蒙卡姆的部下已经溃不成军。回到魁北克后不久，身中流弹的蒙卡姆死于病榻之上，不过他并不知道击败他的沃尔夫已经在获知法军溃败时战死沙场。

英国史学界给了年仅32岁的沃尔夫以极高的荣誉，称其为"自约翰·丘吉尔之后英国所产生过的最伟大的将领"。但是英国王室却对这位行伍出身的将领并不感冒，英国国王乔治三世曾以种种细节上的谬误拒绝购买将其比拟成耶稣殉道的著名油画《沃尔夫将军之死》。而乔治三世对沃尔夫的这种态度多少折射出英国政府对北美殖民地的鸡肋之感。

沃尔夫之死

亚伯拉罕平原之战后，法国人经营多年的魁北克不战而降，五个月之后英国军队继续向法国在加拿大的商业中心——蒙特利尔前进。兵源枯竭的加拿大总督德·沃德勒伊只能宣布投降，至此显赫一时的新法兰西名存实亡。

英国军队在印度和北美势如破竹的同时，其盟友普鲁士正在法、奥、俄三国联军的步步紧逼下，艰难地辗转腾挪。尽管来自英国的财政支持令腓特烈可以在布拉格战役之后重整军威，但是多条战线的拉锯，还是令普鲁士军队顾此失彼。1757年，奥地利名将道恩奇袭柏林得手，随后又攻陷了西里西亚的首府布雷斯劳。正在西线对抗法国人的腓特烈得知消息，慌忙率军回援。此时可谓是普鲁士国运最为危急的难关，腓特烈麾下仅有2.1万疲惫之师，而在他回师西里西亚的途中，他先要击败6.3万人的法奥联军，才能与道恩正面对垒。

1757年11月5日,在莱比锡附近的罗斯巴赫附近,腓特烈成功地以完美的骑兵战术击败了战意不高的法、奥联军,随后他又马不停蹄地赶往下一个战场。此时向来谨慎的道恩犯下了自己军旅生涯中最大的一个错误,他误认为腓特烈会和自己一样选择扎营过冬,因此直到腓特烈的部队攻占了关键据点波尔尼村之时,道恩仍在幻想腓特烈随时会从战场上撤走。就是在这样的侥幸心理之下,6.5万奥地利军队在西里西亚的洛伊滕被3.9万普鲁士人击溃。至此腓特烈以1个月之内的两次大捷成功地走出了科林之战的阴影。据说在罗斯巴赫战役之后,腓特烈亲自宴请了被俘的敌军军官,以胜利者的口吻说道:"请大家原谅菜肴不够,因为,绅士们,我想不到你们来的这样快,来的这样多。"而后世的拿破仑在评价腓特烈1757年末的成功之时也认为:"洛伊特恩会战是机动和决断的杰作。"

腓特烈无暇享受胜利的喜悦,他不得不赶往东普鲁士迎战来势汹汹的俄国人。在普鲁士兵败布拉格之时,俄军本有机会一举攻占柏林。但是俄国宫廷亲普鲁士势力暗中活动,最终导致前线指挥官裹足不前。女皇伊丽莎白震怒之下将阿普拉克辛元帅召回国内投入监狱,代之以有一半英国血统的威廉·菲默。腓特烈尽管在曹恩道夫战役中挡住了对手向柏林进逼的脚步,但在顽强且擅长白刃战的俄国陆军面前,普鲁士军队也付出了令人咋舌的伤亡。不过腓特烈还来不及舔舐伤口,老对手道恩便又率8万奥地利生力军涌入了普鲁士控制下的萨克森。

在不得不分出6千人抵抗瑞典军队的情况下,普鲁士兵败霍克齐高地,在部下的拼死断后下,腓特烈侥幸率领2万残兵逃出了道恩的包围网。就在腓特烈万念俱灰,准备以死殉国之际,一支英国远征军抵达了欧陆战场。尽管在战场上英军总指挥乔治·萨克维尔表现得傲慢无敌,但训练有素的英国军队还是成功地帮助普鲁士军队打赢了1759年8月的明登战役,解除了法国对普鲁士西线的威胁。

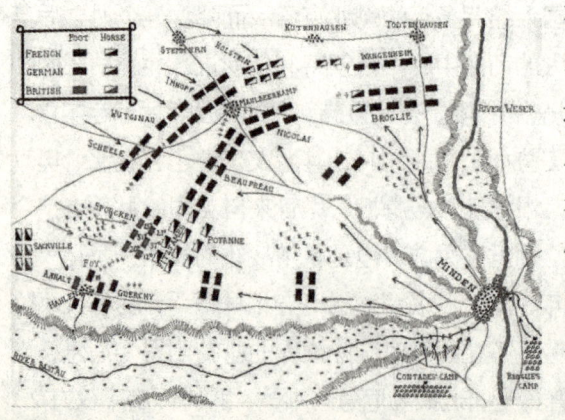
明登战役地图,黑色为普鲁士、蓝色为法军、红色为英军

值得一提的是，在明登战役中英国陆军首创了以步兵方阵击溃对手骑兵的战术，法军元帅孔塔德感叹说："我亲眼目睹了我认为永远不可能发生的事：一支孤立无援的步兵竟然突破了按照战斗序列组成的三条骑兵战线，打得他们人仰马翻，然后予以歼灭。"不过由于拒绝出动精锐的皇家禁卫骑兵团追击溃败的对手，乔治·萨克维尔遭到了革职的惩处，而他的副手格兰比侯爵则成为了此战的英雄。

英国人加入欧陆战团，无非是为了恢复其在萨克森的地盘，因此明登战役对腓特烈的帮助实在有限。就在来自德意志小邦不伦瑞克的斐迪南亲王在西线与10万法军对峙的同时，腓特烈本人却在1759年8月12日库勒斯道夫战役中遭遇了俄、奥联军的重创。面对敌军源源不断的预备队，绝望的腓特烈三次亲自冲锋，以求解脱。但是对手的子弹却每次都仅仅撂倒了他的坐骑。最终横行欧洲的普鲁士军队在俄国哥萨克骑兵的冲击下彻底崩溃了，腓特烈带领3000残兵仓皇逃窜，他写信给自己的外交大臣诀别说："我不应当在我的国家毁灭后继续苟活。永别了！"

十七、王道中落——乔治三世和美国独立战争的缘起

命运有些时候的确宛如一个任性的顽童，但令腓特烈最终迎来转机的却是国际地缘政治的客观规律。普鲁士的一败涂地，令原本就各怀鬼胎的法、奥、俄三国开始打起了各自的算盘。法国人之所以参战，最终目标并非是彻底消灭普鲁士，而是为了打击与之同盟的英国，因此在攻占汉诺威之后，法国军队便在战场不再积极进攻了。奥地利人一心想要夺回西里西亚，对于普鲁士本土却兴趣阙如。莫斯科方面则一心想着鲸吞波兰，女沙皇伊丽莎白甚至向前线的威廉·菲默表示："因为战斗变得血腥而艰难，回避会战应成为一项基本原则。"

反普联盟的同床异梦令腓特烈再次获得了重整旗鼓的机会，他依靠各地卫戍部队的补充和收容败兵，最终撑过了最为艰难的1759年。在经过了一个冬季的休整之后，腓特烈率军前往西里西亚与奥地利人交手，但俄国军队却趁势攻占了柏林。尽管腓特烈迅速回师逼迫对手撤出自己的首都，但此时英国国王乔治二世的突然离世，却令普鲁士失去了最为重要的盟友支持。以王孙身份即位的乔治三世自幼在英国长大，对遥远的故乡——汉

七年战争末期焦头烂额的腓特烈

诺威缺乏感情。而英国国内的政客们也更关心海外殖民地的争夺,因此乔治三世登基后不久,英国政府便开始分批从汉诺威撤出远征军,转而向法国的同盟西班牙宣战。

1761年10月,英普联盟的缔造者——英国陆军大臣威廉·皮特黯然下台。英国政府开始动用外交手段逼迫自己的盟友停止战争。毕竟老朽的西班牙帝国无力抵挡士气如虹的英国皇家海军,昔日西班牙帝国全球殖民体系的支柱——哈瓦那和马尼拉轻松易手。伦敦需要和平来消化庞大的新版图,因此乔治三世的"帝师"约翰·斯图尔特出任首相之后,随即要求腓特烈割让西里西亚,与反普同盟媾和,否则英国将全面中止向普鲁士提供经济援助。而正在腓特烈走投无路之际,痛恨腓特烈的俄国女沙皇伊丽莎白·彼得罗芙娜亦撒手人寰。

1762年,俄国突然宣布与普鲁士和谈,在签署了《圣彼得堡和约》之后,莫斯科甚至派出一个军的兵力供腓特烈调遣。这一令人匪夷所思的行为令后世的好事者浮想联翩,甚至有些史料一口咬定腓特烈与女沙皇伊丽莎白的外甥媳妇,即著名的叶卡捷琳娜二世私交甚厚,才最终导致了七年战争的格局出现了如此的逆转。但事实上,真正对腓特烈心存敬仰的并非叶卡捷琳娜二世,而是她的老公——沙皇彼得三世。来自瑞典宫廷的彼得三世长期视腓特烈为自己的偶像,在自己的姑妈女沙皇伊丽莎白在世时便秘密向普鲁士提供军事情报,大权独揽之后,彼得三世更无视俄军在战场的优势,选择与普鲁士单独媾和。

应该说彼得三世并非碌碌无能之辈,他深知自己要掌控庞大的俄罗斯帝国,必须进行一番大刀阔斧的改革,而这一切的前提自然是一个稳定的外部环境。可惜的是,彼得三世毕竟太过年轻,他激进的宗教和经济政策最终触怒了沙俄帝国内部的既得利益集团,野心勃勃的叶卡捷琳娜二世趁势发动自己在近卫军中的情夫团队,发动宫廷政变。彼得三世一度试图逃往海军基地——喀琅施塔德,试图依托普鲁士的支援反攻圣彼得堡。不过俄罗斯海军此时也拒绝向这位"半年沙皇"效忠,进退维谷的彼得三世只能签署退位诏书,向自己的老婆投降。不过叶卡捷琳娜二世对自己的老公

毫无半点恩爱之情，彼得三世退位后不到一周便离奇死亡。

叶卡捷琳娜二世虽然在权力角逐中成功登顶，但此时的沙俄帝国却已然被漫长的战争拖垮。年轻的女沙皇在日记中写道："国库空虚，军中已三月无饷。商贸日益凋敝，多有囤积垄断之现象。国政松弛，军机各部亦有欠款之举，海政疲惫，几近崩溃。"显然继续介入欧洲列强的厮杀并不符合沙俄帝国的利益。于是1762年7月9日，莫斯科单方面解除了与普鲁士的军事同盟，率先退出了战团。

风华正茂的叶卡捷琳娜二世

沙俄帝国中断了与普鲁士的同盟，对已经走出低谷的腓特烈并没有造成什么实际的损失。而在莫斯科首鼠两端的过程中，普鲁士更成功诱使瑞典与之签署《汉堡和约》，结束了敌对状态。由于瑞典除了在开战之初一举荡平了弱小的普鲁士海军之外，长期保持着"打酱油"的姿态，因此据说在签署和约时，腓特烈揶揄瑞典外交大臣说："我们之前处于过战争状态吗？"而事实上，瑞典与普鲁士在种族和信仰方面颇有相近之处，在战场的确少有你死我活的恶斗。而其中最为经典的案例便属于来自罗斯托克的德意志少年——布吕歇尔。

罗斯托克是德意志诸邦中的一个商业自由市，本身与瑞典和普鲁士都没有直接隶属关系。因此在战争中，布吕歇尔虽然最初投身于瑞典军中，但是在被普鲁士轻骑兵俘虏之后，布吕歇尔随即依靠着与在普鲁士军中供职的亲戚——贝宁上校的关系转投腓特烈大帝的麾下，倒也一度平步青云。虽然日后由于镇压波兰民族起义时犹豫不决而被腓特烈解职，但终究算是在普鲁士军队中打下了自己的根基，为其日后东山再起埋下了伏笔。

瑞典和沙俄先后退出战争，解除了腓特烈来自东线的威胁。但此时普鲁士也已经在战争中耗尽了气血。一次次惨胜的消耗，令腓特烈大帝将全国14岁以上的男丁都送入了军营，大片田地的荒芜更加剧了国内的饥馑。1762年7月21日，腓特烈再度挥师杀入西里西亚，此时同样无力再战的奥地利军队在道恩的指挥下只能从博克施道夫要塞全线退守奥地利本土。一

度宣称"宁可卖掉最后一条裙子,也绝不放弃西里西亚"的奥地利女皇玛丽娅·特蕾莎也只能无奈接受这个结局。

博克施道夫会战之后,普鲁士军队又在西线从无心恋战的法国人手中收复了盟友英国的萨克森。至此,"七年战争"在欧洲大陆的战线几乎又回到了战争开始时的状态。急于消化庞大海外殖民地的英国国王乔治三世随即委派自己的老师约翰·斯图尔特向路易十五求和。法国割让整个加拿大地区,而英国则吐出加勒比海之上两个关键性的海岛——瓜德罗普和马提尼克。随后英国又向西班牙提出了类似的和平条款,西班牙以北美大陆的佛罗里达地区交换英国攻占的古巴和菲律宾。

已经黯然下野的老皮克对于由自己的政治对手来终结这场战争表达了强烈的不满,他在国会中大肆抨击斯图尔特草拟的《巴黎和约》,认为"这次和平并不保险,因为敌人又恢复了以前的强大地位。这次和平也并不理想,因为我们得到的土地少于让出的土地。"但对比英国国内日益高涨的反战情绪,最终英国与法国、西班牙及葡萄牙签署的《巴黎和约》还是以319票赞成、65票反对获得了通过。被丘吉尔称为"第一次世界性战争"的"七年战争"至此画上了一个句号,尽管奥地利和普鲁士要在三个月之后才最终停战。

如果仅从欧洲大陆的版图来看,"七年战争"几乎没有改变列强的分野。但是放眼全球,人们却不难发现,这场战争已经彻底改变了西方在北美和南亚的殖民版图。昔日英、法和西班牙三足鼎立的北美大陆,随着加拿大和佛罗里达的易手,已经形成了英国一家独大的局面。而在印度,法国虽然仍能保留本地治理的五个贸易点,但却也无力再与英国东印度公司抗衡。

"七年战争"同时也是汉诺威王朝与英国社会的一次全面整合。共同的敌人令英国人习惯了与一个德意志诸侯国的共生关系。在乔治二世统治的初期,英国社会还经常拿其父乔治一世的政治笑话改头换面地揶揄他,甚至特意找来一条瘸腿的老马在伦敦街道上脱缰狂奔,身上背着一块牌子:"大家不要拦我——我是国王老家汉诺威的车马,去接陛下和他的妻子到英国来。"但乔治二世用他在战场上的表现令英国民众改变了对汉诺威王朝的成见,无论胜负如何,乔治二世终究是英国历史上最后一位与士卒并肩作战的国王。而从自己祖父手中接过王位的乔治三世更以其颇具日耳曼气质的魁梧身材和一口流利的英语,一扫英国社会长期以来对汉诺威王朝的隔膜。

乔治三世上台之初正值英国国会辉格党和托利党纷争的高峰，辉格党凭借着"光荣革命"时从龙的资本，将托利党打成支持斯图亚特王朝复辟的"前朝余孽"，长期把持着英国国会。但是这一局面随着乔治二世将"小王位觊觎者"查理·爱德华打得一败涂地之后，托利党人便踊跃地向汉诺威王朝表忠心。随着乔治三世的登基，代表着地主和贵族阶层利益的托利党人随即以"国王之友"的身份加入了国会席位的争夺之中。

血气方刚的乔治三世

乔治三世本就对架空王室的辉格党心存怨念，因此大权在握之后，首先拿辉格党名义上的领袖——纽卡斯尔公爵开刀，1762年，辅佐过汉诺威王朝三代君主的纽卡斯尔公爵被逼辞职。应该说，凭借着富可敌国的财力成为英国首相的纽卡斯尔公爵，长期以来都广受英国政坛各方的诟病，乔治二世认为他的才智只能胜任德意志一个小公国的宫廷大臣。而辉格党则揶揄纽卡斯尔公爵说："他每天早晨丢失半个小时，然后便在这一天的其他时间内追赶失去的时间，可是从来也没有赶上过。"但不可否认的是，在纽卡斯尔公爵当政的30年里，英国国会基本保持着良性运转的态势。英国人为此感叹说："一个自由国家，管理它也不一定必须具有卓越的才能。"而国人则更熟悉东晋时代著名政治家王导的名言："人言我愦愦，后人当思此愦愦！"

纽卡斯尔公爵的倒台拉开了辉格、托利两党争斗的序幕，应该说辉格党把持英国政坛多年，可谓根深蒂固。但偏偏内部各大派系勾心斗角，难以形成合力。托利党背靠乔治三世这棵大树反而很快占据了上风。辉格党人乔治·格伦维尔虽然接任首相一职，但却在国会遭遇了托利党人的掣肘。乔治三世也不喜欢这个既啰嗦又傲慢的老头。但恰恰是在格伦维尔的任内，英国国会通过了几项影响深远的法案。

1763年10月，格伦维尔内阁颁发了英国政府关于"七年战争"所获得的加拿大和佛罗里达的处理公告，史称《1763年公告》。按照英国政府的想法，这些辽阔的土地将被归入王室直辖的范畴，设立东、西佛罗里达、魁北克

和格林纳达四大总督区。客观地说,英国政府此前一直在进行北美殖民地的"国有化"进程,昔日以公司为单位开发的契约殖民地最终也被纳入了王室的管理范畴。真正令英属北美民众无法忍受的是上述新设立的总督区将作为印第安人的"保护区",不仅英属北美的居民不能染指,甚至连与印第安人进行贸易都要得到王室的特批。

《1763年公告》一出随即引发了英属北美大地主阶层的强烈抗议,长期与英国政府保持着良好的关系的宾夕法尼亚州议员本杰明·富兰克林便提出:禁止英属北美居民向西开拓将有助于殖民地与母国之间的关系,否则聚居于北美东部狭长海滨的民众由于没有足够的耕地只能投身于工商业,与母国之间的贸易摩擦势必加剧。富兰克林的进言表面上看是替英国政府着想,但幕后却是他正积极参与西部圈地的投机之中。

与富兰克林的"仗义执言"相比,另一位英属北美的新贵——乔治·华盛顿的做法则可谓是"离经叛道"。他写信对他的土地经纪人命令道:"买下国王辖区内(俄亥俄河畔)最有价值的一些土地。我认为,虽然目前禁止买卖和拓居土地,然而过一段时期这些土地可能会得到承认。"显然《1763年公告》在"山高皇帝远"的英属北美已经不再是什么金科玉律。经历了漫长的"七年战争",英属北美已经在政治、经济乃至军事上都进化成了一个独立的联合体,英国政府对其做出的每一次政策调整都势必遭致各种反弹。但远隔重洋的乔治三世和格伦维尔显然还没有意识到这一点。

1764年4月,英国国会通过了旨在打击英属北美走私贸易、整顿海关关税的《种植地条例》,由于其主要针对的商品是糖浆及其衍生产品朗姆酒,因此这部法案又被称为《糖税法》。对流入北美的糖浆课税事实上早在1733年便被写入英国法律,但由于种种原因长期没有得到认真的执行。英国政府此时旧事重提,实在是被北美殖民地的"不法商贩"逼出来的。整个"七年战争"期间,英属北美的商贾肆无忌惮地与法国人进行军需品贸易,各种走私活动更是甚嚣尘上。更为过分的是,马萨诸塞州的商人更向当地法庭起诉,要求认定当地海关官员上船缉私为非法行为。面对这种目无法纪的行为,英国政府决心挫一挫北美商人的气焰,同时也正式确立英属北美财税体系。

北美虽然沃野千里,但对英国政府而言却是一个巨大的财政黑洞。为维系当地政府机构和驻军的运转,英国政府每年需向北美投入40万英镑,约占国会预算的12%。面对"七年战争"后高垒的债台,乔治三世当然希

望能在北美开源节流。可惜的是,糖浆和朗姆酒都并非生活必需品,北美大陆同样也能生产,因此《糖税法》除了收获英属北美要求选举议员进入英国国会的"无代表不纳税"之外,每年仅能榨取1.4万英镑的相关税收。

《糖税法》的失利并没有打消乔治三世和格伦维尔想从英属北美这只铁公鸡身上拔毛的念头,于是1765年英国国会又先后通过了《驻军条例》和《印花税法》。《驻军条例》是将"七年战争"期间远征北美的英国陆军驻扎常态化,殖民地各州需要向驻军提供营房及其他军需物资。英国政府此举固然有让北美殖民地分摊军费开支的意图,但"七年战争"虽然结束,西方移民和当地土著的冲突却更趋激烈,1763年,奥塔瓦族酋长庞蒂亚克对底特律的突然袭击就令英国军队损失惨重。因此,英国政府在北美保持一支相对强大的驻军也并非全无道理。但经历了"七年战争",英国远征军在殖民地民众的心目中早已形象扫地,《驻军条例》非但没有缓和矛盾,反倒令北美各州对英国政府更为猜忌。

英国经济学家哥尔柏曾经说过:"税收的艺术便在于拔最多的鹅毛,听最少的鹅叫。"1765年2月9日,以204票赞成、49票反对在英国国会通过的《印花税法》显然是违背这一原则的最佳反面教材。"印花税"是一种古老的税种,它最初所主要针对的是日常经济生活中使用契约、借贷凭证之类的单据,但是英国政府为了广开税源,竟然要求北美十三殖民地所有印刷品都必须缴纳印花税,竟然连扑克牌都不能幸免。扑克牌涨价对民众的生活影响不大,但是殖民地靠报纸吃饭的富兰克林等一干媒体人却显然坐不住了。

富兰克林除了是宾夕法尼亚州议员之外,还是费城邮务署的负责人。这份工职虽然收入不高,但是却令富兰克林的报纸销路大增,更拥有稳定的广告收入。在其事业的巅峰期,富兰克林甚至垄断了费城地区的印刷纸张的市场,通过向其他出版企业销售纸张和油墨来赚钱。对此,富兰克林在自传中不无得意地宣称:"在获得了第一个100英镑之后,再去赚第二个100英镑就容易多了。"

前往英国请愿的富兰克林

作为一个利益集团的代表,在自己的墓碑上都刻上"一个印刷工人"的富兰克林首先跳出来反对《印花税法》,而作为掌握着舆论导向的传媒人,富兰克林和他的同行们除了直接向英国议会进行请愿之外,更在北美十三殖民地利用自己的报纸大造声势。一向喜欢夸大事态的记者和编辑们将向他们征税说成是"向知识征税",富兰克林麾下的编辑托马斯·潘恩更是写出名为《常识》的一本小册子,鼓吹"英国属于欧洲,北美属于它本身"、"现在是分手的时候了"。一时之间早已被"七年战争"折腾得民怨沸腾的北美十三殖民地顿时呈现出群情汹涌的态势。尽管《印花税法》仅仅颁布实施了几个星期便被迫终止,但是英国政府所代之的其他税种却招来了更大范围的反弹,而此时依旧希望维系英国殖民统治的富兰克林事实上已经无力左右局势的发展了。不仅出售印花的商人遭到了殴打和洗劫,愤怒的民众甚至将前往英国请愿的富兰克林也列入"美奸"的行列,险些将他的私宅付之一炬。

北美大陆的民怨沸腾最终令英国政府意识到了自己拔了一只最善于啼叫的雄鹅之毛。迫于北美大陆抵制英国产品所带来的商业损失,1766年4月新任英国首相——"罗金汉侯爵"查尔斯·沃森·文特沃斯不得不宣布撤销了《印花税法》。但此时整个"鹅群"却已经被惊醒,英属北美十三殖民地随后进入"增税—抵制—镇压"的恶性循环。当英国政府不得不派出武装部队进驻城市以维护其在北美殖民地的正常社会秩序时,战争也就进入了倒计时。

十八、痛失北美——美国独立战争及其对英国的影响

颁发《印花税法》的格伦维尔内阁还未等到这项法案真正生效便轰然倒台,究其原因并非是北美殖民地的不满,而是在著名的"约翰·威尔克斯事件"中开罪了国王乔治三世。约翰·威尔克斯是一名国会议员,他在1763年由于在报纸上对国王及政府进行了"煽动性诽谤"而锒铛入狱。但威尔克斯显然并不是"一个人在战斗",他的许多政治主张都与威名赫赫的老皮特"不谋而合",因此他的被捕随即成为了辉格党全面反扑的发令枪。格伦维尔顶不住来自英国社会各方的压力,最终不得不宣布威尔克斯无罪,奉命逮捕他的政府官员反而被指控"非法监禁",最终以英国政府赔偿威尔克斯个人4000英镑了事。

威尔克斯本人从伦敦塔出来之后一跃成为了万民口中的英雄人物，政治行情一路走高。"威尔克斯与自由"成为了英国激进政治势力的口号，令乔治三世恼羞成怒。秉承上意的桑威奇伯爵日后虽然抓住威尔克斯放荡不羁的言行，以威尔克斯仿照教皇作品《男子论》写的淫诗《女子论》污秽不堪且亵渎上帝为名，迫使其逃亡法国。但乔治三世仍以此事迁怒于首相格伦维尔，准备请自己的叔叔坎伯兰公爵出山。不过这些王叔自解甲归田之后，虽然沉迷于赛马运动，但仍不免髀肉复生，成为了一个臃肿的大胖子。而肥胖极大损害了坎伯兰公爵的健康。1765年10月30日，年仅44岁的坎伯兰公爵卒于伦敦。临终之前，坎伯兰公爵向侄子乔治三世推荐了昔日部下罗金汉侯爵。

威尔克斯事件的漫画，图中威尔克斯举着写着"自由"的头盔

平心而论，罗金汉侯爵并非是无能之辈，他不仅在战场上曾协助坎伯兰公爵冲锋陷阵，更以地方官的身份在约克郡颇有建树。但作为英国首相，此时年仅35岁的罗金汉侯爵显然还太过年轻，面对来自老皮克、格伦维尔等前辈的指责，罗金汉侯爵内阁只维系了13个月的时间便宣告解体，但在其第一届首相的任内，罗金汉侯爵还是宣布取消了《印花税法》，算是暂时平息了北美殖民地的怒火。

罗金汉侯爵之后，老皮克终于如愿以偿地坐到了首相的宝座之上，但此时辉格党已经分裂成相互攻讦的小集团，即便是德高望重的老皮克也无法整合国会内的各方势力。于是1768年一度被认为能使"英国重获新生"的老皮克也被认为"精神状态不佳"而不得不黯然辞职，首相之位犹如烫手的山芋一般交到了"格拉夫顿公爵"奥古斯塔斯·亨利·菲茨罗伊的手中，33岁的格拉夫顿公爵面对国会内部的纷争，同样表现得乏善可陈，在其任内一项对于北美的新税法在国会得以通过，那就是著名的《茶税法案》。

所谓《茶税法案》起初并非只针对英属北美进口的茶叶课税，而是由老皮克内阁的财政大臣查尔斯·汤森所提出的全面征收进口税的《汤森税法》的一个衍生。汤森是英国国会中北美问题的强硬派，在他看来，殖民地新贵富兰克林所提出的种种不应对北美课税的理由完全是胡说八道。他在国

英国历史传奇人物——罗金汉侯爵

会不仅高呼"如果我们有权征收其中一种，也就有权征收另一种"，同时他还故意奚落在国会走廊旁听的殖民地代表说："我要大声说出这一点，好让你们这些坐在走廊里的人听清楚！"

汤森的大放厥词随即引发了殖民地的抵制风潮，不过这位傲慢的子爵看不到自己亲手点燃的炸药桶便于1767年9月患病去世了。面对北美民众由请愿到抵制进口再到公然围堵海关，逼迫英国政府派出二个步兵团进驻波士顿引发流血冲突的局面，英国政府最终选择废除《汤森税法》，但出于面子和特定利益集团的诉求，英国政府最终还是保留了茶叶进口税。消息传达北美，殖民地商贾固然弹冠相庆。但是树欲静而风不止，几次三番的抗税运动已经令英属北美涌现出了一批热衷于街头政治的社会活动家，而在这些频频与英国政府作对的"自由之子"背后则是来自资本的支持，其中最具代表性的便是塞缪尔·亚当斯和约翰·汉考克这对"黄金组合"。

塞缪尔·亚当斯早年的经历可以用"败家子"来形容，他虽然有着显赫的家世和出众的学历，但是踏足社会之后却几乎一事无成，不仅从父亲手中借来的"创业基金"被他挥霍一空，连继承来的酒厂最后也因经营不善被债主查封。有趣的是，塞缪尔随后在税收官的任上一年亏空了8000英镑的巨款，但他本人拒绝承认自己贪污，只说是因为自己不爱记账而已。但就是这样一个一事无成的纨绔子弟，被英属北美的抗税风潮推上了风口浪尖，成为了"自由之子"的首领。

抗击印花税令塞缪尔成功地跻身马萨诸塞州议会，《汤森税法》出台之后，塞缪尔又煽动民众与英国驻军的矛盾，最终酿成群死群伤的"波士顿惨案"。尽管塞缪尔早已安排"自由之子"的成员——保罗·里维尔出庭指控英国驻军蓄意开枪，但这一说法即便是塞缪尔的堂弟——约翰·亚当斯都无法认同，约翰·亚当斯以律师的身份出庭为英军上尉普雷斯顿及其八名下属作了无罪辩护，并由此步入了英属北美的政坛。

事实上，约翰·亚当斯之所以出面为英国驻军辩护，很大程度上还是为了给已经骑虎难下的北美商业资本一个台阶。叫嚣可以在波士顿动员4000人的"自由之子"，真正的后台老板是北美首富——约翰·汉考克。

汉考克家族主营进出口贸易，常年以走私牟取暴利。面对英国政府日益强化的税收体系，被截断了财路的汉考克自然如鲠在喉。但一手策划了"波士顿惨案"之后，汉考克却不得不承认波士顿的民众仍无力与英国正规军抗衡，何况马萨诸塞州总督手中握有汉考克家族大量经济犯罪的证据，真要撕破了脸皮只怕谁都无法全身而退。

北美当地报纸上描绘"波士顿惨案"的版画

"波士顿惨案"最终以英军撤离弗吉尼亚的威廉斯堡而告终，汉考克也获准成为马萨诸塞州议会的成员。此前汉考克虽然多次当选但均遭到总督的一票否决。面对功成名就的机会，1771年的汉考克却摆起了架子，与此同时塞缪尔率领"自由之子"在波士顿周边囤积武器，组建民兵。显然资本的力量已经令汉考克忘乎所以，他要在北美建立一个属于自己的"商业帝国"。1772年6月，英国海军缉私舰"加斯比"号遭到化装成印第安人的民众袭击，舰长负伤、战舰被焚。英国政府虽然重金悬赏肇事者，但最终却一无所获。终于18个月之后，另一场相类似的袭击在波士顿的夜晚展开。

1773年，英国政府为了挽救处于破产边缘的东印度公司，特许其垄断北美的茶叶进出口贸易。尽管每磅茶叶需要向英国政府缴纳3便士的关税，但是原产于印度和中国福建的优质茶叶还是很快便冲击了北美市场的固有秩序。贸易大亨汉考克随即授意"自由之子"封锁波士顿港，拒绝东印度公司卸货。对于这种"欺行霸市"的行径，马萨诸塞州总督哈钦森束手无策，竟然反过来禁止东印度公司的船只离港。在港区的对峙过程中，12月16日，塞缪尔·亚当斯率领60名所谓的"自由之子"，化装成印第安人冲上东印度公司的货船，将价值1.5万英镑的324箱原产武夷山的中国红茶倒入大海，是为"波士顿倾茶事件"。

对于自己堂兄这种几近明火执仗的行为，著名律师约翰·亚当斯非但没有从法律的角度予以指责，反而击节叫好，并暗示说："许多人希望港口漂着像茶叶箱那样多的死尸。其实，用不着死那么多人，我们的灾难根

源就可以消除。"而老牌殖民地政客富兰克林则第一时间前往伦敦,希望能通过赔偿船主的损失来"大事化小"。但损失几箱茶叶事小,大英帝国的面子岂容践踏?乔治三世大笔一挥,四项"强制措施"纷至沓来。北美驻军司令托马斯·盖奇率四个团的正规军进驻波士顿,以新任总督的身份对马萨诸塞州实行"军管"。

英国政府封锁波士顿港的决定虽然极大地损害了北美商贾们的利益,但想要以此迫使对方做出政治上的让步却显现是痴人说梦。因为就在"波士顿倾茶事件"发生后不久,伦敦方面又不合时宜地颁布了重新分割北美殖民地的《魁北克条例》,乔治·华盛顿等北美大地主翘首以盼的俄亥俄河流域被划入了魁北克总督的管辖之下。至此,在英属北美一呼百应的种植园主们也走向了母国的对立面。1774年9月5日,来自英属北美各地

波士顿倾茶事件

第一次大陆会议

的代表齐聚费城,召开了第一次"大陆会议"。

应该说此时的北美新贵们对于公开反抗英国政府仍不免首鼠两端,因此会议最终发表了呼吁殖民地人民联合起来抵制英国政府的《权利宣言》的同时,又以措辞谦卑的《陈情书》向母国请愿也就不足为奇了。值得一提的是,就在会议召开之际,马萨诸塞州方面流言四起,塞缪尔·亚当斯在会场强烈要求向"占领"波士顿的英军发动武装进攻,颇有几分惟恐天

下不乱的架势。但包括准职业军官华盛顿在内的其他各州代表却秉承温和的态度，最终大会在众说纷纭中落幕，各殖民地代表商定明年再行聚首，商讨时局。可惜的是，战争的脚步已经匆匆而至。

英国政府虽不曾以铁腕著称，但在乔治三世任内也曾多次"求助于宝剑"，对国内奋起的民众实施过武装镇压。与出动正规军驱散昔日支持威尔克斯的伦敦民众酿成的"圣乔治广场屠杀"相比，英国政府对北美的政治领袖们可谓克制，甚至第一次"大陆会议"召开之后，也没有任何人因此遭到逮捕。这一令人匪夷所思的局面或许只能从英国上层社会寻找答案，各殖民地的代表们众口一词地要求现任英国首相诺斯爵士下台，而由"北美人民的伟大朋友"——老皮特执掌朝纲。而北美大陆之上支持英国政府的保守人士，也被冠以"托利党"的头衔，遭到涂抹柏油、插以鸡毛的私刑羞辱。恰如下野的前首相乔治·格伦维尔所总结的那样：美洲各殖民地之所以煽动叛乱，根子在于国会内的派系。

英国国会对于是否应对北美殖民地采取武力镇压莫衷一是，老皮特大声疾呼，要求英国驻军从波士顿撤离，废除"强制措施"。而海军大臣桑德威奇伯爵则认为北美民兵根本不堪一击。唯一对局势有较为清醒认识的是身处波士顿的盖奇将军，眼见马萨诸塞州一派繁忙的备战景象，这位沙场老将一边向伦敦求援，一边谋划着先发制人。1775年4月18日夜，800名英国

列克星敦的民兵雕塑

陆军奉命奔袭囤积有大量军火的康科德村。但盖奇将军的别动队尚未出发，"自由之子"方面便已得到了情报，曾在"波士顿惨案"中出庭作证的保罗·里维尔策马奔向位于波士顿和康科德村之间的小镇——列克星敦。"自由之子"的两位负责人——塞缪尔·亚当斯和约翰·汉考克正藏身于此。

显然疏散藏匿于康科德村的军火需要时间，"自由之子"的两位领袖随即决定动员列克星敦镇的民兵阻击英军的行动。但事实证明这不过是一次以卵击石的尝试，号称"一分钟人"的北美民兵虽然早早地便在通往康

科德村的道路上集结,但是由于天气太冷,很多人不愿长期驻留便各自回家或跑去酒馆取暖了。等英国陆军抵达之时,仅有名为乔纳斯·帕克的民兵首领率领的70余人还坚守岗位,双方刚一交火,北美民兵便阵亡8人,10人负伤,战力锐挫1/4。而英国陆军方面仅有1人负伤。所谓"北美独立战争的第一枪"便在这样不成比例的伤亡数字中拉开了序幕。

应该说,列克星敦民兵并没有给英国陆军的推进速度造成实质性的影响。但是经历了这样的一段小插曲之后,英国陆军怀着草木皆兵的心理继续前行,按照反英人士的说法,英国陆军此后向路人开枪,点燃房屋。一路赶到康科德村之时,"自由之子"已经将大多数军火转移。英国陆军焚毁了剩余物资之后,开始踏上了返回波士顿的道路。但仅仅25公里的道路却成为了英国陆军的末路,面对不断赶来的北美民兵,英国陆军且战且退。好不容易才在波士顿援军和夜幕的掩护下最终脱身。战后统计英国陆军此次奔袭康科德村,总计伤亡273人。而北美民兵则由于借助沿途的石墙、谷仓和房屋打冷枪,仅损失了95人。盖奇将军的此次主动出击在战术上得不偿失,战略上更是授人以柄。"自由之子"将英国陆军的行动添油加醋,描绘成了人畜不分的大屠杀。

在极富煽动性的宣传之下,"自由之子"在马萨诸塞州轻松纠集了1.5万名民兵,开始对波士顿展开围攻。而城内仅有不足4000名英军在负隅顽抗。此时英属北美的独立运动已可谓箭在弦上,不得不发。来自各地的代表于1775年5月10日重聚费城之时,从波士顿前线赶来的约翰·汉考克已俨然成为了北美的无冕之王。毕竟此时他手中握有整个大陆纸面上最强的武装。为了表达对力量的敬意,第二届大陆会议第一时间选举汉考克为大会主席。但身为"自由之子"首席幕僚的约翰·亚当斯很清楚,汉考克有财力武装马萨诸塞的民兵,却没有足够威望胜任即将

美国独立战争前期的英军主帅——
托马斯·盖奇

组建的"大陆军"统帅,于是在第二届大陆会议之上,来自弗吉尼亚的乔治·华盛顿成为了首任大陆军总司令。

随着战争大幕的徐徐拉开,英国国内失势的政客们日益将其视为对王

权的削弱和打击，他们幸灾乐祸地看着英国在美洲战场上的每一次挫折。在国会中甚至有不少人把华盛领导的大陆军称为"我们的军队"。贵族们的种种奇谈怪论，同样刺激着年轻的国王乔治三世，他孜孜不倦地监督战争的具体组织工作，但依靠个人的力量显然无法令庞大的战争机器协调地运转自如。一次次的失败最终令乔治三世数易其帅，英国在北美驻军的指挥权最终落在陆军大臣乔治·杰曼勋爵的肩上，但这位曾在"七年战争"以拒绝率领骑兵冲锋而著称的贵族显然不是一个合格的领导者，在他的遥控指挥之下，

大陆军总司令时代的华盛顿

1777年秋季，多线作战的英国陆军兵败萨拉托加。

尽管萨拉托加战役之中双方伤亡相当，且英国军队仍掌握着战场主动权。但这次战役却彻底改变了欧洲大陆对美洲事态的预判。长期暗中向北美独立运动提供军事援助的法国决定从幕后走到台前，正式与宣布建国的新大陆权贵们结盟。法国此举随即得到了在北美有着切身利益的西班牙的跟进。为了避免来自欧洲大陆的军火和雇佣兵进入北美，英国皇家海军宣布对北美实施封锁，但为时已晚，女沙皇叶卡捷琳娜二世带头表示将以海军保卫其商船不受交战双方的伤害，短短两年之内，丹麦、瑞典、荷兰、普鲁士、葡萄牙、奥地利纷纷站在了英国的对立面。

内外交困的局面令乔治三世不得不谋求体面退场的机会，但老皮克却在国会对他浇了一盆冷水。当这位年逾古稀的伯爵高呼着"先生们，假如我是个美洲人，在我的土地上有外国军队的时候，我绝不放下武器，绝不！绝不！"之时，英国在北美的统治进入了倒计时。1781年10月19日，7000英军在纽约向围城的大陆军及法国海军投降，尽管英国陆军仍在南方一些孤立的据点负隅顽抗，但纽约的易手足以成为压倒英国主战派的最后一根稻草。1782年3月20日，乔治三世所信任的首相诺斯伯爵递交辞呈，乔治三世虽然斥责这一行为是"抛弃国王"，但正如当时的英国历史学家爱德华·吉本所言："受辱总比毁灭好！"

十九、"是,首相"——英国首相政治的确立与法国大革命

比乔治三世年长一岁的爱德华·吉本曾是诺斯伯爵内阁中一名坚定的主战派,他不仅以国会议员的身份支持对英属北美的每一项高压政策。尽管由于生性腼腆,吉本在此期间并没有当众慷慨陈词的记录,但是诺斯伯爵连续三年委任其为殖民地贸易专员,足见对他的信任。不过吉本对于这份薪俸颇厚的岗位却谈不上尽心尽责,因为自1770年开始,这位酷爱史学的官员便一直忙于撰写他的恢弘巨作——《罗马帝国衰亡史》。

正所谓"以史为鉴,可以知兴替","七年战争"之后的英国已然成为了世界霸主,英国政客自诩说:"罗马征服世界用了三百年,我们征服世界只用了三次战役,而目前的世界比罗马时期扩大了一倍。"但正所谓盛极而衰,在吉本看来,昔日强盛一时的罗马帝国之所以走向衰败,皇帝与元老院的权力之争堪称祸首。正是由于罗马帝国的当政者不满元老院的掣肘,过度依赖以近卫军为首的武装力量,才最终导致帝国法律形同虚文,而失去了制约的军队又反噬君皇,令帝国陷入了连年的纷乱和内战之中。尽管由于著作者本人的性格使然,吉本没有将罗马帝国的历史经验与当时英国的国内政局作更多的联系,但在压制英属北美独立运动中,乔治三世的独断专行和过分依赖德意志雇佣军的行为还是不禁令人浮想联翩。但最终一场失败的战争令不列颠从错误的道路上回到了正轨。为了体面地撤出北美,更为了走出四面楚歌的困境,乔治三世虽然一度叫嚣要跑回汉诺威老家去,但最终在王位和尊严之间,这位性格执拗的君王还是理性地选择了前者。

要继续维持汉诺威王朝在英国的统治,乔治三世首先要做的自然是与辉格党妥协。当然,在正式将国家移交给自己不喜欢的政党之前,乔治三世还需要一个体面的过渡,于是在野16年的"罗金汉侯爵"——查尔斯·沃森·文特沃斯出山,替国王充当与辉格党之间的政治桥梁。此时的罗金汉侯爵早已不是昔日35岁的年轻首相,尽管赋闲多年,但是这位翩翩公子却从未淡出过政治,不仅其故乡约克郡以及在爱尔兰的采邑被经营得有声有色,甚至在美国独立战争中,这位侯爵还在爱尔兰组织义勇军抵御法国可能的入侵,并率约克郡舰队与美国海军传奇英雄——约翰·保罗·琼斯交手。

岁月的历练令罗金汉侯爵的政治手腕炉火纯青,他重返政治中枢不仅成功地将大批精英引入内阁,更将英国政府长期延习的北方大臣、南方大臣的过时配置调整为内务大臣和外务大臣,分别将其交给辉格党人威廉·佩

蒂和查尔斯·詹姆士·福克斯。而其中出任英国首任外务大臣的福克斯曾是美国独立运动的支持者，更曾与托马斯·杰斐逊、本杰明·富兰克林有过私人接触，在他的推动之下，英国政府正式开启了与美国的媾和。

尽管由于罗金汉侯爵的突然离世，英美媾和的步伐出现了短暂的中断，但是在威廉·佩蒂的主持之下，英国最终还是于1783年与美国、法国及西班牙签署《巴黎和约》，正式中止了敌对关系。英国虽然痛失了富庶的十三州，但总算在加拿大站稳了脚跟，而四五万被华盛顿驱逐的"联合帝国效忠分子"被迫移民也多少为英国挽回了损失。

威廉·佩蒂和福克斯虽然是罗金汉侯爵的左膀右臂，但相互之前却没什么好感，甚至可以说是世仇。而威廉·佩蒂主导的外交工作被福克斯看成是贪己之功。于是《巴黎和约》墨迹未干，福克斯便联手被他嘲讽为"一败涂地的舵手，将国家带到如斯险境"的诺斯伯爵，将威廉·佩蒂赶下了台。辉格党的内讧自然是乔治三世乐见其成的，不过无论是威廉·佩蒂还是"诺斯—福克斯联盟"都并非乔治三世眼中执掌政权的合适人物，在千挑万选之下，乔治三世最终选定了一位年仅24岁的青年才俊来重整河山，他便是老皮特的四子——威廉·皮特，由于与乃父同名，因此史学家一般称之为"小皮特"。

乔治三世之所以提名小皮特出任首相，除了看重其父余威之外，很大程度上是欺负小皮特年少，在辉格党中缺乏威望，容易操控。果然小皮特的提名一出，国会内一片反对之声。有人甚至讥讽说此举是"把国家委托给一个小学生来管理"，不过在乔治三世授意之下，大批贵族议员出面为之护航，小皮特不仅成功当选首相，更大胆地解散议会重新选举，将大批老牌政客请出了国会。至此，乔治三世和诺斯伯爵等人才发现年轻的小皮特背后矗立着的是资本强大的力量。

"穷人的孩子早当家"的小皮特

政客与资本结盟在英国历史并不乏先例，但小皮特能够如此年轻便拥有一夜间将国会洗牌的能力却令人瞠目结舌。而他就任首相之后，一系列大刀阔斧的经济改革更令英国迅速走出了"七年战争"以来的财政困境。

无怪乎爱德华·吉本颇为诚恳地写下了："一个青年靠天才的力量和品行高尚的声誉上升到掌管一个帝国的地位，这是历史上空前的事情。这是他本人的荣光，也是英国的荣光。"但客观地说，小皮特既没有所谓的天才，他自幼身体孱弱，不得不在家自学成才，全凭着贵族的身份才得以进入剑桥大学；更没有高尚的品行，与他同时代的政客认为他"对女性毫无依恋，不喜欢孩子，对自然景色没有美感，但喜欢放纵的宴饮作乐"。小皮特之所以能够重振英国经济，全靠着"穷人孩子早当家"的多年历练。

皮特家族凭借着从印度汲取的财富虽然一度富可敌国，但是老皮特的挥霍无度却最终令自己的儿子步入政坛时已经沦为"破落户"。面对区区300英镑的年收入，小皮特不得不精打细算。他并非不向往婚姻和家庭，而是在贫穷的他眼中恋爱都已经成为了奢侈品。正是常年累月的艰苦理财令小皮特成为了英国政坛少有的"省钱达人"，在出任首相之前，威廉·佩蒂便曾任命他为自己的财政大臣，让小皮特为英国开源节流。

在小皮特看来，英国政府并不贫穷，之所以欠下高达2.5亿英镑的债务，完全是用钱不知节制造成的，仅军费一项便有4000万英镑用途不明。小皮特首先在政府开支中引入了"预算"制度，借由一个新部门——账目检查署的屠刀，英国政府自我瘦身，砍掉了诸多闲职，并缩编了自己的海、陆军。但是公务开支的减负并不能完全解决英国巨大的财政压力。于是小皮特创造性地设立了一个名为"偿债基金"的户头，英国国会每年从国库中拨款100万英镑存入了"偿债基金"，小皮特内阁以之进行投资，利润用于偿还国债。此举一出，立即遭到了英国朝野的广泛抨击，好事者纷纷指责小皮特是变相在用国库的钱替英国王室还债。但十年之后，这个基金户头始终运转良好，尽管小皮特的投资并非每笔都有丰厚的收益，不过这个"偿债基金"的存在却大大提升了英国的形象，给国内外留下财政稳定的印象。无独有偶，在大洋彼岸，华盛顿的心腹汉密尔顿也着手创建了美利坚的国家信用体系，在宏观经济的视角之下，信心往往重于黄金。

小皮特执政之时，英国著名经济学家亚当·斯密的《国富论》已经出版了七年之久，自由贸易的理念早已深入人心。而除了通往美洲和印度的航线之外，由著名航海家詹姆斯·库克所的引领下，越来越的英国商人正奔向澳大利亚和太平洋。奉行"重商主义"的小皮特抓住这一有利时机，推翻了陈旧而复杂的关税壁垒，合并了海关和国内税务局，以新的形式组建了商业部。这些举措尽管令英国政府的税收有所减少，但却刺激了国内

工商业的全面繁荣。

正如"鱼与熊掌不可兼得",小皮特所推行的财政改革,虽然令英国实现了收支平衡,但却不可避免地在国际舞台上全面收缩。1785年,路易十六挟扶助美国独立之威,介入荷兰国内摄政威廉五世和爱国党之间的纠葛。原本与法国共同对抗英国的荷兰随即转投伦敦的怀抱,小皮特随即与荷兰及其盟友普鲁士建立"三头同盟",算是为英国未来重返欧洲大陆打下了一个基础。但也正是由于这一同盟的存在,小皮特最终无法在欧洲大陆的巨变中保持中立,卷入了混战的漩涡之中。

1789年7月14日,巴黎民众揭竿而起,攻陷了被视为法国王室专制统治的巴士底狱,轰轰烈烈的法国大革命由此拉开了其血腥的大幕。消息传到伦敦,英国朝野对此反响不一,将帅财阀欢庆强劲竞争对手的倒下,激进的学者则高唱民主的凯歌,而王室和贵族们则忧心忡忡地关注着路易十六及其家族的最终命运。与之相比,小皮特则保持着乐观淡然的心态,他在首相官邸的一次宴会上对满座高朋表示:"英国的形势将会继续维持现状,直到最后的审判日。"小皮特之所以有如此自信,完全得益于他看透了法国革命的本质。

世人常认为法国大革命前的波旁王朝腐朽不堪,路易十六挥霍无度,最终才导致国家破产。但现实并非如此,与他的祖父路易十五相比,路易十六可以算是相对节俭的了,这位据说有些腼腆的君王,最大的业余爱好是机械设计,除了摆弄各种锁簧之外,他还亲手改进了断头台的样式。他的王后玛丽·安托瓦内特由于来自向以奢靡之风而著称的奥地利王室,而被称为"赤字夫人",但很难想象一个女人购置衣服、装点花园便能打乱一个欧洲强国的收支平衡,何况迎娶这位奥地利公主,为巴黎和维也纳之间实现了和解,其"和平红利"远远超出供应这个不谙世事的少妇。

因为法国大革命而名声大噪的断头台

真正导致波旁王朝倒台的除了路易十四、路易十五时代留下的巨额债务之外,更多的是法国畸形的社会结构。路易十四为了统一法兰西,不得不豢养起遍布全法的40万骑士和贵族。这些流连于凡尔赛的王孙贵胄们不事生产,从他们不再亲自管理的采邑收取大量免税的地租。与之享受同样

"赤字夫人"玛丽·安托瓦内特

政治优待的还有法国的教会势力，大革命爆发之前，全法有14万教士、修士和修女已经半个多世纪没有交纳过任何财产税。巨大的财政压力悉数转嫁在农民和新兴资产阶级的头上。

路易十六并非没有意识到自己王座下的火山，他在1774年继位之后便任命贵族精英阶层的代表——雅克·蒂尔戈为自己的首席财务总监。可惜蒂尔戈既无力约束早已习惯了奢靡的贵族同僚，更镇压不住遍布法国的商业行会，最终他的改革仅仅持续了两年，便以失败而告终。随后路易十六又问计于瑞士银行家内克尔。有了蒂尔戈的前车之鉴，内克尔致力于缓解社会矛盾，但是他所设立的地方议会，成为了新兴资产阶级攻击王室的主要阵地。路易十六对他深感失望，仅仅六个月便解除了他的职务。

连续两任重臣的落马，令法国的改革走入了死胡同。1785年，新任财务大臣——红衣主教布里昂纳面对空空如也的国库，竟然想起了已经175年没有召开的"三级会议"。所谓"三级会议"指的是百年战争期间，法国举国共赴国难的一种凑款大会。这种大会往往是以王室开增新税为起点，以国王罢免不称职的官吏，让渡部分权力为结局。正是由于这种几近权力交易的大会太过直白和赤裸，自路易十四执政以来便未再召开过。此时的法国正值百年难遇的饥荒，路易十六病急乱投医，竟然同意了这个将所有矛头集中于自己身上的建议，最终落得个下不了台的局面。

客观地说，与市民和新兴资产阶级的第三等级代表站在对立面的，并非是国王本人，而是不愿割舍特权的贵族和教会势力。但是第三等级代表退出大会，自组"国民议会"之后，路易十六无疑成为了他们夺取权力的最大障碍。1791年6月21日，在大批贵族和教会成员纷纷出逃的情况下，路易十六及其妻子儿女被民兵武装"国民警卫队"囚禁在凡尔赛宫中。而指挥这些武装暴民的正是昔日前往美洲大陆替华盛顿训练大陆军的拉法伊特侯爵。

此时整个欧洲大陆对法国的局势都保持着密切的关注，身为路易十六的大舅子，玛丽·安托瓦内特的兄长、奥地利国王利奥波德二世显然最为

法国大革命前期的军事领袖——
拉法伊特侯爵

起劲。1791年8月2日，他与普鲁士国王腓特烈·威廉二世会盟于萨克森的皮尔尼茨，正式宣称要以武力恢复法国的君主制。此时的奥地利与普鲁士已经走出了"七年战争"时代的龃龉，瓜分波兰的共同利益，令两国冰释前嫌。而在波兰和土耳其身上捞到大把好处的女沙皇叶卡捷琳娜二世也在西欧问题上跃跃欲试，一时间，俄国、瑞典、西班牙以及意大利的撒丁王国均加入了围攻法兰西共和国的行列，当然所谓"君权神授"的大旗背后是趁火打劫的现实考量。

与欧洲大陆君王们的热忱相比，小皮特执政下的英国显得格外冷静，在不断在国会发表中立声明的同时，这位年轻的首相密切关注着局势的变化。正所谓"打铁还需自身硬"，在稳定国内之前，英国并不急于贸然出手。1792年4月20日，在高涨的民族情绪影响下，法兰西共和国率先向奥地利宣战，数万义勇军冲入奥地利所控制的比利时境内。不过缺乏组织和训练的法国军队旋即被德意志名将卡尔·斐迪南击溃。

身为不伦瑞克公爵的卡尔·斐迪南可谓"七年战争"后名将凋零的欧陆第一老帅，如果他能够抓住法兰西共和国羽翼未丰之际直捣巴黎，那么路易十六成功复辟并非镜花水月。但此时反法盟主——奥地利国王利奥波德二世恰巧病逝。一时间本就各怀鬼胎的联军内部暗潮汹涌，斐迪南于莱茵河畔的科布伦茨屯兵数月之久。反法联盟的大军压境，令巴黎陷入了极度的恐慌之中，此时如果反法联盟有足够的外交手腕的话，局势本对法国王室有利。但斐迪南却鬼使神差地向法国民众发布了所谓的《不伦瑞克宣言》，公然威胁法国人民说：

七年战争后的欧陆第一名将——
不伦瑞克公爵

一旦羞辱法王室的暴力行动付诸实施的话，联军将把巴黎夷为平地。

显然这份宣言非但保护不了深陷暴民围困之中的路易十六，反倒有火上浇油的作用。如果这份措辞嚣张的宣言真的出自流亡于斐迪南军中的法国贵胄——孔代亲王之手的话，一切倒似乎顺理成章得多。不甘受辱的巴黎民众指责路易十六夫妇里通外国，冲入塞纳河右岸的杜伊勒里宫，将本已沦为阶下囚的路易十六夫妇推上了断头台。

路易十六夫妇被拘押和审判期间，斐迪南统帅下反法联军倒的确是向巴黎进军了。不过其推进速度之慢，实在令人咋舌。尽管此时法国方面军心浮动，连长期执掌军权的拉法伊特都深感沮丧，投靠了奥地利人。但反法联军仍将1792年秋季的目标局限于攻占法德边境的洛林地区。斐迪南对此的解释是："补给的问题好像是一个死重量，挂在我们的腿上。"但事实上，仅从集结地科布伦茨到法国边界，反法联军便花了20天的时间，而理应是法国东大门的隆维要塞却在象征性的一轮炮击之后便敞开了大门。而正是利用这段宝贵的时光，巴黎的国民议会推举出了他们新的军事领导核心——杜木里埃。

与老于军旅的不伦瑞克公爵相比，杜木里埃的从军经历几乎可以忽略不计。出生于康布雷一个贵族世家的他，在"七年战争"中虽然有过参战的记录，但是没有拿得出的战绩。此后作为路易十五的谍报人员，杜木里埃混迹于西欧各地。其中在波兰组织民兵对抗沙俄入侵的经历，对杜木里埃可谓影响深远。在那次失败的行动中，杜木里埃学会了动员一切可以动员的力量用于战争，这也就解释了为何他出任法兰西国防大臣之后，共和国会颁布一系列严苛的战争法令："青年人应该战斗；已婚的男人应该铸造兵器和运输补给；妇女应该制造帐幕和被服并在医院中服务；儿童们应将旧布制成绷带；老人们应抬到公共场所，以鼓励战斗人员的勇气，并宣传对国王的仇恨和共和国的团结。公共建筑物应该改成营舍，公共广场改成兵工厂。一切具有适当口径的火器均应移交给部队，在国内的警察应使用短枪和刀剑。一切配鞍的马匹都应集中以供骑兵之用；一切挽马凡不作耕种之用者，都应用来拉曳炮车和补给车辆。"

在斐迪南攻占凡尔登要塞，并缓慢地穿过阿尔贡森林之际，杜木里埃已经纠集了一支相当可观的兵力占据要隘——色当。老于谋略的不伦瑞克公爵，此时选择了暂缓推进，择地宿营过冬，以备来年再战。但此时的反法联军已经被前期的胜利冲昏了头脑，普鲁士国王腓特烈·威廉甚至亲临

前线,催促自己无敌的德意志大军像洪水一样冲入香槟平原。正所谓"理想很丰满,现实很骨感",在连日暴雨的洗礼之下,普鲁士军队踏着泥泞艰苦前行,最终在一座名为瓦尔米的小山丘附近一败涂地。不愿正视现实的普鲁士人只能以吹捧对手来解释这一切,被法军俘虏后,普鲁士国王的私人秘书写道:"杜木里埃表现出他的将才。他选择了优良的阵地;旧有的法军也都甘心受他驱策。新的志愿军也增大了他们的数量,当配属给老练的部队时,也能发挥真正的作用。他们的轻骑兵都是优秀精壮的。他的军队不缺乏什么,而我们什么都感到缺乏。"

对于俘虏的吹捧,杜木里埃显得很受用,他不仅将这位名为隆巴德的马屁精放回了普鲁士国王的身边,还慷慨地赠送了12磅的咖啡和糖块。当然,杜木里埃并不真正关心对手,而是他深知脆弱的法兰西共和国无力对抗整个欧洲,离间奥普同盟是能否取得胜利的关键。就在自己率军与不伦瑞克相持的同时,杜木里埃也在积极地鼓吹法国军队向奥地利统治下的比利时进军。这一战略被他引经据典地形容为:"当汉尼拔还留在罗马的城门之外时,罗马人民却已经把战争带到非洲去了。"果然普鲁士军队无心保护维也纳名下的财产。利用不伦瑞克撤往马斯河右岸过冬之际,杜木里埃率军北上,不仅解除了奥地利军队对里尔的围困,还乘势攻陷了布鲁塞尔。

局势的逆转令巴黎的国民议会陷入了空前的狂热之中,将无数贵族送上断头台的雅克·丹东不仅悍然宣布吞并比利时,更要求法国军队以追击奥地利的名义冲入荷兰境内。随着法国海军炮击并攻占安特卫普,在荷兰有着巨大商业利益的英国政府终于坐不住了。小皮特首先通过外务大臣召见了法国大使,警告对方不要"以自称的合法权利为借口"侵犯他国主权。但法国政府随即将路易十六推上了断头台,并以对英荷宣战为答复。

英军进入土伦

此时的英国虽然没有足够的陆军用于远征欧洲大陆，但在海军方面，英国人还是有信心收拾职业军官团被清洗、水兵也由于一连串兵变的干扰沦为乌合之众的老对手。1793年8月27日，英国皇家海军的舰队冲入了法国最大的军港——土伦。港内停泊着的70艘法国战舰随即成为了英国人的战利品。由于土伦城内盘踞着大批保王党人，英国舰队统帅萨缪尔·胡德打消了捞一票就走的念头，在土伦大兴土木，准备将其化为欧洲列强干涉法国革命的南部桥头堡，但胡德显然没有想到自己的苦心经营竟然无意中促成了欧洲未来海陆双雄的崛起。

二十、海军之魂——纳尔逊和近代英国海军精神的崛起

萨缪尔·胡德在近代远没有日后那艘以他名字命名的战列巡洋舰有名，以至于世人常将他与其胞弟——亚历山大·胡德混淆。客观地说，萨缪尔·胡德的战绩确实略逊于其弟。"七年战争"中，亚历山大·胡德参与了著名的基伯龙湾海战，此役之中，法国海军针对在大洋角逐的屡战屡败，启动了一个孤注一掷的计划，集中大批运输舰于卢瓦尔河一线，准备在大西洋舰队的护航之下，掩护5万法国陆军登陆英国本土。为了阻止这一疯狂的计划，亚历山大·胡德及其同僚，不顾强劲的海风和暗礁，满帆追击对手，最终于基伯龙湾海战击垮法军主力，令英国本土免遭入侵。

与基伯龙湾海战这样的主力对决相比，萨缪尔·胡德在"七年战争"中长期扮演着"打酱油"的角色，唯一值得一提的也不过是一场海上骑士般的单舰对决。而在美国独立战争中，萨缪尔·胡德更先是兵败西印度群岛，随后又在切萨皮克角之战连续两次被法国人打得没有还手之力。好在这两场海战萨缪尔·胡德都不是舰队司令，因此也不用承担领导责任。

萨缪尔·胡德崭露头角的时代，英国海军真正的明星是布里奇斯·罗德尼。有趣的是，罗德尼曾分别领导过胡德兄弟。亚历山大·胡德跟随罗德尼打赢了著名的"月光海战"，英国海军利用夜袭一举摧毁了围困直布罗陀的西班牙舰队。而罗德尼与萨缪尔·胡德并肩指挥的桑特海峡战役虽然同样取得了辉煌的胜利，但是两位指挥官却在战后将帅失和，官司一直打到英国国会。从后人的角度来看，胡德攻击自己的长官指挥失误并无道理，正是罗德尼率领六艘战舰冲垮了法国舰队的阵营，才导致对手的最终溃败。而之所以没有第一时间放手让胡德追击溃敌，很大程度是上罗德尼的性格

使然。在罗德尼的身上，世人还能看到英国传统私掠船主的影子。他们只为酬金而战，并没有将征战与国家利益联系在一起，"七年战争"罗德尼一度由于没有得到牙买加总督的职位，而愤然跑去法国，险些

桑特海峡战役

成为凡尔赛座上的海军元帅，便是这一心态的最好体现。

　　萨缪尔·胡德虽然没有罗德尼"两年之内连败西班牙、法国、荷兰诸多海军名将"的能耐，却深谙海权之道。因此在罗德尼退休之后，萨缪尔·胡德一跃成为英国海军的领导核心。进占土伦之后，萨缪尔·胡德随即从直布罗陀调来精锐的英国要塞守备部队驻守对港内大、小停泊场威胁最大的布伦海角炮垒、埃吉利耶特炮垒和巴拉去耶炮垒。不过英国陆军此时兵力有限，在远征荷兰的同时无法分出更多的兵力协防土伦，无奈之下，萨缪尔·胡德只能邀请西班牙和意大利各城邦分享自己的胜利果实，而其中被派往那不勒斯的是战列舰"阿伽门农"号的舰长——霍雷肖·纳尔逊。

　　纳尔逊和胡德出身相仿，都是牧师之子。此时的英国正处于人口急速膨胀的时代，需要养育八个孩子的纳尔逊父母最终选择了通过关系，将纳尔逊12岁便送入了海军。好在纳尔逊的舅舅——莫里斯·索克令此时已是战列舰的舰长，纳尔逊加入海军之后，端的是"朝中有人好做官"，连番北上挪威、南下印度的远航之后，19岁的纳尔逊便顺利地通过了海军上尉的考试，成为了一艘巡洋舰的舰长。

　　美国独立战争期间，纳尔逊和胡德同处西印度群岛战场。不过年轻的纳尔逊和他的战舰此时仍难堪重任。纳尔逊在远征尼加拉瓜的行动中病倒，回国休养到1782年才重返战场。尽管战功寥寥，但是这段往来于战场和伦敦之间的航程却令纳尔逊交友广泛，不仅结识了王储威廉·亨利，更在牙买加邂逅了富有的寡妇——法兰西斯·伍尔沃德。亨利王子当时恰巧路过牙买加，便慷慨地出任了纳尔逊的伴郎，一时被传为了佳话。可惜的是，纳尔逊常年征战在外，鸿雁传书最终难敌寂寞之苦，纳尔逊前往那不勒斯求援，自然免不了要与英国驻当地的大使威廉·汉密尔顿打交道。一来二

年轻时代的纳尔逊

去,纳尔逊不仅和汉密尔顿交情莫逆,甚至还勾搭上了对方的妻子——艾玛·里昂。要说这艾玛女士也不是什么省油的灯,早年便惹下过不少风流债,在32岁的虎狼之年嫁给62岁的汉密尔顿,自然免不了红杏出墙。而纳尔逊对艾玛女士此时也谈不上专情,不久之后,他在意大利城市来亨包养了一个交际花,甚至带上了自己的战舰。

纳尔逊在意大利风流快活的同时,那不勒斯、皮埃蒙特两大意大利邦国的6000名援军已经开赴土伦,加上5000西班牙人和3000英国陆军,反法同盟在土伦一时倒也大军云集,颇有一番气象。与之对阵的则是法国阿尔卑斯军团和意大利军团的两个师,尽管双方兵力相差不大,但是法军是本土作战,士气正旺。1793年9月初的交战中,法国军队便顺利夺取土伦外围据点,将联军压迫在军港附近。不过此时法军炮兵前线指挥官马尔田少校负伤,急需炮火攻坚的法军统帅卡尔托将军,随即听从了国民议会特派员萨利希蒂的推荐,聘用了萨利希蒂来自科西嘉岛的小同乡出任攻城炮兵的指挥官。而这个来自科西嘉的年轻军官,有着一个霸气外露的意大利名字——拿破仑·波拿巴(意为"荒野雄狮")。

作为地中海的第四大岛,科西嘉岛自15世纪以来便从属意大利城邦热那亚的统治。科西嘉人为此展开了漫长的独立运动,但直到1755年才初见成效。可惜号称"科西嘉国父"的巴斯夸·帕欧里还没过够岛主的瘾,1769年热那亚人便将科西嘉岛卖给了法国。面对来势汹汹的法国海陆军,巴斯夸·帕欧里狼狈逃亡,而这一年拿破仑恰巧出生。

法国大革命前的拿破仑可谓籍籍无名,甚至当杜木里埃率领一干日后法兰西第二帝国的元帅冲锋陷阵之时,拿破仑本人也不过在科西嘉岛以志愿兵中校的身份,压制着岛民独立的热潮。可惜未来的欧洲霸主此时远不是政坛老将巴斯夸·帕欧里的对手,1793年6月拿破仑举家逃亡法国。在当时的拿破仑看来,衣锦还乡都是一个遥不可及的梦想。

拿破仑刚刚接手之时,土伦前线的法国炮兵可谓惨不忍睹。但是作为昔日的炮兵强国,法兰西共和国依旧拥有着欧洲一流的火炮工业,在拿破仑这样巴黎军官学校科班出身的内行手中,法国军队很快从各地搜罗来大

批的军械,在前线设立一个小型的军械所。凭借着源源不断的物资供给和援兵,法国军队最终成功地将以英国为首的反法盟军赶出了土伦。而在此次战役之中,拿破仑尽管以炮兵军官的身份参战,但他所发挥的巨大的作用远不局限于组建一支强大的攻城炮群。在总攻方向上,拿破仑力主先夺取可以炮击港区的克尔海角与小直布罗陀,以强大的岸炮群将英国舰队驱逐出战场。而在夺取这两个战略要冲的行动中,拿破仑也作为预备队指挥官身先士卒,以迂回战略一举夺取了坚固的要塞群。

土伦前线的拿破仑

面对法军在克尔海角与小直布罗陀迅速部署的强大炮群,胡德只能选择张帆起锚,毕竟在其胞弟亚历山大·胡德所指挥的直布罗陀攻防战中,一种全新的发明彻底改变了战舰与岸炮之间对决的结果。长期以来,大型战列舰凭借着机动和火力的优势都可以毫无顾忌地穿行于岸炮的火线之内,即便挨上几炮也不至于伤筋动骨。但是直布罗陀的英国炮手们创造性地将弹丸在炉子中加热,然后用钳子夹着捣入炮膛发射。风帆战舰一旦被这种"炽热弹"击中往往会立即起火燃烧,失去战斗力。

英国舰队的撤离,令土伦城内的法国保王党和反法联军陷入了空前的恐慌之中。为了撤走更多的有生力量,胡德委派纳尔逊往来于土伦和来亨之间,将大批沦为难民的法国人撤往意大利。这一段时间里,身为海军校的纳尔逊没有取得太多的军功,反倒是在出兵科西嘉岛,扶植当地的独立势力的行动,不幸被石块砸瞎了右眼,可谓流年不利。与之相比,拿破仑在法兰西共和国却是声名鹊起,在巴黎各派政治力量的连番内斗后,军人集团占据了领导地位,成立了军政合一的督政府。督政府的首席领导人恰是拿破仑土伦战役的老领导——保罗·巴拉斯。

没落贵族出身的巴拉斯私生活糜烂不堪,政治上更免不了任人唯亲。不过据说巴拉斯之所以重用这个科西嘉的小个子,并非缘于土伦战役的袍泽之情,而是因为他和拿破仑此时深恋的巴黎社交名媛——约瑟芬·德博阿尔内,同样交情非浅。拿破仑也没有让巴拉斯失望,在1795年3月巴黎爆发的保王党叛乱中,拿破仑杀伐决断,交上了一份血淋淋的投名状。一

年之后,巴拉斯任命他为意大利方面军统帅,匆忙与约瑟芬成婚的拿破仑随即奔赴阿尔卑斯山以南的新战场。

此时的欧洲战场,年轻的法兰西共和国已经度过了危险的襁褓期。北线法国军队经过长时间的拉锯最终鲸吞了比利时和荷兰。1794年的冬季,法国骑兵甚至挥舞着马刀缴获了被冰封于得克塞尔河中的整个荷兰本土舰队。莱茵河两岸的战斗虽然始终以法国和普鲁士互有胜负的形式进行着,但是以普鲁士为首的德意志联邦无力维持这样的战争消耗,最终于1795年4月开始陆续与巴黎媾和。南部战线之上的西班牙人也在法国军队越过比利牛斯山之后选择了放弃敌对。第一次反法同盟,此时唯有英国仍在苦苦支撑。1795年6月,英国陆军发动了跨海登陆。但是以法国流亡贵族为主力的登陆部队在布列塔尼遭遇了法国军队的迎头痛击,自此英国陆军视直接在法国登陆为畏途。正是在这样的情况下,拿破仑挥师进入意大利,可谓所向披靡。

拿破仑横扫意大利南北的赫赫战功,极大地刺激了巴黎督政府的一干政客。毕竟连梵蒂冈和瑞士都匍匐在这位年轻统帅的脚下,一旦他凯旋回国,难免有功高震主的嫌疑。于是在拿破仑与奥地利阵前媾和之后,督政府要求他返回国内,主持对英国本土的进攻。拿破仑深知没有制海权的情况下,远征英国本土无异于自杀,于是提出了远征埃及的反建议。理由是埃及是通往东方的十字路口,控制埃及将有效地削弱英国在印度洋的势力范围。

拿破仑的计划可谓天马行空。且不说此时的埃及处于奥斯曼帝国的地方军阀手中,远离本土的法国远征军很难讨到便宜,仅是英国海军仍掌握着地中海制海权的事实,便足以令拿破仑的远征军葬身鱼腹。但此时的法国督政府只是想让拿破仑继续领军在外,于是1798年4月拿破仑重返土伦,指挥4万法国陆军在13艘主力舰的护航下奔赴东方。

拿破仑展开这次海上冒险之旅时,英国海军正忙于与法国的新盟友——西班牙和荷兰海军交锋。应该说18世纪末的西班牙和荷兰拥有着欧洲仅次于英、法的强大舰队。随着1796年西班牙选择与法国结

拿破仑远征埃及

盟，英国海军的首要任务便是阻止其与法国人合流。1797年2月14日，英国海军于圣文森特角击溃了试图前往布勒斯特与法国人会合的西班牙地中海舰队，8个月之后，英国海军又深入得克塞尔河，几乎全歼了为法国人卖命的荷兰本土舰队。正是由于英国海军将注意力集中于英吉利海峡附近，最终令拿破仑一路畅通无阻，先是扫荡了归属于宗教组织"圣约翰骑士团"的马耳他岛，随后大张旗鼓地在亚历山大港登陆。

在阅历了千年风沙的金字塔旁，拿破仑大胜数百年来被西方视为亚洲劲旅的马穆鲁克骑兵。不过一发不长眼的炮弹打飞了古迹狮身人面像的鼻子和胡须，令这场辉煌的胜利留下了难以修复的遗憾。不过就在拿破仑雄心勃勃地占领开罗，冲向叙利亚之际，尼罗河入海口传来了法国海军被纳尔逊全歼的消息。应该说为拿破仑护航的法国舰队实力不俗，加上海岸炮台的掩护，足以与纳尔逊所统帅的英国海军一战，但是拿破仑在地面战场的势如破竹多少令其海军同僚麻痹大意，当纳尔逊在临近黄昏发动攻击之时，许多法国船员还在岸上放假。纳尔逊轻松地顺流而下，集中火力逐舰攻击。到黎明时分，法国海军仅有四艘战舰脱逃。

不过纳尔逊实在运气不好，此前在西班牙沿海作战时便痛失了右臂，这次在对手几乎毫无还手之力的情况下竟也意外被流弹击中头部，虽然第二天伤势有所好转，但纳尔逊仍不得不让舰队先行回国，自己则乘坐同样伤痕累累的战舰前往那不勒斯疗伤。之所以选择那不勒斯，是英国外交领域的需要，尼罗河战役令雌伏于拿破仑军威之下的欧洲各国再度联手，组成了第二次反法同盟。

尽管第二次反法同盟之中手持牛耳的名义上是被赶出了梵蒂冈的教皇——庇护六世，但真正令欧洲诸国敢于团结一致的却是英国充沛的财力和海上优势，以及沙俄从巴尔干前线调来的百战精锐。沙皇保罗一世之所以加入反法联盟，一则是急于乘普鲁士、奥地利被法国重创之际在西欧扩大地盘，二则是拿破仑远征埃及令沙俄帝国与宿敌奥斯曼暂时站在同一个战壕里。沙俄陆军的加入，无疑弥补了英国在大陆战场上的短板，由乔治三世的次子弗雷德里克亲王指挥的英俄联军成功地突入荷兰，一度将法国占领军驱赶到了莱茵河以西。而已经年逾七旬的俄军老帅苏沃洛夫更气势如虹地横扫了意大利北部，拿破仑在阿尔卑斯山以南的功勋可谓功亏一篑，不过此时的这头雄狮仍被困在中东的荒原之上。

第五章 大博弈

二十一、皇帝时代——拿破仑的欧洲霸权和英国的对策

1799年8月，拿破仑冒险从埃及的亚历山大港偷渡回国，由于地中海此时已是英国海军的天下，手握重兵的拿破仑也只能轻车简从。数万的法国远征军被交由拿破仑的副帅柯莱柏指挥。应该说柯莱柏继承了拿破仑在埃及的全部产业，甚至包括被称为"法兰西埃及艳后"的小情人——宝林弗里斯，但远离本土、缺乏后援的困境，还是令柯莱柏在组建法国自己的马穆鲁克骑兵之余，积极地谋求与英国和奥斯曼帝国单独媾和。

生性浪漫的法国人在谈判桌上向来不是近邻英国的对手，柯莱柏自然也不例外。在得到了准许法国撤回本土的许诺后，柯莱柏轻易地便放弃了重镇开罗，但撤出坚城的法军随即遭到了对手的海陆绞杀，如梦初醒的柯莱柏虽然展开了反攻，但在痛失先机的情况下，法国远征军最终回天乏术。在拿破仑弃师回国的两年之

雾月政变前的政治漫画：荒淫酒色的巴拉斯帐外站着窥测权力宝座的拿破仑

后，据守亚历山大港的法军最终竖起了白旗。不过就在此前柯莱柏战死埃及的 1800 年 6 月 14 日，执掌法国政权的拿破仑于意大利的马伦哥大败奥地利军队，第二次反法同盟已呈现分崩离析，英国人也不敢太过为难放下武器的法国军队，最终拿破仑的东方远征军中有近 26000 人安全返回了自己的家园。

拿破仑之所以能够成功瓦解欧洲列强的联盟，得益于法国国内的政治局势。面对不断的败师丧土，巴黎民众对腐败无能的督政府充满了厌恶之情。因此拿破仑回到国土，非但没有被视为临阵脱逃的懦夫，反而得到了救世主降临般的欢呼。在政坛权贵西哀士、巴黎大银行家巴洛等人的支持下，1799 年 11 月 9 日，拿破仑率军控制了督政府，是为"雾月政变"。

雾月政变中的拿破仑

"雾月政变"虽然名曰"政变"，但对于督政府而言，拿破仑赶走自己的老领导巴拉斯之后，其职权反倒更为扩大了。因为就在控制督政府的第二天，拿破仑就以武力驱散了国民议会。至此，出任第一执政的拿破仑大权在握，可以调动更多的资源用于对外战争。1800 年春季，拿破仑已经在第戎集结了一支新军，经瑞士的群山重返意大利战场。日后脍炙人口的油画《拿破仑飞越阿尔卑斯》便以这段长途奔袭为蓝本绘制。

事实上，早在拿破仑之前便有另一位欧洲名将注意到了瑞士是意大利北部兵家必争之地，他便是沙俄老帅苏沃洛夫。1799 年夏季，苏沃洛夫曾率俄奥联军攻占瑞士，切断了法国军队由此翻越阿尔卑斯山的通道，可惜的是，此时反法同盟内部出现了严重的意见分歧，沙俄的过度西进引起了奥地利人的不满和猜忌，这本是可以通过外交手段化解的矛盾却最终演化成了联军的各行其是。由于俄军的擅自撤离，弗雷德里克亲王所指挥的英国陆军被迫放弃荷兰，撤回本土。而奥地利军队也没有如期赶往瑞士与俄军会合。率军返回意大利的苏沃洛夫还未走出瑞士国境，他部署在苏黎世的 4 万联军便被法国人击溃。几乎被法国人困在阿尔卑斯山脉中的老帅经过艰苦跋涉才杀出重围，但等待他的却是一纸解职的命令，这位老将不久便病逝军中。

苏沃洛夫和沙俄军队从意大利战场的消失，无疑为拿破仑打开了通往胜利的方便之门。尽管在马伦哥的会战中，拿破仑与自己的对手兵力相当。但是关键时刻，拿破仑的预备队率先抵达了战场，一度占尽优势的奥地利统帅梅拉斯功败垂成，只能选择与拿破仑和谈。根据法国与奥地利签署的《亚历山德里亚协定》，双方停止在意大利的敌对行为，双方在明乔河以西建立一个军事缓冲区。奥地利人自认为暂时稳住了意大利的战局，殊不知正中了拿破仑的缓兵之计。5 个月之后，调整了战略部署的拿破仑再起战端，轻松突破了奥地利军队在莱茵河沿岸的防线，切断了奥地利本土与意大利的联系，彻底无力再战的奥地利被迫承认拿破仑在莱茵河西岸和意大利北部的霸权，法国则允许维也纳继续控制威尼斯，至此，第二次反法同盟彻底瓦解。

拿破仑翻越阿尔卑斯（现实）

拿破仑翻越阿尔卑斯（想象）

如果拿破仑在马伦哥会战中对手不是"尽职、但不出色"的奥地利元帅梅拉斯，而是战功赫赫的苏沃洛夫，欧洲的历史将会如何转变？这或许是一个永远没有答案的问题。但沙皇保罗一世对苏沃洛夫的不公正待遇却从一定程度上开启了自己的末日之门。1801 年 3 月 11 日，保罗一世离奇死于自己的寝宫之内，据说杀死他的正是苏沃洛夫的女婿——尼古拉·祖波夫。当然，祖波夫谋杀沙皇是整个俄罗斯贵族和军官团的选择，但选择他来下手不免有个人恩怨的成分。

第二次反法同盟的瓦解在英国同样需要有人负责，1801 年小皮特辞去了首相之职。尽管明面上的理由是首相与国王在爱尔兰发生暴动之后，就是否应该善待当地天主教徒的问题，双方分歧严重。但客观地说，英国此时更需要改弦更张，与势头正劲的拿破仑修复关系。因此，当皮特家族私人医生之子——亨利·阿丁顿接掌相位之时，英国人普遍称之为"和平首相"。事实证明阿丁顿也的确不负众望。经过一番讨价还价，1802年3月25日英法正式订立《亚眠和约》，暂时停止了彼此之间自法国大革命以来的敌对状态。不过《亚眠和约》从一开始便注定是一个彼此敷衍的产物，拿破仑希望诱骗英国吐出直布罗陀，英国政府则想着不费一枪一弹便换取那不勒斯和梵蒂冈的解放。这样的与虎谋皮，其结果自然可想而知。

　　不过有趣的是，真正引发英法两国最终相互指责的反倒不是这些核心利益区域，而是地中海的小岛——马耳他。拿破仑远征埃及时顺手攻占了马耳他岛，但是岛上的居民却对法国人并不买账。恰逢纳尔逊在尼罗河重创法国海军，马耳他民众随即揭竿而起。在那不勒斯养伤的纳尔逊也随即指挥英国海军对这座小岛展开封锁。法国驻军本就孤立无援，此时更只能乖乖地缴械投降。不过随后拿破仑的陆军便将那不勒斯占为己有。纳尔逊只能保护着那不勒斯王室和英国大使汉密尔顿夫妇逃往西西里。

　　据说由于在那不勒斯养伤期间，汉密尔顿夫人对纳尔逊的照顾无微不至，两人的感情很快由昔日的露水情缘升华为了相濡以沫的爱情。有趣的是，汉密尔顿先生竟对自己妻子的红杏出墙不闻不问，在西西里岛期间三人同住一个屋檐下，倒也其乐融融。但世人显然无法包容这段惊世骇俗的感情，很快纳尔逊"男小三"的骂名不胫而走。为了维护英国皇家海军的颜面，英国政府选择将纳尔逊和汉密尔顿夫妇召回国内，不过由于海军部拒绝派军舰接纳尔逊回国，这奇异的三口之家只能假道巴尔干半岛先拜访了维也纳，随后再沿易北河抵达汉堡，原本出于遮丑目的的召回结果成了大半个欧洲的谈资，乔治三世的愤怒自然可想而知。不过英国民众对纳尔逊还是给予了英雄般的欢迎。

　　回到国内之后，纳尔逊和汉密尔顿夫人的感情丝毫没有降温的趋势，反倒提出了与自己长期分居的妻子法兰西斯离婚的请求。海军部无法干涉纳尔逊的私生活，只能想方设法地安排纳尔逊出海作战。还在此时英国虽然与法国媾和，但却在波罗的海方向与沙俄帝国龃龉不断。针对英国对欧洲海上贸易的粗暴干涉，沙俄与普鲁士、瑞典、丹麦组成了"武装中立同盟"。伦敦方面对这个同盟并不陌生，美国独立战争中正是莫斯科打着"武装中立"

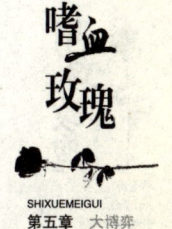

哥本哈根海战——英国海军的单方面施暴

的旗号,率先打破了英国对北美的禁运,最终导致了英国的镇压行动功败垂成。正所谓"是可忍,孰不可忍",英国政府决心以武力摧毁这个同盟。纳尔逊此时正憋着一股邪火,于是高调提议直捣俄国海军主力所在的塔林。好在本土舰队指挥官海德·帕克比较理性,英国海军最终选择了拿丹麦海军开刀。

实力上的悬殊,令1801年4月2日的哥本哈根海战成为了英国海军单方面的施暴。在丹麦海军主将焚毁旗舰逃亡的情况下,担任先锋的纳尔逊杀性正浓,竟然不顾海德·帕克停火的要求,准备炮击丹麦首都的市区,还颇为嚣张地公然抗命说:"我只有一只眼——有时失明是我的权利。"好在英国海军没有传染上纳尔逊的疯狂,最终还是与丹麦达成了停火。由于此时沙俄帝国正陷于保罗一世猝死的皇位更迭期,因此哥本哈根海战最终起到了敲山震虎的作用,"武装中立同盟"随即瓦解。

纳尔逊在战场上的表现令英国海军上下都对其敬畏有加。为了安抚这个刺头,英国政府先是让他阵前接手了海德·帕克的指挥权,随后又册封他为"诺福克郡希尔伯勒及尼罗河"男爵。随着《亚眠协定》的签署,功成名就的纳尔逊终于迎来了19个月的快乐时光。在这段时间里,纳尔逊与自己的发妻正式离婚,不久之后,汉密尔顿爵士也以72岁的高龄卒于伦敦,如无意外,已经孕育了一个私生女的纳尔逊和艾玛女士似乎终于可以结为伉俪,但突如其来的战争却最终令其天人永隔。

应该说英法之间所谓的和平不过是一场短暂的停火而已,拿破仑利用这段时间理顺了法国长期以来纷乱的政局,1802年正式修改宪法,出任无冕之王——"第一执政"。与此同时,法国海军也到处搜罗和新建战舰。1803年5月18日,英法之间关于马耳他岛最终归属的谈判以破裂而告终,拿破仑随即以宣战相威胁,甚至大言不惭地表示:"他们想我们跳过去,我们就跳过去。"不过法国人虽然在英吉利海峡一侧集中了2000艘运输舰,但港口疏浚和扩建却不可能一蹴而就。即便在最理想的气候条件下,法国

陆军的两栖突击也必须分两个波次完成，而期间相隔的12个小时将会成为英国人将拿破仑大军各个击破的绝佳机会。

为了防御拿破仑可能的入侵，乔治三世不得不请小皮特出山主持大局，曾一度被视为"和平首相"

拿破仑的加冕典礼，原本主角之一的教皇成为了看客

的阿丁顿此时则成了"庸医"的代名词。而令小皮特颇感庆幸的是，由于拿破仑在德意志诸邦中的招降纳叛，奥地利正对其充满了反感。1805年7月，第三次反法同盟宣告成立，不过此时的拿破仑敢于在自己的加冕典礼上公然以自戴皇冠向整个欧洲挑衅，自然不惧对手的来势汹汹。针对奥地利、俄罗斯联军准备先合围意大利北部的法国驻军再进军法国本土的计划，拿破仑亲率20万大军掩师东进，先于多瑙河畔的乌尔姆成功围歼了奥军主力，随后轻松攻占了维也纳。

拿破仑无疑是当时欧洲首屈一指的战略机动大师，但他的才华仅仅局限于地面战场。就在他于莱茵河、多瑙河之间纵横驰骋的同时，他设想的一场海上会战却以悲剧告终。拿破仑的如意算盘是集结于土伦的法国海军先行西进，解救被英国人封锁于卡塔赫纳和加的斯港的西班牙舰队，然后大摇大摆地开往大西洋彼岸的西印度群岛，在那里法国海军将会合另一支来自布勒斯特的分舰队，重新开回欧洲海域。按照拿破仑的预期，此时英国海军已经奔赴西印度群岛支援，本土防御薄弱。集中优势兵力的法国海军应该能夺取英吉利海峡的制海权，掩护法国陆军完成一次史诗般的两栖突击。

拿破仑的这一计划可谓是地面战中"声东击西"谋略的延续，但从未指挥过海战的他显然忽视了长途奔袭对舰艇和水手状态的影响。法国海军统帅皮埃尔·维尔纳夫虽然成功地完成了这次远航，也骗过身为英国海军地中海舰队司令的纳尔逊，但英国海军良好的舰艇性能和训练有素的水兵最终弥补了战略上误判，纳尔逊的舰队只用了24天便完成了横渡大西洋的往返航程，赶上了比维尔纳夫晚出击1个月的时间。而同样是经历了大西洋风雨的洗礼，纳尔逊舰队马不停蹄地又往来于直布罗陀和英吉利海峡寻

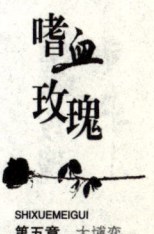

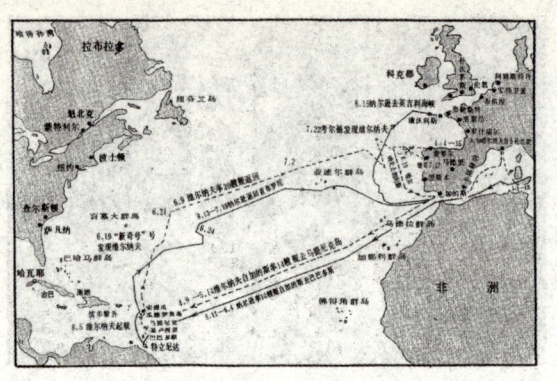

拿破仑成功地引诱纳尔逊在大西洋大兜圈子

找战机,而维尔纳夫麾下的法国—西班牙联合舰队,却不得不丢下3艘受损的战舰和1200名病员,一头栽进加的斯港修养生息。应该说局势发展至此,拿破仑的计划已经彻底破产,如果他选择就此收手,好歹还能保存下一支令英国望而生畏的联合舰队。但攻占维也纳的胜利,令这位自负的皇帝忘乎所以,他命令维尔纳夫率舰队杀回地中海,去夺取英国人控制的那不勒斯、西西里和马耳他岛。

拿破仑的命令无疑断送了自己的舰队,纳尔逊从容地从加的斯港开始尾随对手。法国和西班牙的水手们警惕着英国人可能发动的侧舷齐射,但纳尔逊却坦然地和几个海军军官候补生共进晚餐。10月21日清晨,养精蓄锐的纳尔逊在自己的旗舰"胜利"号上挂出旗语:"为了英格兰,全员恪守职守!"随即,杀气腾腾的英国舰队以两路纵队乘着西风杀向敌阵。应该说维尔纳夫的应对从战略上可圈可点,他迅速命令舰队转向,以相反顺序组成战斗纵阵,此举不仅可以令整个舰队以单列横阵对敌,最大限度地发挥侧舷的火力,实在会战不利也能撤回加的斯。但是在大西洋上杀了个来回的法国—西班牙联合舰队在加的斯根本没有得到足够的休整,反倒又增加了1700名病患。缺少水手令联合舰队的舰艇转向缓慢,原本有利的阵位反倒成为了被英国海军双刀斩断的长阵。

尽管这场发生在特拉法尔加海角附近的战斗仅持续了两个小时,但辉煌的胜利仍促使回国报捷的拉皮罗提尔中尉一刻不停地累倒了19匹马,在海军部,这位万分疲惫的信使喊出的第一句话是:"报告!我们获得了一次伟大的胜利,但是却丧失了纳尔逊!"作为这场战役的胜利者,纳尔逊是在战斗临近结束时,被敌舰"敬畏"号帆缆处的一名狙击手瞄准射中的,由于子弹穿过肩、肺和脊骨,留在了背上的肌肉里,纳尔逊并没有马上断气,而是在自己的船舱内支撑了3小时15分钟后才最终辞世,享年47岁。关于这位英国海军历史上威名赫赫的统帅最后的遗言,浪漫者说是"照顾可怜的汉密尔顿爵士夫人",虔诚者则说是"为了主和我的祖国"。但无

论如何，纳尔逊一生的光辉并不会被他的感情经历所蒙蔽，在他的灵柩运回伦敦之时，他生前的两位领导——胡德和海德·帕克及好友——威廉·亨利王子亲自为其守灵，可谓风光无限。

尽管特拉法尔加海战之中，英国海军以几乎未损一舰的代价摧毁了法国—西班牙联合舰队33艘主力舰中的29艘，但是海上角逐的失利，并不能改变拿破仑帝国高歌猛进的势头，就在纳尔逊战死的一个月之后，法军于维也纳附近的奥斯特里茨大败奥地利—沙俄联军，由于拿破仑和奥地利皇帝弗朗茨二世、沙皇亚历山大一世均亲临战阵，因此斯役又冠以"三皇之战"的美名。

法国军队的辉煌胜利，令拿破仑坦然接受了弗朗茨二世的乞和要求。拿破仑不仅要求奥地利放弃在意大利和德国南部的大片土地，还要求对方自消"神圣罗马帝国"皇帝的封号，自此，维也纳800年来德意志诸邦共主的地位荡然无存。欧洲大陆中部出现了一个

小皮特再度出任首相被认为是英格兰免于拿破仑入侵的无二选择

唯法国马首是瞻的"莱茵同盟"。消息传到英国，正在巴斯养病的小皮特懊恼地指着墙壁上的欧洲地图说："卷起来吧！此图十年内再无用处！"

1806年1月23日，小皮特于伦敦去世。由于他的死恰逢拿破仑辉煌大胜，因此坊间有拿破仑气死小皮特的说法。但平心而论，小皮特生性豁达乐观，此前每每在惨败之后都能在国会以精彩的演讲鼓舞士气，以至被人讽刺为："（小皮特）每一次杰出的表演时，不是一次远征失败了，就是一个王国陷落了。"真正令小皮特英年早逝的主因还是自幼身体孱弱，又受庸医的误导饮酒无度。而他对于欧洲局势的预判，与其说是十年之内不要与拿破仑为敌，不如说是预言了战胜拿破仑需要十年的时间。

二十二、逆袭命运——阿瑟的崛起和英国陆军在南亚奋战

小皮特归葬于威斯敏斯特大教堂之时，乔治三世选择了辉格党人格伦

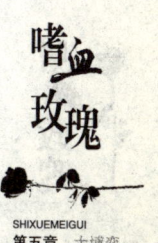

维尔继任首相之位。作为昔日小皮特颇为信赖的外务大臣，格伦维尔确实拥有常人难以理解的大局观，如果说他出兵西西里是为了保卫英国在意大利仅存的盟友那不勒斯，驻守达达尼尔海峡是为了向沙俄输诚的话，那么千里迢迢地远征西班牙位于南美的殖民地布宜诺斯艾利斯，就多少让人有些摸不着头脑了。当然英国也并非没有正面对抗拿破仑的勇气，1807年8月，英国便出动海陆军，大举杀向丹麦首都哥本哈根。

奥斯特里茨的"三皇会战"之后，拿破仑并未停止自己征服欧洲的脚步。针对普鲁士在第三次反法同盟中始终首鼠两端的作派，拿破仑在与奥地利订立《普雷斯堡和约》之后，便随即屯兵于普鲁士边境地区。作为昔日德意志第一陆军强国，普鲁士又岂能坐以待毙？于是老帅不伦瑞克公爵再度披挂上阵，指挥普鲁士、萨克森联军13万人与拿破仑会猎于德意志中部古城——耶拿。但岁月的流逝早已令腓特烈大帝时代的战术落后于时代，在拿破仑大军的席卷之下，普鲁士军队土崩瓦解，不伦瑞克公爵亦战死沙场。攻占柏林之后，拿破仑乘势冲入了被普鲁士、沙俄和奥地利瓜分的波兰地区。

沙俄帝国虽然为了保住抢来的领土，与拿破仑在1807年的春节缠斗不休，但亚历山大一世深知这样的消耗战得不偿失，于是抱着退一步海阔天空的想法，带着流亡的普鲁士国王——腓特烈·威廉在涅曼河中央的木筏上与拿破仑和谈。会后签署的《蒂尔西特和约》对沙俄可谓损失不大，但普鲁士却被迫吐出了波兰和易北河方向的大片土地，还必须向拿破仑支付巨额的战争赔款。无力再战的腓特烈·威廉虽然明知自己被"拐卖"了，此时也只能憨憨一笑说："谢谢啊！"

拿破仑的东进，表面上对英国影响不大。但是一旦失去来自波罗的海的木材，英国海军将无力建造新的战舰。因此英国政府随即委派外务大臣乔治·坎宁前往瑞典和丹麦，希望与这两个扼守波罗的海咽喉的国家，订立攻守同盟。瑞典长期与英国保持着良性互动，倒也没说什么；但六年前英国海军扫荡哥本哈根之仇却令丹麦无法释怀。坎宁眼见自己的任务无法完成，便向英国国会表示：自己从不愿透露姓名的相关人士口中得知：法国已与沙俄订立密约，丹麦将随即与拿破仑结盟。应该说坎宁的这一情报可谓破绽百出，但是英国政府此刻正沉浸于对拿破仑的"羡慕嫉妒恨"中，于是大批战舰护航着2.6万步兵，进抵哥本哈根城下。坎宁见自己的外交努力有了武力后盾，更是狮子大开口，要丹麦交出所有的海军舰艇。

作为维京海盗的后裔，丹麦人自然不会轻易屈服。于是英国陆军在哥

本哈根以南的克厄登陆，配合海军对哥本哈根展开了为期三天的狂轰滥炸。一种名为"康格里夫火箭"的新武器，在这场围城战中大放异彩，由其引发的大火焚毁了哥本哈根三分之一的建筑，并最终令丹麦人乖乖地交出包括18艘战列舰在内的庞大舰队，以换取英国军队的撤离。

康格里夫火箭攻击下的哥本哈根

"康格里夫火箭"并非是英国人的发明，其专利持有者是印度南部的一代雄主——海德尔·阿里。在莫卧儿帝国的废墟之上，海德尔所在的迈索尔长期以来都只是一个地理概念，直到1761年出身贫寒的海德尔篡夺这个邦国政权。作为一名穆斯林职业军官，海德尔的身上既有平易近人、博闻广记的美德，也有残忍好杀、宗教迫害的恶行。在18世纪的印度，这样的草头王绝非少数。但由于马拉地联盟的

法国画家笔下的海德尔·阿里

衰弱以及英国殖民者对孟加拉的竭泽而渔，海德尔治下的迈索尔逐渐成为了英国人的心腹之患。

克莱武及其后来者在征服的领土大搞粮食投机，令昔日号称"南亚谷仓"的孟加拉饿殍遍野、人口锐减。而上行下效的腐败，更令东印度公司入不敷出，无力维持在孟加拉的统治，更不敢奢谈对外扩张。1767年，英国被迫卷入了盟友海得拉巴王国与迈索尔之间的战争，但令高傲的英国人没有想到的是，战局非但没有出现"王师所向，摧枯拉朽"的局面，海德尔的轻骑兵反倒一度兵临马德拉斯城下。无奈之余，英国人选择了与海德尔议和。这场持续了两年的冲突被称为"第一次迈索尔战争"。

身为乱世枭雄的海德尔自然不会轻信任何许诺，在停战后的十年里他励精图治，引入了法国教官为其打造了一支欧式军队。1780年，迈索尔王国更与法国、荷兰结成同盟，主动挑起了"第二次迈索尔战争"，东印度

提普被迫以自己的儿子作为人质换取和平

公司的海上武装虽然重创迈索尔人舰队，更夺取了荷兰在印度洋的殖民中心——锡兰良港亭可马里，但在地面战中却是屡战屡败。好在此时的海德尔年事已高，"第二次迈索尔战争"尚未结束，他便不得不传位给自己的儿子提普。王位的更迭多少削弱了迈索尔人将战争进行到底的决心，1784年战争再度以双方相互归还所掠土地、释放战俘而告终。

两度令英国人一无所获的迈索尔无疑已经成为了抵抗西方殖民的一面旗帜，南亚次大陆的其他政权如能利用这一难得的契机，整顿自己的内政和军备的话，印度仍有机会改写被征服的命运。但此时海得拉巴王国已经臣服于英国人的羽翼之下，马拉地联盟则一脚踏入了北印度混战的漩涡。在这样的情况之下，迈索尔人在自己的同胞中非但没有盟友，反倒成为了众矢之的。1789年英国新任印度总督——查尔斯·康沃利斯联合海得拉巴和马拉地联盟向迈索尔发动了第三次战争。

与克莱武等东印度公司的雇员相比，康沃利斯是英国陆军的职业军官，他不仅早年参加过"七年战争"，更在北美与华盛顿的大陆军缠斗多年，可谓戎马半生。而前往印度之前，康沃利斯刚刚在约克镇被美法联军缴械，心中的怒火自然可想而知。因此"第三次迈索尔战争"一开打，英国军队就表现得格外咄咄逼人。1790年3月21日，英军攻占重镇班加罗尔，对迈索尔首府塞林加帕塔姆亦展开了全面的围攻。但迈索尔人坚壁清野的战略却令英军进展甚微，其领袖提普从老爸海德尔手中继承下来的火箭部队更令攻城部队损失惨重。迈索尔人所大量装备的铁壳火箭重达5.4公斤，射程超过2公里。尽管康沃利斯最终放弃围城是由于缺乏补给和疫病横行，但英国人还是对

政治漫画：康沃利斯兵败迈索尔

火箭这种全新的武器印象深刻。最终于 1804 年由威廉·康格里夫上校在伍尔韦奇兵工厂仿制成功。为了增强这种武器的杀伤力,英国人在火箭弹头还预留了许多小孔,一旦击中木船或建筑物时,从小孔中喷出的燃烧剂将迅速引起大火。

"第三次迈索尔战争"虽然同样没有打垮这个新兴的南亚政权,但被迫割让一半以上的领土,并支付 300 万英镑的赔款却足以令其伤筋动骨。康沃利斯得意地从提普手中带走这位君王的两个儿子作为人质,并宣称自己的战略"有效地削弱了我们的敌人,却没有使我们的朋友过于强大"。从某种意义上来说,"第三次迈索尔战争"的确重新构筑了印度中南部的势力均衡,但英国人显然忽视了在欧洲大陆,还有一个与印度有着深刻"传统友谊"的法国。

法国大革命之后,巴黎加快了其重返印度的步伐。在远征埃及的前后,拿破仑与提普保持着书信往来。而在海得拉巴王国的宫廷,法国的军事顾问也重新成为了座上客。为了一劳永逸地解决南亚次大陆的纷争,1797 年,时任首相的小皮特派出了莫宁顿伯爵家的两兄弟——理查德和阿瑟,或许朝野上下谁都没有想到这两个爱尔兰人不仅将打开英国独霸南亚的大门,更将在未来成为拿破仑帝国的掘墓人。

两兄弟中的哥哥理查德·韦尔斯利有着英国政客相仿的人生轨迹,伊顿公学毕业后考入牛津大学,获选爱尔兰议员,再走入英国国会的大厅,最终成为枢密顾问官和印度督查委员会委员。但他所深爱的女人却成为了他继续在英国政坛发展的"阿喀琉斯之踵",理查德的妻子布里埃尔·罗兰是一个美丽的爱尔兰女演员,但却由于出生卑微且不会说英语而被英国上流社会所蔑视。或许正是由于这种隔阂和不愉快,让理查德不愿在伦敦常驻,转而谋求在海外的发展。

威灵顿公爵美丽的嫂子

理查德抵达印度之时,他的弟弟阿瑟已经率领英国陆军南安普敦第 33 团在加尔各答盘桓了几个月了。与长兄理查德相比,阿瑟代表了英国贵族世家中大部分幼子的命运。由于排行老四,且似乎没有什么学习天分,阿瑟的母亲认定他"只能去当炮灰,做不了别的事"。于是在法国昂热的军事学院就读了几年之后，18岁的阿瑟便加入了英国陆军，此后转战欧洲各地。自立门户的阿瑟早年混得极不如意，据说由于向自己心目中的"女神"——"富家千金"吉蒂·帕克南求婚未果，阿瑟愤然烧掉了自己钟爱的小提琴，从此悍不畏死，非要"杀"出一个属于自己的未来。

正所谓"上阵亲兄弟"，同样不如意的理查德和阿瑟在印度重逢之后，随即挑起了英国对迈索尔的最后一击。昔日将康沃利斯拒之门外的塞林加帕塔姆城墙，被英军重炮轰开。阿瑟指挥的第33团随即冲入城内展开了巷战。据说迈索尔人最后的领袖提普便死于该团的子弹之下，阿瑟亲自检查了其尸体。由于奋勇先登，且在入城后能够整肃忙于劫掠的部下，阿瑟被委任为英国首任塞林加帕塔姆总督。

成为了封疆大吏的理查德和阿瑟两兄弟并没有就此收手。1800年，理查德主持了对迈索尔王国领土的分割，海得拉巴虽然获得了昔日仇敌东北部的大片领土，但这个王国已经失去了与英国人抗争的勇气，毕竟提普伤痕累累的尸体足以令印度王侯们俯首帖耳。而随着马拉地联盟与英国政府就迈索尔王国残骸的分割产生龃龉，这个南亚次大陆最后的豪强也即将迎来自己的灭顶之灾。

在与迈索尔拉锯的过程中，东印度公司曾与马拉地人有过一次不分胜负的战争，是为"第一次马拉地战争"。在此后的20年里，由于共同的敌人迈索尔的存在，英国和马拉地联盟大体上算是相安无事。失去了自诩为"雅各宾派"的提普，拿破仑转而扶植马拉地人作为自己在南亚的盟友。但是无情的现实很快便令法国的战略规划再度落空。1802年，锡克族领袖兰吉特·辛格将马拉地人赶出了富庶的旁遮普地区，转而向英国输诚。锡克族王国的自立，无疑是马拉地人经营北印度全面破产的一个缩影，此时这个外强中干的联盟已经陷入了连年内讧之中，甚至连元首巴吉·拉奥二世都不得不逃离首都浦那，寻求英国人的庇护。随着对迈索尔战争的结束，腾出手来的英国人随即干涉起了马拉地联盟的内政，1802年12月，理查德派出一支2.4万的英印混编部队护送巴吉·拉奥二世回国复辟，"第二次马拉地战争"正式打响。

应该说，占踞南亚次大陆半壁江山的马拉地联盟依旧有着强大的战争潜力，即便不以正阵之师交锋，仅仅依靠游击战也能令英国人知难而退。但可惜的是，此时的马拉地人已是一盘散沙，面对英国人的入侵，马拉地本土的精锐部队选择向北撤退，而盘踞北印度的远征军则在德里翘首观望。

阿瑟耶战场上的威灵顿

这样的消极应对,显然给了英国人各个击破的良机。1803年9月23日,由阿瑟指挥的6000名英国远征军在印度西北部的阿瑟耶遭遇马拉地军队主力,面对近10倍于自己的对手,阿瑟挥军死战,甚至胯下的战马两度倒毙,但最终英军骑兵冲垮了马拉地人的两翼,阿瑟的苦战为自己日后的名将之路奠定了坚实的基础。

阿瑟击溃马拉地军队主力的同时,英国在印度北部的进军可谓摧枯拉朽。9月16日,日英军攻占莫卧儿帝国的昔日首都——德里,在随后爆发的拉斯瓦斯战役,英军骑兵再度冲垮了马拉地人用铁链锁起的大炮阵地。南亚次大陆最后一个有能力与西方抗衡的政权——马拉地联盟,自此彻底沦为了英国的战俘。不过阿瑟和他的兄长无缘享受这份荣耀,1805年3月理查德印度总督的任期期满,而阿瑟也厌倦了在海外的服役生活,两人先后离开了印度,启程回国。途中阿瑟在南大西洋一座名为圣赫勒拿的火山小岛短暂居住,当时的他或许并没有想到,他所修建的住宅日后将成为欧洲皇帝的牢笼。

尽管理查德两兄弟在印度的成功不免引来英国朝野的嫉恨,毕竟仅阿瑟在战场上所得便积攒了4.2万英镑的巨款。但正所谓"胜利者是无可指责的",理查德兄弟不仅轻松地化解了国会对其在印度时挥霍无度和未经授权便发动战争的指责,更得以加官进爵。功成名就之余,阿瑟还收获了自己的爱情,昔日曾拒绝他的"白富美"——吉蒂·帕克南主动表示"要吃回头草",尽管阿瑟再见吉蒂之时,有些失望地脱口而出"她变丑了",但最终两人还是结为伉俪,并相伴终身。或许每个男人心中都有一个被无限美化的初恋,但最终能够战胜得手后的幻灭,与之相濡以沫却是少数。

威灵顿的妻子

二十三、半岛溃疡——伊比利亚半岛的拉锯和拿破仑帝国的崩塌

新婚后不久的阿瑟便不得不奔跑于欧洲的各条战线之上,他先是在荷兰参与了一次对法军的牵制行动,随后又目睹了哥本哈根的大火。尽管阿瑟此时已是英国陆军少将,但是欧洲大陆一时却还没有他的用武之地。于是他选择解甲归田,成为了爱尔兰的一名地方官员。这段时间可谓阿瑟戎马生涯中少有的闲暇,他的两个儿子先后出生,如果不是1807年12月拿破仑悍然入侵葡萄牙,或许阿瑟将会以一名文职官员的身份了却残生。

与沙皇亚历山大一世化敌为友,令拿破仑进入了他事业的巅峰期,此时的他几乎控制着整个欧洲大陆。奥地利皇帝不过是一个唯唯诺诺的仆从,普鲁士国王和美貌的王后则是他的阶下囚。拿破仑可以任意委派自己的兄弟、战将甚至他的妻子同前夫所生的儿子统治荷兰、德意志邦国及意大利北部。西班牙是他忠实的盟友,丹麦和瑞典则急于归顺。只有桀骜不驯的英国还站在拿破仑帝国的对立面,旁若无人地独自抵御着拿破仑的强大联盟。但偏偏皇帝本人对她无可奈何。英国海军的封锁把法兰西帝国和拿破仑控制的欧洲像死尸一样紧紧地包在又冷又湿的裹尸布里,甚至连与亚洲和北美的联系也被切断了。没有海外贸易对于欧洲而言不仅意味着没有咖啡和糖,更代表着日益贫穷和衰弱。

按照常理,拿破仑解决这一危机的最佳途径是集中全欧之力,打造一支强大的海军。但自负的皇帝却决心以其人之道还治其人之身。从俄国边界沿着北欧和法国西部海岸以及地中海沿岸直到达达尼尔海峡,建立起一道海关的铜墙铁壁,严禁英国货物进入欧洲市场。拿破仑在柏林宣布了这项政策,随后便将目光投向了伊比利亚半岛。在那里,不仅有首鼠两端的西班牙,还有英国的传统盟友葡萄牙,她的首都里斯本正是英国海军的重要补给点和不列颠产品进入欧洲的门户。

西班牙此时的国王查理四世昏庸无能,执掌朝政的首相戈多伊轻信拿破仑所谓占领葡萄牙之后,将塔古斯河以南的全部葡萄牙领土赠予其个人的承诺,公然允许法国军队穿越西班牙国境。1807年12月1日,拿破仑土伦战役时的老战友——法国元帅朱诺率军攻占里斯本,葡萄牙王室随即流亡巴西。

轻而易举地便鲸吞葡萄牙令自负的拿破仑更为狂妄,他写信给自己出掌那不勒斯的兄长——约瑟夫·波拿巴说:"我在马德里周围有八万兵力,

西班牙反法起义

朱诺在葡萄牙还有三万人。尽管如此,我却未从莱茵军团抽调一兵一卒,在波兰和奥德河上我仍握有三十万大军。"言下之意是,拿破仑帝国要随手再扑灭西班牙王国亦非难事。1808年3月9日,进占西班牙各地战略要冲的法国陆军以取道进攻直布罗陀的名义开入马德里市区,不懂得"唇亡齿寒"道理的西班牙人此时才明白自己正遭遇一场欧洲版的"假道灭虢"。愤怒的马德里市民随即以卖国贼的名义逮捕了首相戈多伊,国王查理四世被迫传位给自己的长子。但爱国热情难敌子弹,随着法国军队在马德里大开杀戒,西班牙王国无奈地迎接灭亡的厄运。

拿破仑并非不清楚辽阔的伊比利亚半岛是游击战的乐园,在写给前方将领的信件中他一再指示"部队应保持相对集中,一定要保护好补给纵队"、"不要设置孤立的哨所"。但战线的无限延展还是让这些警告显得苍白无力。而在西班牙国王的人选上,拿破仑也犯了一个殖民的错误,他调走了杀伐决断的职业军官——缪拉元帅,代之以自己律师出身的兄长约瑟夫。约瑟夫怀着不满离开自己那不勒斯的安乐窝,还未抵达马德里,西班牙战场之上便传来"1.9万法国陆军遭遇西班牙军民的围困而不得不投降"的消息。拿破仑只能让约瑟夫暂时驻扎于马德里以北的小城阿兰达,等待自己从驻守德意志的莱茵军团中抽调援兵。

西班牙人的反法大起义,极大地鼓动了英国政府卷入半岛战争的热情。1808年8月1日,阿瑟率领的英国远征军在里斯本以北登陆,并随即挫败了法国陆军的两次反扑。尽管取得了首战的胜利,但阿瑟却清楚地认识到葡萄牙战区的法军虽然身处战略孤岛,但

第一个败于威灵顿的法国元帅——朱诺

却困兽犹斗，仍有相当的战斗力。与之相比，英国远征军兵力有限，葡萄牙民兵则缺乏训练。基于这样的现实，阿瑟最终接受了法军主帅朱诺的和谈请求，并最终签署了和平解决葡萄牙问题的《辛特拉和约》。

可以不经一战便光复葡萄牙全境固然令人欣喜，但阿瑟允许法国军队可以全员保有武器撤离，甚至还能携带战利品的条款就多少让人难以接受了。英国海军还要为此提供船只，便于朱诺不穿越烽火四起的西班牙国土更让伦敦舆论一片鼎沸之声。为了平息众怒，英国政府将阿瑟从前线调回，代之以行伍出身的约翰·摩尔。摩尔没有阿瑟那样的贵族出身，也没有海外殖民地的赫赫军功，在他漫长的军旅生涯中除了兵败北美之外，唯一值得一书的就是在爱尔兰镇压当地民众。但身为将帅，摩尔亦有其过人之处，他在英国陆军之中首创了"训练营"的概念，大批毫无作战经验的新兵在训练营中成为身心完备的战士奔赴海外战场，直至今日，位于温彻斯特的英国陆军训练中心仍被称为"约翰·摩尔军营"。

经过约翰·摩尔的一番整军经武，英国在当地的作战力量迅速增加至3.5万人，加上活跃于西班牙各地的约12.5万人游击武装，英国政府似乎看到了将拿破仑逐出半岛的曙光，于是1808年9月摩尔挥师东进，准备与法国人大干一场，但此时的摩尔并不知道，他所要面对的已经不再是被拿破仑斥责为"邮政检查员"的法军将帅，而是皇帝本人。随着莱茵军团的大举增援，西班牙战场的法军总数也飙升至19.4万人，更为致命的是，摩尔从未与西班牙地方武装建立过有效的联系，西班牙人既不向他提供给养，更不会在军事上主动与他配合。

拿破仑亲临战场，令法国陆军士气如虹。1808年12月4日，法军再度攻占了马德里，随即又切断了英军撤回葡萄牙的退路，摩尔被迫据守比斯开湾的港口城市——科伦纳，准备逃亡海上。在亲自指挥战斗的过程中，约翰·摩尔不幸中弹身亡。随着科伦纳的陷落，英国在伊比利亚半岛的反攻随即陷入了低潮。为了收拾眼前的烂摊子，英国政府也无暇追究阿瑟放走朱诺的旧账了，随后将黑锅扣在当时负责谈判的下级军官的头上。

应该说阿瑟在滞留英国本土期间也没闲着，他起草了一份依托葡萄牙边境山区实施机动防御的计划递交国会。时任英国首相的珀西瓦尔也是爱尔兰人，怀着"老乡见老乡"的心情，珀西瓦尔不仅给予了阿瑟大力的支持，还委任理查德·韦尔斯利为其内阁的外务大臣，致力于勾连西班牙各地的反法义军，曾将南亚次大陆搅得天翻地覆的两兄弟，至此终于再度联手出击。

而欧洲大陆局势的剧变也给了阿瑟巨大的活动空间。在拿破仑亲政西班牙的过程中，不敢失去德意志宗主地位的奥地利秘密备战。尽管拿破仑以"奥地利皇帝若敢轻举妄动，顷刻之间就会丧失帝位"相威胁，但1809年4月奥地利军队还是攻入了巴伐利亚和意大利北部，无奈之下，拿破仑只能星夜兼程地赶回巴黎，尽管痛失先机，但拿破仑麾下将帅高超的战术素养，还是很快挽回了颓势，战争仅进行了一个月，法军便再度攻占维也纳，并在随后展开的多瑙河会战中重创奥地利的陆军主力。

应该说奥地利之所以铤而走险，很大程度上是寄希望于英、俄两大强国的加入。但是沙皇亚历山大一世却始终保持着冷眼旁观的态势，英国海军也直到1809年7月才在安特卫普附近的瓦尔赫伦岛登陆，面对执掌荷兰的拿破仑二弟——路易·波拿巴麾下严阵以待的重兵集团，英军统帅不敢正面攻坚，数万大军猬集于瓦尔赫伦岛上，未经一战便因疫病而损失7千余人，消息传回伦敦，珀西瓦尔内阁备受争议，几近崩溃。好在此时阿瑟在伊比利亚半岛捷报频传，他先是在葡萄牙北部城市波尔图击败了贪财好货的法国元帅苏尔特，随后又挥师进入西班牙境内，在塔垃韦拉又凭借地形之利击败了法国元帅维克托及约瑟夫·波拿巴的联军。借助阿瑟之功稳定了政局的珀西瓦尔大喜过望，随即册封其为威灵顿子爵，此后这个爵位逐渐取代了阿瑟·韦尔斯利的本名。而拿破仑对此则愤怒不已，在自己分身乏术的情况下，不得不再从莱茵军团中抽调三个军交由与自己关系复杂的悍将——安德烈·马塞纳指挥。

客观地说，在半岛战场上为威灵顿所败的法军元帅均非无能之辈，苏尔特以掷弹兵中尉起步，跟随拿破仑东征西讨，可谓军功等身。在"三皇会战"中，正是他指挥的法国陆军第4军抢占普拉岑高地，在反法联军的中心打下一颗钉子，击伤了赶来争夺的俄国名将库图佐夫，才最终令对手土崩瓦解。此战之后，拿破仑也亲口赞许苏尔特为"欧洲最好的战术指挥官"。维克托在土伦战役中便跟随拿破仑，所部向以悍不畏死而著称，号为"无畏军"。而更难能可贵的是，维克多还是一个军政一体的管理者，拿破仑曾委

刚愎自用的苏尔特

任其出任普鲁士和柏林总督，可见对他的信任。但名将往往都难免有各自性格上的弱点，苏尔特贪财好货，自进军西班牙以来，其部所过之处连修道院的墓地都不放过，要全部掘开搜罗珍宝。攻占波尔图之后，苏尔特更在葡萄牙贵族的吹捧之下，妄图自立为王，在强烈的私心作祟之下，拿破仑帝国在伊比利亚半岛虽然精锐云集，但始终无法形成合力，最终为威灵顿各个击破。

塔拉韦拉战役虽然以英军的获胜而告终，但在战场之上，威灵顿与西班牙义军统帅格雷戈里奥闹翻，只能暂时撤回葡萄牙，在里斯本以北大兴土木，修筑了全长48公里的"托里什韦德拉什防线"，坐等法军的反攻。面对威灵顿的坚壁清野，悍将马塞纳也是束手无策，只能在战场上不断实施机动，希望能诱使英军走出要塞展开决战，但威灵顿却始终不为所动。双方从1810年初冬一直相持到次年的春末，补给不畅的马塞纳最终支持不住，率先退兵。威灵顿自然不会放过这一有利的战机。在一番衔尾缠斗之后，1811年5月5日，威灵顿与马塞纳决战于葡西边境的丰特斯—德奥尼奥罗，此役之中，威灵顿对拿破仑惯用的骑兵冲垮对手侧翼再配以步兵纵队发起总攻的战术已是了然于胸，他成功地以步兵横阵阻击了对手的骑兵，随后英国陆军轻便的马拉火炮群以密集的炮火轰击法军步兵。

尽管马塞纳很快便退出了战场，避免了一场大败，但4.5万法军未能一举拿下3.5万英国远征军，且伤亡高于对手，仍令拿破仑对马塞纳彻底失望了。1811年下半年，西班牙战场又迎来了一位拿破仑帝国的名将——曾跟随拿破仑远征埃及的炮兵专家——奥古斯特·马尔蒙。而威灵顿则故伎重施，继续依托"托里什韦德拉什防线"消耗对手的锐气和耐心，1812年7月22日，马尔蒙重蹈自己前任的覆辙，其撤军的过程中遭遇威灵顿的追击，在西班牙历史名城萨拉曼卡，法军兵败如山倒，伤亡超过1.3万人，马尔蒙亦身负重伤。大获全胜的威灵顿随即大举进军，收复了西班牙首都马德里。此后伊比利亚半岛的战局虽然仍有反复，但兵力和物资都逐渐占据优势的威灵顿还是最终于1813年将法军赶过了比利牛斯山脉，战火逐渐蔓延向了法国本土。

威灵顿在西班牙展开一系列防守反击的同时，拿破仑正展开着自己军事生涯中最大规模的一次冒险——远征俄国。此时的拿破仑可以说已经为自己亲手创建的庞大帝国所掣肘。由于东征西伐，奴役异族，劫持教皇，粗暴践踏欧洲各国的利益，他已经由昔日的解放者变成了欧洲最令人痛恨的暴君。而所谓的"大陆封锁"政策，更非但没有逼迫英国屈服，反而令

包括沙俄在内的诸多国家遭受了经济上的损失。在本应进一步与俄国修复关系，集中精力于西班牙战场之际，拿破仑却在东欧大肆扶植并无多少生命力的华沙大公国，打破了沙俄西部边境的政治局势。

由于在战场上击败过俄国军队，因此拿破仑对沙皇亚历山大一世及名将库图佐夫毫无敬畏之情。他错误地认为，只要有足够的军队和物资保障，他可以轻松征服俄国。为了完成这次空前规模的远征，拿破仑首先在外交上试图稳住宿敌奥地利，为了获得弗朗茨二世的信任，拿破仑不惜和自己的发妻约瑟芬离婚，迎娶奥地利公主玛丽·路易丝。客观地说，虽然约瑟芬和拿破仑对感情都并不忠贞，但这个风流的女人却多少有些"帮夫运"，在她的陪伴之下，一度穷的只有"剑与披风"的拿破仑最终成为欧洲的霸主。

1812年初夏，60余万来自欧洲各地的士兵汇聚于俄国边境的维斯杜拉河一线。但这支欧洲历史上空前但不绝后的大军，战斗力却参差不齐。其中至少一半的兵员来自德意志诸邦、意大利和波兰，而为了一举击溃沙俄，拿破仑不得不从西班牙战场撤出了所有堪称"百战精锐"的老近卫军。而沙俄帝国此时可以动员的兵力却似乎少得可怜，在与奥斯曼帝国争夺巴尔干的同时，亚历山大仅有不足20万人马守备着辽阔的国境线，拿破仑一统欧洲大陆的野心似乎伸手便可以实现。

1812年6月24日，随着拿破仑横渡涅曼河，征俄之役正式打响。一个全新的对手随即给了自负的皇帝一个下马威。俄罗斯的夏季远比西欧难熬，热浪和大雨交替冲击着法军人马的健康，士兵的非战斗减员或许对拿破仑影响不大，但是马匹的大量倒毙，却令法军的骑兵几乎无法参战，许多重型装备更不得不沿途抛弃。沙俄主力的一再避战更令拿破仑不得不分兵控制所占领的城市和补给线，到8月时拿破仑一线可用兵力已经锐减到23万。在斯摩棱斯克未能一举围歼俄军之后，拿破仑用于进攻莫斯科的兵力更只剩下12万人，勉强与接掌指挥权的库图佐夫麾下的俄军相当。

1812年9月7日的博罗迪诺之战，法军虽然毙伤对手5万余人，但己方也损失近3万人马。尽管拿破仑终于步入了沙俄的旧都莫斯科，但所部已只剩不足10万，而库图佐夫的援兵正源源不断地从各地赶来。拿破仑试图与亚历山大一世和谈，但派出的信使却石沉大海。随着第一场雪花的飘落，拿破仑狼狈地方在哥萨克骑兵的追击下向西撤退。在暴风雪中艰难跋涉的法国军队，被迫放弃许多伤员，连满载着战利品的运输车辆也都甩掉了。而由于没有在雪原作战的经验，法军骑兵没有在马蹄上加钉防滑钉，以致

拿破仑从莫斯科撤离

战马越过冰冻的江河湖沼时,常常摔断马腿,加上严寒气候下的损失,还未撤至斯摩棱斯克,法军便几乎没有战马可用了。

为了掩护皇帝安全撤退,维克托和内伊拼死断后。拿破仑保住了首级却保全不了自己的部下,抵达别列津纳河之时,法军已经只剩4万兵力。面对11万俄军的围追堵截,法军虽然拼死突围,但可以安全撤过涅曼河的人马已经只有万余。拿破仑无暇整军,便马不停蹄地赶赴巴黎,因为他深知征俄战败将令整个欧洲倒戈在即,与其将希望寄托于收容残兵上,还不如先稳住国内的局面。皇帝此时已是日时无多,不到一个月的时间里,普鲁士华丽地实现了从皇帝盟友到反法先锋的转变,随后俄军占据华沙,冲入拿破仑所组建的莱茵同盟的腹地。

面对法国在德意志联邦宗主权的丧失,拿破仑动员了大批新兵杀了个回马枪,此时俄国、普鲁士、瑞典和英国已经结成了第六次反法同盟。拿破仑在莱茵河沿岸与俄普联军交手的同时,威灵顿已率军转战图卢兹,顾此失彼之下,拿破仑兵败莱比锡。后世兵家评论说:"莱比锡的惨败应由拿破仑本人负责。他出于维持易北河一线以此作为帝国东部边疆的政治需要,固执地无视这一事实,即面对在数量上占优势的联军,要在军事上坚守易北河一线是不可能的。然而拿破仑却让最优秀的军长达武率领三万之众坐守汉堡孤城。在这条线的另一端,他同样让圣西尔和穆顿率三万人闲居在德累斯顿。假如拿破仑能像威灵顿那样选择适当的防御阵地予以机动防御,将上述六万人充分利用起来,并由精明强干的将领指挥,那么他很可能会赢得莱比锡会战的胜利。他把自己推入了绝境。拿破仑的军事天才最终为其政治野心所葬送。"

二十四、三色旗和星条旗的飘扬——拿破仑的短暂复辟和第二次美英战争

尽管莱比锡兵败之后,拿破仑仍竭力收罗一些可用的兵力投入反击,

阻挡反法联军攻入巴黎。拿破仑虽然一度击退了对手的进攻，但此时法军的防线已是千疮百孔。1814年3月30日，普鲁士军队的炮火已经延伸至城内，守备巴黎的马尔蒙元帅被迫向联军投降。拿破仑虽然痛斥马尔蒙忘恩负义，但是显然此时大多人都认定"法兰西只有抛弃她的皇帝才能得救"。无奈接受战败的命运之后，允许保留皇帝头衔的拿破仑被反法同盟安置在了意大利与科西嘉之间的厄尔巴岛上，昔日的欧洲霸者是否甘于成为区区11万人口的蜗角岛主，整个欧洲显然都拭目以待。

1814年4月20日，拿破仑对他的老近卫军发表了一篇感人的告别辞，然后携带一小部分侍从，在奥、英、普、俄特派员的护送下坐车南下，随后他乘坐英国军舰"无畏"号抵达了属于自己的小国。在此后的近一年时间里，拿破仑忙于在岛上修筑道路，奖励农桑，改善环境卫生，振兴凋敝的铁矿业，似乎乐在其中，欧洲各国这才放下悬着的心，开始探讨如何瓜分这位皇帝的政治遗产。

路易十八

欧洲列强在恢复波旁王朝的问题空前一致，毕竟作为路易十六的弟弟，新任法国国王路易十八多年来仰赖于欧洲各国的接济，个性温和谦让，早已养成了随遇而安的性格。由其作为波旁王朝的后裔执掌法国，可谓皆大欢喜。而对战败后法国的处理上，英国力主维持法兰西的领土和主权完整，因为分裂法国将会使奥地利或普鲁士在中欧过于强大，也会在法国人的心中燃起复仇的火焰。因此最终战胜国不仅没有从法国获得赔款，其军队也没有不进驻法国，甚至没要求法国归还它从欧洲其他国家的美术馆里抢走的艺术珍品。路易十八统治的领土比路易十六在位时还要大一些。

在欧洲势力范围的分割上，可谓各取所需。荷兰吞并了信奉天主教的比利时，莱茵河流域被划归给了普鲁士。撒丁国王重新获得皮埃蒙特和萨瓦，并且得到古老的热那亚共和国。在意大利的其他地区，奥地利的权威没有受到任何挑战。伦巴第、威尼托、的里雅斯特和达尔马提亚被置于奥地利的直接统治之下。奥地利大公统治着佛罗伦萨和摩德纳。甚至拿破仑的妻

子玛丽·路易丝也以奥地利王室的身份获得了帕尔马公国的统治权。元气尚未恢复的俄国则满足于吞并波兰的大部分地区。就在欧洲各国代表齐聚维也纳忙于重划疆界之时，谁也没有想到拿破仑正在厄尔巴岛上盘算着他东山再起的计划。

没有了拿破仑的法国，事实上是一个路易十八与昔日法军元帅们共治的政权。马塞纳控制着南部的马赛军区，内伊以第六军区司令官的身份兼任贝萨坎总督，苏尔特更身居陆军大臣的高位，甚至连路易十八的王室卫队也掌握在拿破仑昔日的参谋长贝尔蒂埃的手中。在欧洲大陆之上，拿破仑昔日的将帅们甚至还有人占据着王侯的宝座，缪拉保留了那不勒斯的王冠，而与拿破仑关系复杂的贝尔纳多特则由于最早选择与皇帝决裂，以瑞典国王的身份成为了反法同盟的座上客。

沙皇亚历山大一世在拿破仑战败后，曾建议由贝尔纳多特掌管法国。但相比利用第六次反法同盟吞并丹麦属地挪威的贝尔纳多特来，欧洲各国更欣赏中庸的路易十八。贝尔纳多特表面上以共和制已深入人心来自我解嘲，但内心深处未必不想衣锦还乡。这也就不难解释瑞典在此后欧洲变局中的反应。

重返巴黎的路易十八信誓旦旦表示要实行民主宪政，可是空有其言，未见其行。他撤销老近卫军，重新建立了一支旧贵族警卫军更招来了许多职业军人的不满。面对着凡尔赛宫中骄奢淫逸、浮华成风的生活，拿破仑时代的元帅夫人在这里不免受到冷遇。诸多的怨恨最终令好事者纷纷向远在厄尔巴岛的拿破仑重新伸出了橄榄枝。狡猾的皇帝也在等待时机，他甚至用自己治下那点微薄的收入组建了一支以一艘双桅战舰为主力的海军。正是凭借着这些船只，1815年2月26日，拿破仑利用监视他的英国特派员——尼尔·坎贝尔上校前往意大利休假的时机，扬帆北上，重返法国。

拿破仑在法国南部登陆之时，其所部仅1050人和4门野战炮。盘踞马赛的马塞纳如果有意拦截，那么拿破仑根本走不出登陆场。向路易十八夸口说将用"铁笼子"将拿破仑带回巴黎的内伊，最终竟为昔日的皇帝负弩前驱。不出三个星期，拿破仑便实现了其复辟的梦想，好事者记录了其北上巴黎时首都一份报纸的头版标题："来自科西嘉的怪物在儒安港登陆"、"不可明说的吃人魔王向格腊斯逼近"、"卑鄙无耻的窃国大盗进入格尔勒诺布尔"、"拿破仑·波拿巴占领里昂"、"拿破仑将军接近枫丹白露"、"至高无上的皇帝陛下于今日抵达自己忠实的巴黎"组成了一副世态炎凉的路线图。拿

破仑本人对这段心路历程的描述是:"带着三色旗的雄鹰将从一个钟楼飞到另一个钟楼,一直飞到巴黎圣母院的塔顶之上"。

到达巴黎之后,拿破仑立即抓紧一切时间致力于恢复权势以及赖以安身立命的军事力量。波旁王朝统治的 10 个月里,由

拿破仑重返法国

于经济原因,军队大幅度裁减,大批军官只付给一半薪水,数以千计的军士和士兵复员回乡。路易十八为了收买人心,废除了征兵制。出于同一考虑,拿破仑不敢贸然恢复这一制度。所以他唯一可行的是重新号召业已复员的军士和士兵以及遣返的战俘归队,以补充兵源。正所谓"千军易得,一将难求",尽管法国民众尚有激情,但那种最饱满的士气却已经不复存在,军队和将领们也今非昔比了。侵俄战役和莱比锡战役的惨重失败是无法弥补的。1805 年以来,已经有 184 名法国将军阵亡,活着的将军也只有半数忠于拿破仑,连马尔蒙和维克托等元帅都保护路易十八逃亡比利时。

1915 年 4 月 15 日,拿破仑将一柄元帅手杖授予 48 岁的埃曼努尔·格鲁希。格鲁希虽然也已不再年轻,但比起 57 岁便自称年老体衰退出现役的马塞纳来,堪称年富力强。在战场上,格鲁希是一名优秀的骑兵将领,在远征俄国和莱比锡战役中都表现卓越。在帮助拿破仑复辟的过程中,他更鞍前马后,镇压了大批保皇党人。从这个角度来看,格鲁希的元帅头衔可谓实至名归。但拿破仑并不知道他这位最后晋升的元帅最终将会使他和他的帝国永坠深渊。

常年的征战和波旁王朝的弭兵政策令法国的武器弹药储备几近消耗殆尽。为此,拿破仑于 1915 年 3 月 23 日下令立即生产 15 万支步枪,要求蒂尔和凡尔赛兵工厂的产量在原有基础上再增加两倍。他甚至授权立即"向英国或瑞士"购买 20 万支步枪。4 月 30 日,拿破仑又组建四个新军团,其中北方军团为主力军团,将由拿破仑亲自指挥,它由四个军和三个骑兵师组成。5 月 1 日,达武奉命在巴黎周围修建一条要塞防御带,这是拿破仑的欺敌计划的一部分,意在给世界各国以这样的印象:他的意图只在防御。

然而拿破仑真正的战略计划却是尽早发动攻势。事实上他只能这样做。

一接到拿破仑在法国登陆的消息，在维也纳的同盟国的政治家们也立即采取行动。3月13日，反法同盟即停止了相互之间有关领土问题的内部争吵，发表了一项联合宣言：宣布被放逐的拿破仑为"世界和平的扰乱者"而不受法律保护。奥、英、普、俄四大盟国同意各自出兵15万参战，粉碎这个篡位者。4月4日，威灵顿从维也纳到达布鲁塞尔，受命指挥英荷联军。

威灵顿此时虽然已经晋封为公爵，但是他所接手的军队却远不如其在伊比利亚半岛时的部属。因为1812年英国在与拿破仑缠斗的同时，在北美还进行着另一场战争。欧洲战争令大西洋海域卷入了一场禁运、封锁和劫夺海员的风暴。英国政府鉴于拿破仑在柏林宣布由大陆对英国实行封锁一事，于1806年，在咨询枢密院以后未经国会批准便发表了一系列敕令，对中立国同法国及其盟国的贸易进行严格限制。作为法国的主要贸易伙伴，美国在这场贸易战中可谓损失惨重。1809年上任的美国总统詹姆斯·麦迪逊是一位气冲牛斗的农场主，在他看来，美国不仅应该通过战争来逼迫英国解除对己方的禁运，更应从加拿大和英国所支持的西部印第安人手中夺取那渴望已久的土地。

1812年6月18日，就在拿破仑发动对俄国的远征后不久，美国国会向英国宣战。仅从战斗潜力上来看，美国的确占据优势和主动。如果将奴隶计算在内，美国有750万人口，而英属加拿大只有50万人，而且其中大部分是法国人。但美国所拥有的常备军不到7000，从各州调集了40万民兵在远征中根本不堪一击。与之相比，英国在加拿大驻扎有5000名训练有素的正规军，4000名加拿大地方部队和4000名民兵。另外亲英的印第安人也能够提供三四千辅助部队。因此战端一开，英国陆军便轻松占据了上风。不过由于英国海军的主力长期都忙于封锁欧洲大陆，因此双方沿着五大湖水域一直对峙到1814年。

随着拿破仑的倒台，英军大举增兵北美。1814年8月24日，由切萨皮克湾登陆的英国陆军攻占华盛顿。为了报复此前美军在加拿大的烧杀掠夺，英国军官们在白宫享受了

英军火烧白宫

为麦迪逊总统及其家人准备的饭菜后，将白宫和美国国会付之一炬。不过在英国军队看来占领华盛顿在军事上实在没有太多的价值，因此映衬着白宫的火光，英国远征军重新回到了船上，南下攻略巴尔的摩和新奥尔良，不过这两次登陆战均已失败而告终。在巴尔的摩，目睹了美国国旗在英国舰炮的猛烈轰击下仍高高飘扬的律师——弗朗西斯·斯科特·基，写下了未来美国国歌的歌词《星条旗》。而在新奥尔良，田纳西州的早期拓荒者——安德鲁·杰克逊指挥民兵重创了英军。

新奥尔良战役不仅为杰克逊开辟了未来通往总统宝座的光辉前程，更使美国人误认为自己赢得了这场战争的彻底胜利，他们甚至认定这场战争不是利令智昏的麦迪逊所发动的，而是反抗英国专制的第二次美国独立战争。这场战争同时是加拿大历史上的一个转折点。加拿大人为自己在保卫家园的战斗中作出的贡献感

英军炮击巴尔的摩

到自豪，其爱国热情日益高涨。可以说今日的加拿大虽然依旧是英联邦的成员，但其精神却早已在1812年的战争中获得了独立。

二十五、决战滑铁卢——拿破仑的最终战败和英国的全面崛起

劳师远征和最终的无功而返，令许多参与第二次美英战争的英国老兵兴味索然，当停战的消息传来时，他们中有人写道："我们这些来自伊比利亚半岛的士兵都很高兴，因为在我们看来，和美国民兵作战是无法赢得名望和其他军事荣誉的。"而在自己的老部下仍在等待回国之时，威灵顿已经不得不在比利时做好独自迎战拿破仑的准备，英国政府煞费苦心地到处搜罗，也只能为他提供6个团的骑兵和25个营的步兵。比兵力匮乏更可怕的是，根据1814年的《巴黎和约》，英国政府已经下令遣散所有的炮手和瞄准手，因此威灵顿的炮兵可谓弱到了极点。

当然，和在伊比利亚半岛作战时一样，威灵顿可以得到盟军的支援，英国国王乔治三世虽然已经由于精神疾病而无法执政，但毕竟还头顶着汉

老当益壮的布吕歇尔

诺威的王冠,在荷兰境内威灵顿又会合了德意志诸邦和尼德兰的军队,最终威灵顿勉强凑齐了近十万的人马。虽然他像往常那样爱发牢骚,抱怨这些未试锋芒的部队战斗力太差,但与此同时他竭尽全力训练并改造这支部队。因为在奥地利和俄罗斯远征军抵达战场之前,他唯一可以信赖的只有自己以及来自普鲁士的名将——布吕歇尔元帅。

曾在"七年战争"以瑞典轻骑兵身份被普鲁士军队俘获的布吕歇尔,此时手中所掌握的部队并不比威灵顿精锐多。其麾下的31个步兵团中仅有7个组建于1815年之前,他们拥有稳定的人员数量和正规制服。另外10个团是预备役团,最近刚进入一线步兵团之列,但装束仍然十分不同:一些人穿着英国捐的旧制服,其他人则穿着在早年战争中缴获的法国制服。两个人原先属于伯格大公国的步兵团刚被并入普军,他们穿着以法国方式剪裁的白色制服。另外两个来自1812年由俄国组建的俄德军团的团则仍然穿着暗绿色的俄国制服。最后通过合并自由军团的老兵,组成了三个团,其他部队则来自拿破仑建立的威斯特伐利亚王国。

当然,普鲁士在比利时还有18个团的步兵和17个团的骑兵。不过这支部队并非正规军,而是"自带干粮"的民兵,也难怪后世有人评价说:"普鲁士王国于1815年派上战场的军事力量,就人员素质、装备和组织的凝聚力而言,可能是普鲁士在拿破仑战争中最差的一支。"不过威灵顿和他的参谋人员还是计划大举进攻法国,先发制人以打乱拿破仑的节奏。就在威灵顿计划以布鲁塞尔为基地,在莫伯日和博芒特之间展开他的右翼,在普鲁士人掩护其左翼的情况发动进攻之时,拿破仑的大军已经悄然渡过了桑布尔河,并成功击败了普军的先头部队。

尽管拿破仑发动的奇袭被自己拥塞不堪的部队拖了后腿,但布吕歇尔和威灵顿之间糟糕的情报互动仍为皇帝留下了将其各个击破的良机,可是在孰先孰后的问题上,拿破仑犯下了一个致命的错误。在拿破仑看来直捣布鲁塞尔固然是充满诱惑的一个选项,在滑铁卢到沙勒罗瓦的大道上没有

英国军队,只有荷兰人和比利时人组成的一个师防守着。但是皇帝却天真地认定只要打垮了普鲁士军队,威灵顿必然会撤往西北边的海岸。正是憧憬着溃乱的英军在佛兰德港口等船回国的惨状,拿破仑决定先拿布吕歇尔开刀。

1815年6月16日,在委任内伊指挥法军左翼监视威灵顿的同时,拿破仑亲率近4万人马主攻普军所控制的小村林尼。普鲁士军队的战斗力虽然无法与法军比肩,但胜在兵力雄厚。在意识到正面的普鲁士军队重兵猬集之时,拿破仑意外地忘记了他还有一个军的预备队,竟然舍近求远地要求内伊率军向自己靠拢。此时在通往布鲁塞尔的大路之上,内伊一度占据着对威灵顿的兵力优势,在对手的增援部队陆续抵达之前,内伊所部骑兵始终保持着对英军的压制

战场上疲于奔命的法军

状态。面对拿破仑所下达的命令,内伊又急又恼,只能要求原本应支援自己的第一军向拿破仑靠拢。

此时战场的法国第一军拥有4个步兵师和1个骑兵师,总兵力超过2万。如果其能够顺利的抵达内伊或拿破仑所在战线的任意一方,都足以击垮正面的威灵顿或布吕歇尔。但这支生力军的指挥官戴尔隆却是一个不折不扣的庸才,他被内伊和拿破仑所发出的各种命令搞得晕头转向,第一军在两条战线之间来回运动,白白浪费了整个下午的时间。拿破仑虽然最终击败了正面的普鲁士军队,但却未能给予其致命的打击,内伊更是被威灵顿赶出了战场。

虽然对战局并不满意,但拿破仑还是一边训斥内伊"零敲碎打,逐次用兵",一边分兵攻击英、普两军。新科元帅格鲁希奉命指挥3个精锐的骑兵军,会同第3、第4军及从第6军中抽调出的1个师追击普鲁士军队。而皇帝本人则与内伊会师,全力进攻据守布鲁塞尔的威灵顿。自知不是拿破仑对手的威灵顿主动后撤,据守布鲁塞尔的门户——滑铁卢。一场瓢泼大雨和英国皇家骑兵的机动炮连成功阻滞了法国军队追击的速度。

拿破仑在距威灵顿的前沿约两英里的勒凯卢农庄过夜,此时从格鲁希

方面传来的情报是普鲁士军队已经兵分两路，布吕歇尔在率部撤往列日的同时，可能会派出一部支援滑铁卢的英军。拿破仑轻信了这一情报，没有要求格鲁希尽快回师与自己会合，反而要求他进一步追亡逐北："派若干轻骑分队，捕获其掉队的士兵。"显然拿破仑并不知道，普鲁士军队仅用不足2万残军牵制格鲁希所部，布吕歇尔不顾心腹爱将格奈瑟瑙的劝阻，以负伤之躯驱策部队向滑铁卢急行军。

6月18日上午，拿破仑与苏尔特视察了即将沦为修罗场的滑铁卢，那是一片约5公里纵深的平原地带。尽管威灵顿巧妙地利用低缓的山脊和散布其间的农庄、别墅构筑了防线，不过皇帝本人却还是信心满满地宣称："我们获胜的机会至少是百分之九十，而失败的可能性不到百分之十。"不过此时法军将帅中不乏苏尔特、戴尔隆这些威灵顿的手下败将，普通士兵则在昨夜的大雨之后还粒米未进，因此拿破仑的豪言壮语并不能激励多少士气。

拿破仑的信心是建立在强大的物质优势之上的，7.2万法军不仅在兵力压倒了威灵顿麾下拼凑而成的6.8万多国部队。法军3个12磅重炮连在威力上和射程上也远胜了威灵顿手中轻便的9磅炮和6磅炮。更为关键的是，由于担心拿破仑指挥机动力较强的格鲁希所部包抄自己的右翼，威灵顿不得不分出1.7万部队据守滑铁卢以南的一个预备阵地。如此一来，滑铁卢正面的英军兵力仅为对手的三分之二，拿破仑的确可谓胜券在握。

一向轻视英军及其指挥官的拿破仑过于自负了，他深信只需用他宠爱之至的12磅炮进行一轮火力准备，随后便能轻松地以楔形纵队突破威灵顿的防线。在俯瞰整个战场的罗索姆农庄，拿破仑目送着内伊指挥英勇的法国步兵冲向敌人，幻想着自己随后就可以在近卫军的拥簇下悠哉游哉地前行，进驻布鲁塞尔。老近卫军的背包里甚至早已装好了届时举行阅兵式的礼服。

在拿破仑麾下的将师中，内伊作战勇敢可谓无与匹敌，但他刚愎自用，反复无常，缺少战术意识。由于他在战场上的失误，曾给拿破仑的历次会战都造成不幸的后果。在盲目的勇敢精神的支配下，内伊的部队在进攻中便伤亡惨重，不得不败下阵来。而就在此时，拿破仑的参谋观察到远处东面森林的地平线上有一支纵队在逐渐靠近。最初他们还以为是格鲁希赶来支援。但仅仅半小时后，这个主观愿望就破灭了。一支法军骑兵巡逻队在弗里西蒙那边捕获了普鲁士先头部队的一名军官，这个军官携有布吕歇尔

致威灵顿的一封信,信中称布吕歇尔正在前往与威灵顿会合的途中。

故作镇静的拿破仑不得不让苏尔特修书向格鲁希求援,但在"远水难解近渴"的情况下,拿破仑仍不得不从自己的预备队拼凑出一个军前

滑铁卢战场的步骑混战

往阻击普鲁士人。与此同时,法国骑兵也在内伊的指挥下突破了英军的战线,夺取了若干炮兵阵地。无奈之下,威灵顿只能选择将步兵后撤,此时双方的战线完全交织在了一起,胜败的决断完全依赖于马刀和枪刺。

滑铁卢战役的英军亲历者这样描述这场步骑大战:"下午4点左右,法军炮击停止,我们目睹了法军骑兵的大集团进攻。如此雄壮的场面让人终生难忘。法军长长的马队如同大海的波浪一般压了上来,他们不断前进,阳光照射在骑兵胸前的铠甲上反射出耀眼的光芒。随着他们的接近,能够听到如同雷鸣般的马蹄声,地面都为之颤动。似乎谁也抵挡不了这样的冲击。他们是赫赫有名的胸甲骑兵,由经历过欧洲各次大战的老兵组成。眨眼骑兵就冲到离我们只有20英尺的地方,高呼着'皇帝陛下万岁'。我们的军官下达了'瞄准骑兵'的命令,站在最前面的士兵蹲下,用刺刀组成钢铁似的墙壁,我军团结在一起面对着胸甲骑兵发狂的进攻。"

而此时已经抵达战场的普鲁士军队却处于强势观望的态度,老谋深算的格奈瑟瑙担心英军可能被击溃,因此始终没有指挥普鲁士军队投入战斗。威灵顿只能依靠步兵排成20个方阵抵御法军骑兵反复冲击。方阵对炮击和步兵的攻击很脆弱,然而对骑兵的冲击却相当有效。战马畏惧步兵的刺刀无法从侧面靠近方阵。

内伊连续发动了9次突击,英军有个方阵遭受到23次攻击,但却连一个英军的方阵未能突破,法军骑兵反复冲杀只是徒劳地消耗自身的实力。由于当时的指挥官习惯在第一线勇敢冲锋,所以法军骑兵4个师长全部负伤,旅长1人阵亡,9人负伤。士兵的伤亡更加不计其数。此时内伊才如梦初醒,从第2军抽调了第5师和第9师的一个团共6500名步兵前来助战,加上骑兵中残余部队卷土重来。此时英军的防线也岌岌可危,1个汉诺威骑兵团甚至临阵脱逃,在逃往布鲁塞尔的路上到处散布英军溃败的假消息。因此

所谓罗斯柴尔德家族伪造滑铁卢战报,操纵伦敦股市的说法未必就是有意为之。

战局似乎朝着有利于法军的方向发展,只要再继续攻击英军就会全线崩溃,然而内伊手上也没有多余的兵力了。内伊向拿破仑请求增派更多的后备兵力,此时法军已经和普军的先头部队接火,拿破仑对内伊派来的通讯兵喊:"让我再调更多的兵力!?我从哪里去调?他以为我会生出来吗?"其实这时拿破仑还有15个团的皇帝近卫军,而他却错过了这次最后的良机。威灵顿重整兵力填补战线上的漏洞,他不断激励自己的士兵们"一定要战斗到最后的一兵一卒也绝不后退,挺过现在最艰难的时刻就一定可以获救"。

下午7时,会战的高潮到来。普军在普朗努瓦集结了兵力,并威胁着拿破仑的退却线。拿破仑手中现在唯一的预备队是老近卫军。他派其中2个营去驱逐普朗努瓦的普军,而把8个营交给内伊作最后挣扎,以突破威灵顿的防线。但内伊不去扩大战场上已有的突破口,而是将其编为2支密集纵队攻击英军近卫步兵据守的防区。尽管在法军炮火袭击下,英军步兵伤亡惨重,但他们依旧岿然屹立。法军近卫军顿时溃不成军,落荒而逃。至此拿破仑手里最后的一点预备队也打光了。

近卫军从前线溃退的消息传来,法军陷入混乱,一片"近卫军撤退啦。救命啊!"之声。而此时,威灵顿骑着爱马哥本哈根挥舞着自己的军帽命令英军全线发起反攻"孩子们,放手大干吧!"相对完好的英军骑兵冲下山坡,挥刀猛杀,打乱了法军的队伍。内伊怒不可遏,他提着一把砍断的军刀,摇摇晃晃地赶到一群群乱兵前面,声嘶力竭地向他们喊叫,可是毫无效果。由于普鲁士军队已经从侧翼发起了进攻,在丢弃了大量的大炮及其他装备之后,拿破仑狼狈地撤出了战场。

当晚9点,布吕歇尔和威灵顿在拿破仑曾经的大本营中相见,不过来自德意志的陆军元帅连一句英语也不会讲,先用德语说:"亲爱的战友,"然后勉强用法语说,"了不起呀!"但世人并不如布吕歇尔那般敬佩这位传奇名将,怀着对拿破仑的同情,好事者对威灵顿的战绩百般诋毁,甚至连他在半岛战场的胜利也被描述为:"也许历史上没有一位将领在伊比利亚半岛上的日子像威灵顿一样那么容易。在内陆战线活动,在每位农民和教士都是一个同盟者,一个情报来源,拥有来自英格兰源源不断的补给和对海洋的完全掌控,威灵顿公爵将战事完全掌握,但仍然花了6年从里斯本进军到比利牛斯山。"或许滑铁卢战役赢得并不漂亮,但它最终结束了

拿破仑与欧洲近20年的纠缠。至今仍戴在英国第1近卫旅第1近卫步兵团士兵头上的熊皮高帽便是对威灵顿最好的褒奖。

格鲁希虽然没有能在关键时刻赶到滑铁卢,但他从比利时的撤退仍是十分出色的。他的33000军队保持完整。

要求部下转入反击的威灵顿

拿破仑起初并不承认其失败的事实,而企图用该部做为核心再组军队,以重新开战。但法国国会却表示出了强硬反对的意见。尽管格鲁希部队及新召集的部队成功地迟滞了联军的进军,期待能为皇帝赢得时间,但最终拿破仑还是于6月24日在国内的压力下宣布第二次退位。从3月20日逃出厄尔巴岛到黯然落幕,拿破仑的二次复辟仅持续了101天,史称"百日王朝"。

7月6日,布吕歇尔和威灵顿进入巴黎。威灵顿公爵的首要任务之一,是阻止普鲁士人出于仇恨采取报复行动。听说布吕歇尔建议炸毁塞纳河上的耶拿桥,因为该桥是根据普鲁士在耶拿的惨败命名的,威灵顿立刻布置岗哨保卫该桥。而盟军进入巴黎两天之后,路易十八也回来了。他的第二次复辟主要是威灵顿一手促成的。威灵顿对波旁王族并无好感,可是他认为,法国在他们摇摇欲坠的统治下再也无力扰乱欧洲的和平。路易十八决不是伟大的君主,也永远不会向往成为伟大的君主。

拿破仑在退位后一度幻想着前往美洲东山再起,为此他随身携带着一些关于美洲的游记。但面对英国海军封锁着整个法国沿海的现实,落魄的皇帝不得不向英国求降。起初拿破仑希望他能够在英格兰的某个乡间别墅或者苏格兰的某座城堡里过软禁生活,为此拿破仑特意向时任英国摄政王的乔治四世写了一封动听的信,称他为"我的敌人中最强大、最顽强和最宽容者"。乔治四世是个沉迷酒色的花花公子,被英国贵族调侃为"欧洲最佳的喜剧演员",他坦然地接受了拿破仑的恭维,然后代表欧洲宣布将拿破仑流放到大西洋上的圣赫勒拿岛。

7月26日,下台的皇帝乘船驶向南大西洋,驶向他要度过晚年的地方。他从来不理解为何会在滑铁卢战败,似乎人人都有过错,只有他一个人正确。他将和自己的随从度过六年的流亡生活。这些随从创造了拿破仑不可

战胜的神话，但在法国，本土保皇党还是毫不留情地清算了拿破仑的部下。12月内伊元帅被处决，参谋长苏尔特元帅和战争大臣达武元帅等30多名军人入狱或流放，格鲁希逃往美国，晚年才在法国政府的大赦下返回故土。

1821年5月5日，拿破仑在流放地死于胃癌，他的离去标志着一个时代的结束。拿破仑的企望太高了，以致弄得身心交瘁。如果说他的部下对他效命不力，那么应该受到责备的是他自己。他对自己的能力过于自负，面对别人又过于轻视。在他流星般的生涯中，其军事天才灿烂夺目，无与伦比，其传奇的灵光至今仍熠熠生辉。他昔日部下中唯一仍头戴王冠的贝尔纳多特不无感慨地写到：拿破仑并不是被世人征服的。他比我们所有人都伟大。

走向末路的拿破仑

但上帝之所以惩罚他是因为他只相信自己的才智，把他那部庞大的战争机器用到了山穷水尽的地步。然而凡事物极必反，古今概莫能外。

第六章 新的对手

二十六、光荣孤立——希腊独立战争与英俄争霸的开端

长达20年的拿破仑战争对英国而言无疑是一场辉煌的完胜，在伦敦市民的眼中，当整个欧洲雌伏于红白蓝三色旗的淫威之下时，是不列颠凭借着其海上力量、商业资本和顽强意志拯救其于铁蹄之下。那么在未来欧洲的政治版图上，英国自然应该发挥舵手乃至主宰的作用。但无情的现状却并非如人们想象的那么乐观。为了豢养海、陆军这两头巨大的吞金兽，英国政府同样支出了高昂的军费，更为惨重的损失来自于拿破仑封锁欧洲时期的贸易战，由于进出口额的锐减，英国本土工业凋敝，制造业发达的北方和中部地区尤为明显。失业的工人打着反对机械化生产的"卢德派"之名在各地打砸工厂，英国陆军被迫开入工厂区以维持治安。

低廉的工资和居高不下的失业率在英国本土引发了广泛的骚动。如果再遇上荒年歉收，物价普遍上涨，人民无法承受那扶摇直上的粮价，骚动便随时可能升级为暴乱。不过在拿破仑入侵的威胁面前，伦敦当局只要绞死几个人，将敢于闹事者流放到殖民地去便能平息事态，毕竟此时英国民众更愿意将自己生活的困难归咎于自然和外部世界的敌对。但随着滑铁卢战役的硝烟散尽，战时状态已经难以再压制英国社会普遍的不满。在这样的背景之下，英国本土大批极端主义政治团体如雨后春笋般涌现。为乔治三世父子所信任的托利党人对其毫无办法，只是颁布了一道所谓的《济贫法》便自认天下太平了。

战争的结束本应意味着和平红利的到来，英国中产阶级早已对小皮特

为了筹措军费而实行的 10% 以上的所得税制度深恶痛绝，饱受粮价困扰的普通市民则更渴望来自法国的进口小麦。但是执政托利党人大多数来自拥有大片良田的地主阶层，巨额的国债也令英国政府不愿轻易放弃每年高达 1500 万英镑的所得税收入。这样的经济环境之下，管理英国经济事务的财政大臣尼古拉斯·范西塔特自然承受着巨大的压力。作为托利党人，范西塔特自然不敢得罪自己的利益集团，于是由其在 1815 年颁布的《谷物法》规定，如果国内每夸脱小麦价格不超过 80 先令，则不许进口外国小麦。面包价格上涨，令工厂主被迫向嗷嗷待哺的工人们增加工资。为了安抚这些资产阶级的情绪，范西塔特政策性地取消了所得税，但此举却令债台高筑的英国政府赤字飙升，经济更趋萧条。

英国国内的不稳定因素很快便束缚了其在外交上的手脚。在被拿破仑复辟所一度打断的维也纳会议，可谓是西方世界最早的"联合国"雏形，除了同样由英、俄、奥、普、法五强主导之外，维也纳会议的大部分时间更像是一场欧洲王室的豪华大派对，以至于主持会议的奥地利亲王梅特涅自嘲说："开会不决议，开会只跳舞。"但表面的一团和气之下，欧洲各国却各有盘算，不惜屈尊降贵、亲自到场的沙皇亚历山大一世，迫切希望将吞并波兰，并将俄罗斯的势力扩展到欧洲西部。奥地利和普鲁士在努力阻止俄国西进的同时，也在暗中争夺德意志诸邦的宗主权。本应作为战败国任人宰割的法国，也希望凭借职业外交官塔列朗的长袖善舞，重回欧洲大国的行列。

塔列朗以外交大臣的身份历经了法兰西共和国、拿破仑帝国和复辟后的波旁王朝，自然是八面玲珑的国际"老油条"。他启程前往维也纳之前，首先着手制定会谈方案，并找来了自己年轻貌美且对自己丈夫不满的侄媳多萝赛，充当自己主持大小聚会的贤内助。果然塔列朗的巧舌如簧配合上多萝赛的风流多情，法国代表团在维也纳非但没有成为过街老鼠，反倒是如鱼得水。这一颇为滑稽的局面背后究竟是如何的藏污纳垢，世人或许永远没有

堪称联合国雏形的"维也纳会议"

答案。但有一点却是可以肯定的，代表伦敦的英国外交大臣卡斯尔雷在维也纳对法国的扶持，更多的是出于英国欧洲均势的考量。

滑铁卢战役之后的欧洲，普鲁士已经再次从拿破仑压迫之下崛起，成为了莱茵河流域的主宰。奥地利在意大利北部和多瑙河两岸重建了自己的势力范围。一度重获自由的波兰再度雌伏于沙俄大军的铁蹄之下，亚历山大一世甚至狂妄地宣称："我有20万军队在波兰，谁来试试把我赶走吧！"与上述三大陆军强国相比，英国在欧洲大陆仅有区区的3万人马。显然要维持欧洲的和平，一个富庶而强大的法国将是无可替代的基石。

1815年11月20日，路易十八代表法国在《巴黎和约》上签字。由法国大革命所引发的腥风血雨至此算是画上了一个句号。但是外交战场上无形的较量却始终在延续着，打着主权平等的幌子，英国希望通过建立一个长效性的国际会议机制来解决欧洲的各种分歧。仅从形式上来说，英国的建议的确得到了尊重，在此后的10年时间里欧洲列强们的确五度聚首，但是会议的质量却是每况愈下。舞会和沙龙倒是一次都不能少。与英国提倡的"集体协调"制度相比，沙皇亚历山大一世的招数更为传统和直接，利用盘桓于维也纳的机会，这位沙俄雄主暗中串联了奥地利和普鲁士两国，执意打造一个肆意欺凌弱小的军事同盟。为了彰显自身代表正义性，这个完全秉承弱肉强食原则的组织打造了一个"君权神授"的金字招牌。

俄、奥、普三家联合坐庄的"神圣同盟"，在成立之初可谓风生水起，包括路易十八在内的欧洲各国君主无不表达出希望加入的殷切之意。唯有以摄政王名义执掌英国的乔治四世，对手持牛耳的沙皇亚历山大心怀怨愤。英国政府虽然在外交上对"神圣同盟"表示了支持和欢迎，但暗中在"羡慕嫉妒恨"的心理下，暗讽"神圣同盟"诸国专制、保守，远不如英国国会政治的开明、民主。但令乔治四世君臣没有想到的是，最先撕破欧洲这一团和气的恰恰是英国本身。

1819年8月16日，一个名为"曼彻斯特爱国联盟"的组织在圣彼得广场聚集。这个来势汹汹的民间团体以诗人亨利·亨特为精神领袖，召集数万对现状不满的民众要求改革英国国会的选举制度、废除《谷物法》和《禁止工人结社法》。亨利·亨特并不是一个多产的作家，他在英国文坛的地位来自于好友雪莱和济慈，但是文采有限的他却热衷政治，最终在1812年因为在自己编辑的刊物上嘲讽乔治四世而锒铛入狱。出狱四年的亨利·亨特出现在圣彼得广场之后，曼切斯特的地方长官顿时大感紧张，为了防止

这个口无遮拦的文痞再发不敬之声,大批骑兵奉命驱散人群,以掩护执法人员逮捕亨利·亨特及其主要支持者。

应该说曼彻斯特地方官员的做法完全依照了当时英国所颁布的《防暴法案》,但是在驱散人群的过程中有15人死于人踩马踏,"曼彻斯特爱国联盟"乘势鼓噪,称这一惨剧为"彼得卢战役",俨然将自己比作了在滑铁卢对抗法国骠骑的英国步兵。而英国政府更是将亨利·亨特以"谋叛罪"送回了监狱,并大张旗鼓地颁布了禁止集会、游行、限制出版的"六条禁令"。

彼得卢广场惨案

一时间英国国内的政治空前高度紧张,英国警方甚至破获了一个密谋刺杀所有内阁成员并夺取英格兰银行的暴动阴谋。

英国国内的局势虽然略显动荡,但相较于整个欧洲乃至西方世界而言却堪称一方净土。由于母国被拿破仑攻占,西班牙和葡萄牙两国孤悬南美的一干殖民地自1808年开始便躁动不安,北起墨西哥、南至阿根廷,羽翼丰满的种植园主和富有政治野心的宗教人士纷纷揭竿而起。不甘失去海外殖民版图的西班牙国王斐迪南七世,重新君临马德里之后便首先向"神圣同盟"求援。以"神圣同盟"所拥有的强大力量,要扑灭玻利瓦尔等一干南美起义军并非难事,但是要越过辽阔的大西洋,"神圣同盟"必须先征得英国的首肯和支持。

可惜的是,英国人根本不关心西班牙在南美洲统治的延续问题,在伦敦方面的眼中,安第斯山脉周边所诞生一干共和国虽不稳定,却是独立的贸易伙伴。自1814年以来,英国在当地的贸易额陡增了两倍便是最好的证明。因此在1818年的亚琛会议上,英国代表不仅明确拒绝沙皇亚历山大一世联合出兵南美的计划,更提出英国海军为骨干组建欧洲联合海军的反建议。在英俄各持立场的情况下,维也纳会议以来的欧洲首次集体协商不欢而散。与此同时,一度兵败流亡牙买加的玻利瓦尔在委内瑞拉东山再起,另一南美起义军领袖圣马丁也率军翻越安第斯山脉,在智利颠覆了西班牙的统治。

南美战场的不断丧师失地，令西班牙国内的政局也随之动荡。1820 年 1 月，曾与威灵顿并肩将拿破仑帝国军赶走的西班牙各路"草头王"，聚集于加的斯举起叛旗，随即攻陷马德里，逼迫下山摘桃的国王斐迪南七世恢复拿破仑占领时期所颁布的《1812 年宪法》。身材矮小臃肿的斐迪南七世向来没有"天子死社稷"的勇气，他一边与各路叛军虚与委蛇，一边再度向"神圣同盟"告急。眼前西班牙立宪革命的烽火大有蔓延到意大利北部和德意志地区之势，俄、普、奥三国一致力主出兵镇压，英国起初担心传统盟友葡萄牙会为这场浩劫所卷，但是眼见巴西在独立后拥戴葡萄牙亲王佩雷罗为帝，便随即跳转到"神圣同盟"的对立面之上，最终在 1820 年特拉波会议之上，英国再度重申任何国家无权干预他国内政。维也纳会议以来的貌合神离至此算是彻底走向了决裂。

1821 年召开的莱柏克会议之上，英国政府仅派一名观察员出席。而伦敦方面之所以没有完全退出，很大程度上还是由于该年 3 月由沙俄支持的希腊民族主义团体"友谊社"在当地点燃了独立运动的烽火。奥斯曼土耳其鲸吞整

南美洲的独立热潮掀起了欧洲动荡的序幕

个巴尔干半岛已有近 400 年的历史，虽然谈不上长治久安，但却也成功地将其建设成深入欧洲的军营和桥头堡。为了拔出这个异教势力的钉子，欧洲各国可谓前赴后继。最终自诩为东罗马帝国后裔的沙俄帝国通过延续两个世纪的俄土战争将奥斯曼苏丹的势力范围压缩到了普鲁特河以南。

尽管经历了拿破仑入侵之后的沙俄帝国元气未复，但是煽动南斯拉夫兄弟在巴尔干的独立热情，却是沙皇亚历山大一世乐见其成的。1815 年塞尔维亚人发动起义。虽然由于南斯拉夫人固有的内部矛盾，这次起义最终为土耳其军队所镇压，但是塞尔维亚却最终以土耳其卫星国的身份获得了独立。邻近的希腊人眼见于此，自然备受鼓舞。短短一年的时间里，大半个希腊成为了阳光明媚的"解放区"。而在希腊东正教徒和穆斯林报复性的相互屠杀背后，是来自俄罗斯源源不断的军火供应。

眼见土耳其在希腊的统治已经摇摇欲坠，由沙俄帝国牵头，1822 年欧

洲五大列强在维罗纳召开了最后一次协调会议。英国政府虽然高调派出了威灵顿公爵作为代表,但立场却依旧是不主张以武力干涉他国内政。而奥地利由于担心希腊独立会引发其统治下的各民族骚动,也反对沙俄直接出兵希腊。最终维罗纳会议虽然通过决议,由法国出兵西班牙帮助斐迪南七世夺回权力,但会后英国政府却彻底中断了与"神圣同盟"的交涉,时任英国外相的乔治·坎宁称自己的这一政策为"光荣孤立"。

英国自诩的高姿态与其说是真的淡然事外,不如说是韬光养晦、布局长远。数万法国军队越过比利牛斯山脉,引来了大西洋彼岸美国的高度重视。1823年12月2日,时任美国总统的詹姆斯·门罗发表了著名的《门罗宣言》,正式警告欧洲列强不要将干涉的长臂伸向西班牙在南美纷纷独立的殖民地。坎宁虽然撰文表示:"美国公开要求成为全美联盟的首领,并利用这个联盟反对欧洲(也包括英国)。这个要求同我们的利益不一致,也不是我们能够支持或容忍的。"但笔锋一转,却又宣称"抽象地驳斥这个要求毫无益处"。在英美联手所上演的这场双簧之中,斐迪南七世虽然成功延续了波旁家族在西班牙的统治,却永远地失去了南美大陆四大总督区。

反映维罗那会议的漫画

与南美洲欢庆独立的新兴政权相比,欧洲一隅的希腊则只能用命运多舛来形容。1823年,在土耳其人几乎已经准备放弃的时候,希腊各路义军开始长达两年的内讧和火并。这其中固然有希腊起义军之中各山头的倾轧,但也不乏欧洲列强的背后推手。

1823年英国诗人拜伦带着他刚刚写完第16章的长诗《唐璜》,从意大利来到了希腊。拜伦才华横溢,更富有独立、叛逆、勇于抗争的骑士精神。但是他在抵达希腊五个月之后便成为独当一面的希腊起义军领袖,却不能不归功于希腊上下对强大英国的仰望。可惜的是,拜伦还未来得及在战场上一展拳脚,便死于淋雨所引发的肺炎。

在希腊各条战线都陷于胶着状态之际,奥斯曼帝国的第30任苏丹马哈茂德二世重整旗鼓,邀请埃及拥兵自重的总督穆罕默德·阿里加入镇压希腊独立的战团。穆罕默德·阿里是一名出生于希腊的阿尔及利亚人,作为一名土耳其外籍军团的将领,他在埃及的崛起很大程度要归功于拿破仑的东征。在金字塔战役中奥斯曼帝国的一败涂地,不仅令阿里清晰地看到了传统马穆鲁克军团的没落,更对西方先进军事体系趋之若鹜。1811年,大权在握的阿里清洗了埃及境内的马穆鲁克这一传统的军事贵族,代之以由法国军事顾问训练的阿尔及利亚平民。尽管这支新军与真正意义上的西方军队仍有不小的差距,但就是这样一支画虎类犬的半调子西式"新军"仍令阿里在北非独步天下。当奥斯曼帝国军在希腊连战皆北之时,阿里悄然征服了尼罗河上游的大片领土,在蓝、白尼罗河的交汇处建立了名为喀土穆的要塞,这座在阿拉伯语中意为"大象之鼻"的城市,日后成为了苏丹共和国的首都。

　　1825年2月24日,穆罕默德·阿里麾下精锐的埃及海、陆军在希腊南部登陆,这支生力军的出现随即扭转了整个战局。四个月之后,希腊起义军的领袖们便只能逃亡于英国海军的战舰之上,整个希腊再度笼罩在星月战旗的阴影之下。事态进展到这一步,作为推动希腊独立的沙俄帝国自然无法坐视。而身为英国外相的坎宁则竭力希望避免俄国独吞希腊。一番折冲樽俎之后,1827年7月6日英、法、俄三国联合签署《伦敦条约》,要求奥斯曼帝国无条件撤出希腊,在马哈茂德二世拒绝这一最后通牒之后,三国联合舰队浩浩荡荡地驶向希腊沿海。

　　应该说自1571年的勒班多海战以来,奥斯曼帝国在与西方世界的海战中几乎没有胜绩。穆罕默德·阿里力劝自己名义上的领导马哈茂德二世接受西方的要求,或将舰队撤离希腊暂避其锋。但是马哈茂德二世自认集结于纳瓦里诺湾己方舰队的数量远胜对手,且有陆军炮兵的掩护,决定奋力一战。可惜的是,奥斯曼海军数量虽多,但其主力战舰不过是一些近海航行的三桅炮舰,火力和吨位均无法与西方强大的战列舰相抗衡。尽管英国海军在战斗中有意保存实力,但沙俄舰队的穷追猛打还是轻松地将奥斯曼帝国的舰队大多击沉于港内。

　　纳瓦里诺湾海战的结果传回伦敦,英国政府在大感失望之余,迁怒于其舰队司令科德林顿。这位尽职尽责的海军将领此后不仅升迁无望,更不得不费尽口舌为自己辩解。事实上,科德林顿已经在海战中竭尽所能为英国谋划,他让法国舰队打头阵,英国海军居中,沙俄舰队最后杀入战场。面对土耳其人疯狂的炮火,沙俄海军同样承受了不小的损失,战舰"亚速"

号和"汉古特"号一度遭遇重创,动弹不得。或许对于海战的结果,科德林顿只能感叹"不是英军不狡猾,都怪土军不给力"。

纳瓦里诺湾海战中被击沉的土耳其战舰

无论如何,纳瓦里诺湾的炮声,已经宣告了西方列强与奥斯曼帝国的决裂,如果要争取独立后的希腊站在自己这一边,那么英国必须投入更多的兵力。但堪称英国军队灵魂人物的威灵顿公爵却及时提醒了国王乔治四世,爱尔兰地区正酝酿着一场可怕的暴乱,英国政府需要将更多的精力转移到国内。威灵顿公爵的提醒并非空穴来风,爱尔兰地区天主教徒和英国新教徒之间信仰和利益上的矛盾经过岁月的积累,已经到了爆发的临界点上。为今之计,只有在政策层面给予爱尔兰天主教徒更多的让步才能避免一场内战。威灵顿的高瞻远瞩以及他不惜与托利党保守派决斗的勇气,最终令相关的法案在英国国内得以通过,更为他获得了号称"七公主俱乐部"的一干英国社交名媛的青睐。至于威灵顿本人是不是和她们大多只保持着"柏拉图式"的关系,世人不得其详。但是在1831年威灵顿的发妻——吉蒂·帕克南死后,这位已经出将入相的英国传奇并未再娶,据说守候在弥留爱妻身旁的威灵顿发现对方始终佩戴着自己贫寒时所赠送的护身符时,这位名将动情地说:"人们往往能够厮守半生,却只能在永别时才相互理解。"

二十七、走向亚洲——鸦片战争和英国在亚洲的扩张

在英国政府分身乏术的情况下,沙俄帝国打着为希腊人民求解放的名义发动了第八次俄土战争。刚刚在海战中遭遇重创的奥斯曼帝国无力抵抗,只能于1829年签署了丧权辱国的《亚得里亚堡条约》。根据这份和约,奥斯曼帝国不仅被迫承认了希腊的独立,还被迫割让了多瑙河入海口及整个黑海东岸地区。"新科"沙皇尼古拉一世可谓志得意满,随即又自说自话加冕为波兰国王,此举引发了波兰人民风起云涌的起义运动。但在沙俄帝

国的铁腕镇压下，这一轮独立狂潮最终以起义者的血流成河而告终，正是在故国沦丧的情怀之中，1830年离开华沙的音乐家肖邦写下诸多脍炙人口的名曲。

尼古拉一世自然无心聆听波兰人民通过钢琴所发出的悲愤之音，在与奥地利联手将整个波兰化为两大帝国的行政区划之后，他又马不停蹄地奔向近东，加入了土耳其与埃及之间的战事。马哈茂德二世与穆罕默德·阿里撕破脸皮，表面上因为希腊独立战争中产生龃龉，但根本矛盾还是"一山难容二虎"的权力之争。为了巩固自己家族在埃及的统治，穆罕默德·阿里于1831年挥师杀入叙利亚境内。在巴尔干半岛连遭重创的奥斯曼帝国无力抵抗，只能乞援于宿敌俄罗斯。沙皇尼古拉一世名义上居中调停，实际上却扮演着一个"吃完原告吃被告"的黑心法官，穆罕默德·阿里虽然获得了叙利亚、汉志和克里特岛，但是一举取代奥斯曼帝国的良机却永久地失去了。而沙俄帝国也乘势在土耳其扩展其影响力。

斗转星移，六年之后聘请沙俄顾问训练新军的马哈茂德二世雄心勃勃地挥师南下，想要一举扫平穆罕默德·阿里家族，可惜的是，太多历史包袱令奥斯曼帝国的改革并不彻底，土耳其军队在战场上拒绝听从沙俄军事顾问的意见，于1839年6月24日兵败努赛宾。地面战场的失利随即又引发了海军的叛变，由于有传闻说马哈茂德二世有意将亚历山大港出卖给沙俄，奥斯曼帝国海军人心浮动，一部分战舰临阵倒戈逃往了埃及。接踵而来的坏消息彻底击溃了马哈茂德二世的健康，1839年7月2日，这位一心想要变法图强的苏丹病死于伊斯坦布尔。空悬的宝座上迎来了一位有二分之一犹太血统的新国王，他就是奥斯曼帝国的中兴名主：阿卜杜勒—迈吉德一世。

阿卜杜勒—迈吉德登基之后便大力推进其父亲的改革政策，不过与其说是他本人有多少高超的政治手腕，不如说是奥斯曼帝国此刻所面临的内忧外患已经令国内贵族形成了必须改革的共识。而不满沙俄帝国独占伊斯坦布尔宫廷的英国，此刻也向这位新苏丹伸出了橄榄枝。1840年，一支英国与奥地利海军组成的联合舰队出现在了地中海的洋面之上。或许是吸取了纳瓦里诺湾战役的教训，实力还算不俗的埃及海军没有与之争锋海上，英国人轻松地攻占了沿海重镇贝鲁特和阿卡。被切断了海上交通线的穆罕默德·阿里被迫向奥斯曼帝国及其背后的一干西方列强乞和。

通过向英国交出克里特岛和汉志地区，穆罕默德·阿里勉强从叙利亚全身而退。一个近代埃及的雄起之梦自此无情地被打破。在此后的半个多

世纪里,阿里和他的子孙们虽然仍然延续其在北非的家族统治,但富国强兵的期许却只能停留在纸面之上。为了向西方展现自己和平的诚意,阿里缩编了庞大的海、陆军,向欧洲各国开放了埃及的市场。大量廉价的西方产品很快便冲垮了埃及民族工业的基石。到1844年,阿里王朝的国库里已经空空如也,倒是累计了8000万法郎的外债。为了维持国家的运转,埃及不得不进一步出卖主权,1856年英国获得了由亚历山大港至开罗的铁路修筑和经营权。

倒在英国坚船利炮和工业产品面前的文明古国并非只有埃及一个。1817年英国政府借口马拉地联盟纵容游牧民族劫掠印度中部地区,派遣两支远征军深入马拉地联盟的领土。不甘受辱的马拉地人虽然试图反抗,但是英国殖民者套在他们脖子上的绳索早已收紧,随着各地的王公或走或降,马拉地联盟有组织的抵抗很快便被击溃,英国军队打着追击其残部的名义大举北上,进入了由阿富汗人所控制的南亚北部。无能的阿富汗国王沙贾此刻早已不复其祖先"珍珠王"时代的霸气,面对外部波斯和沙俄的蚕食,国内各路军阀的叛乱,这位名存实亡的国君选择了与伦敦合作。1839年,英国远征军由坎大哈进入阿富汗,很快便攻占了阿富汗首都喀布尔,将谋反的军阀多斯特·穆罕默德投入了位于印度的监狱,英国在阿富汗的傀儡政权似乎轻松地完成了分娩。

可惜的是,英国人轻视阿富汗民族血统里的桀骜,1841年喀布尔爆发了大规模的反英起义。与此同时,阿富汗与印度之间的信德王国、控制旁遮普地区的锡克族也与英国政府交恶。孤立无援的英国远征军最终在喀布尔宣布有条件投降。但一旦离开了坚固的城防,阿富汗人便对英军展开了疯狂的屠杀。虽然一年之后英国远征军重新攻占了喀布尔,但此时国王沙贾已经身首异处,东印度公司更清楚在没有征服信德和旁遮普地区之前,英国无力在阿富汗建立长期统治。在权衡利弊之后,英国人释放了多斯特·穆罕默德。

第一次阿富汗战争虽然以英国铩羽而归告终,但英国在北印度的扩张却由此全面展开。1843年英国征服信德,随后爆发的两次锡克战争更令整个旁遮普地区陷入了"日不落帝国"的控制之下。此时再度进军阿富汗的时机似乎已经成熟,但英国政府却停下了在南亚北上的脚步,因为更为富庶的东亚此刻已在蒸汽战舰不断延伸的航程前褪去了距离的保护。1824年,英国与东南亚地区强国缅甸为了争夺孟加拉湾的霸权而全面交兵。

从国际地缘政治的角度来看,缅甸实在能称得上"时运不济"。18世纪中叶推翻东吁王朝的腐朽统治之后,缅甸曾一度想在中南半岛和南亚东部一展拳脚。但却误打误撞地触怒了秉承"天朝"心态的满清帝国,四次中缅战争的巨大消耗令缅甸元气大伤,错失了吞并暹罗的大好时机。经过好一番休养生息,缅甸王朝好不容易小有起色,又招惹上了来势汹汹的英国人。在仰光沦陷,英国海军逆伊洛瓦底江北上的不利情况之下,缅甸王国不得不以割地赔款谋求一朝的和平。

有趣的是,就在缅甸深陷艰苦鏖战之际,他的老对手暹罗却一脚踩住了英国在中南半岛的"尾巴"——马来半岛。英国在马来半岛的殖民体系得自于荷兰之手,其过程之复杂,交易手续之繁琐可谓人类历史之最。为了保住拿破仑战争期间被英国占据的爪哇群岛,荷兰不惜出让相对荒芜的马来亚地区。在荷兰看来"以贱易贵"这笔买卖自然是划算的。但英国政府却慧眼独具地发现了马来半岛扼守马六甲海峡的地理优势,1819年曾一度出任苏门答腊总督的英国人莱弗士在马来半岛的最南端建立一个依托小岛的自由港,从此这个岛屿的马来名"蒲罗中"和"淡马锡"逐渐淡出了人们的视野,英国人笼统称之为海峡殖民地的同时,大批华侨的涌入,令"新加坡"之名大行其道。

暹罗对马来半岛虽未长驱直入,却也吓出了英国人一身冷汗。1826年6月20日刚刚结束了第一次英缅战争的伦敦政府马不停蹄地与暹罗签署条约。虽然暹罗王国没有捞到什么实质性的好处,但相比于被坚船利炮打开国门,这种主动友好通商的姿态还是令其在日后大获助益。世人所谓"东亚免于沦为殖民地的三国之中,中国恃大、日本凭强、暹罗取巧"并非全无道理,长期生存于地缘政治的夹缝之中,令暹罗养成了一种巧妙的事大手法,更在未来的东亚大格局中发扬光大。

英国人眼中的新加坡之父——莱弗士

在马来半岛逐渐站稳了脚跟之后,英国开始向东亚全力伸展他的触须。此时工业革命所带来的各种技术的革新,令欧洲列强纷纷越过印度洋,进入南中国海滋事。1824年,法国借口越南阮氏王朝迫害基督徒,连续侵犯其沿海地区。长期奉行锁国政策的日本也遭遇了英、法、俄、美诸国的连番骚扰。而对于满清这个东亚经济和文化的霸主,西方各国则要谨慎得多。1792年,乔治三世以朝贺清高宗乾隆寿辰为由派出庞大的使团。英国此举虽然迎合弘历好大喜功的性格,但对于英国特使马戛尔尼提出的开埠、通商、租地、传教等要求,满清政府却给予了严词拒绝。大感失望的马戛尔尼及其下属只能在笔记中竭力夸大满清帝国的外强中干,称其"贫穷得令人惊讶"、"军队宛如乞丐"、"好比是一艘破烂不堪的头等战舰"。

客观地说,由于长期以来秉承"华夷之辩"和"非吾族类,其心必异"的保守思想,中国封建皇朝对西方使团的态度都谈不上友好,马戛尔尼的随员安德逊便说:"我们进入北京时像乞丐;在那里居留时像囚犯;离开时像个小偷。"向来自诩"上帝选民"的欧洲人面对"轻慢",不免有拔剑的冲动。但18世纪末的中国依然拥有令西方无法企及的财富和向心力,如果英国政府贸然挑起战争,其结局未必能胜过昔日轻视明帝国

马戛尔尼使团访华的漫画

的葡萄牙人。好不容易等到乾隆去世,英国政府一边于1808年借口保护葡萄牙殖民地,出兵澳门;一边再度派出使团希望能在清仁宗嘉庆身上找到突破口。不过此时满清政府正忙于镇压内部的白莲教、天理教起义,围剿勾结西方列强的海盗,连进入北京正式觐见的机会都没有赐予。

尽管在外交层面连续吃了闭门羹,但中英之间的贸易额却始终得以稳步的增长。通过满清帝国特许通商口岸——广州的十三洋行,西方每年抵达中国开展进出口贸易的商船从1790年的83艘迅速增长至200余艘。甚至1822年的一场大火便焚毁了现金4000万两,出现了"洋银熔入水沟,长至一二里"的奇异景象。不过西方的工业产品在中国市场有限,为了改变长期对华贸易逆差的局面,英国东印度公司开始尝试着向中国走私出产于孟加拉的鸦片。

中国人对鸦片并不陌生,事实上早在汉代,鸦片作为麻醉和止痛药物

便已经传入中原。至明帝国统治中期,鸦片更作为爪哇等东南亚国家的贡品在宫廷里大行其道,据说怠政的万历皇帝便是躲在后宫里吞云吐雾。因此,合法的鸦片贸易在中国历史上从未销声匿迹,只是历代政府都对其课以重税,使得鸦片至多是一些王侯将相的消遣以及外科医生的药物。而东印度公司大规模地以工业技术种植罂粟、提炼鸦片,使其生产成本直线下降,走私鸦片逐渐成为中英商贾之间趋之若鹜的暴利行当。

在 19 世纪最初的 20 年里,英国东印度公司平均每年向中国输入鸦片 4000 余箱。此后通过广州洋行买办伍秉鉴的上下打点,鸦片走私更趋猖獗,到 1839 年时已经激增至每年 35500 箱。面对巨额白银的外流和各地吸毒群体的暴增,本身就是瘾君子的清宣宗道光终于坐不住了。他委派能吏林则徐南下广州主持禁烟运动,著名的"虎门销烟"由此展开。英国政府起初对满清政府此举表示理解,与维多利亚女王关系复杂的外相帕麦斯顿勋爵向来强硬,昔日英国政府出动军队驱逐圣彼得民众,酿成"彼得卢事件"的便有他的推手。但是在写给英国驻华商务总监义律的信中,他仍不得不坦承:"中国政府完全有权禁止鸦片,如果它愿意的话,从事一项违禁品贸易的英国臣民必须承担这样做的后果。"

不过承认鸦片走私的违法性和放弃与满清帝国交涉并不矛盾。在英国政府看来,林则徐的销烟不仅损害了东印度公司的利益,更可能令其他国家群起效仿。正如英国议员小斯当东在英国国会所说:"如果我们在中国不受人尊敬,那么在印度我们也会很快不受人尊敬,并且渐渐地在全世界都会如此!正在准备中的(中英)战争是一场世界性的战争。它的结局会产生不可估量的影响。根据胜负,这些影响又将是截然相反的。如果我们要输掉这场战争,我们就无权进行;但如果我们必须打赢它,我们就无权加以放弃。"这位小斯当东曾于 48 年前跟随马戛尔尼前往承德。据说乾隆对这位 12 岁便粗通汉语的"小洋娃娃"颇为亲切,甚至还解下自己腰间的荷包赠送给他。不过小斯当东看重的并非是这个东方老人的善意,回到英国后不久他便全文翻译了整本《大清律》,成为了英国首屈一指的中国专家。

小斯当东在英国国会关于"中国人要像对待他们的叛乱分子一样用剑刃来对待英国人"的说法,固然有失夸张。在与林则徐闹翻之后,义律一直带着大批英国商贾、水手及其家属漂泊于九龙尖沙咀附近的海面上。直到英国水手酒后滋事打死中国当地村民之后,林则徐才切断了英国商旅的水粮供给,最终引发了双方舰队在穿鼻洋的小规模冲突。穿鼻洋海战规模

不大，但却暴露出满清水师武备落后、缺乏进攻主动性等诸多问题，奉命赶来支援的英国海军随即封锁珠江口。中英正式开战只是时间问题。

这场被称为"第一次鸦片战争"的冲突可以说彻底改变了中国的国运

第一次鸦片战争油画

走向，客观地说，满清并非无力再战，而是一个传统陆权国家无法长时间应对来自海上的封锁和威胁。《南京条约》的签署，与其说是满清帝国在军事上的溃败，不如说是政治和经济上的一种止损。如果借由这一次失败，中国上层的领导集团能够改弦易辙，迅速迎头赶上的的话，那么丧权辱国、割地赔款的局面或许便不会一而再、再而三地重复。

二十八、围堵狂熊——大背景下的克里米亚战争（上）

迫使世界上拥有最多人口的市场向不列颠敞开大门，英国外相帕麦斯顿无疑居功至伟。但就在英国舰队驶向东方的同时，这位风流的英国政客却与女王维多利亚的关系降到了冰点。作为汉诺威王朝的最后一任君主，维多利亚女王无论是血统还是教育都不可避免地被渲染上德意志的色彩。早年间冗长繁琐的宫廷礼仪和诸多行为禁忌，养成了女王保守谨慎的性格。甚至在第一次搭乘火车之时，这位不过23岁的少女竟不断地抱怨车速太快，担心列车会有出轨的危险。

与秉性真挚的维多利亚相比，出生于爱尔兰的帕麦斯顿却风流多情，诡辩好险。"没有永远的朋友，也没有永远的敌人，唯有利益永恒"不仅是原名亨利·坦普尔的帕麦斯顿勋爵的外交逻辑，更是他的处世之道。初入政坛之时，帕麦斯顿长期唯乔治·坎宁马首是瞻，出任陆军大臣之时更与威灵顿关系莫逆。在伦敦的社交圈内当时最具影响力的"七公主俱乐部"内，年少多金的帕麦斯顿更一举虏获了三位名媛的芳心，被调侃为"丘比特阁下"。但是当托利党内的一千元老对其表现出恶意之后，他立即改换

门庭成为辉格党的得力干将,为此,他甚至不惜在国会与昔日提携过他的威灵顿公爵反目。

尽管帕麦斯顿在外交领域竭力维护英国的利益,在比利时独立问题上更将女王的舅舅利奥波德一世推上了王位。但是维多利亚对这位翻手为云、覆手为雨的外相还是颇多忌惮。特别是1839年帕麦斯顿在迎娶自己的妻子——"七公主俱乐部"成员考珀夫人之后,还勾引女王的贴身侍女,更令这对君臣的关系急转直下。1848年,整个欧洲掀起了资产阶级革命的狂潮,维多利亚女王虽然已将汉诺威王冠让给叔叔恩斯特·奥古斯特,但依旧对德意志颇有香火之情,因此,帕麦斯顿声援欧洲各国革命者的言论对女王而言可谓格外刺耳。

1850年所爆发的"唐·帕西菲科事件"令帕麦斯顿的声望达到了顶峰。唐·帕西菲科是一个来自英属直布罗陀的葡萄牙犹太人。双重国籍和犹太人精明圆滑的性格令其在欧洲外交舞台上也算是"知名外围"。他曾任葡萄牙驻摩洛哥领事,继而又前往希腊赴任。但就在1847年的复活节,一群雅典反犹人士冲入了他的住宅,由于暴徒中有希腊大臣的子弟参与,当地警察坐视不理。带着遍体鳞伤的家人逃出了起火的住宅之后,帕西菲

年轻时的帕麦斯顿勋爵可谓风度翩翩

科开始了漫长的维权之路。他起初投诉于里斯本宫廷,但是早已沦为欧洲三流国家的葡萄牙政府装聋作哑,帕西菲科又前往英国求助,但英国国会以其持有双重国籍为由拒绝受理。

就在帕西菲科陷入绝望之时,帕麦斯顿接受了他的求助。1850年1月,一支英国舰队开赴希腊,以武力逼迫希腊政府赔偿帕西菲科6400英镑的损失。这一事件不仅为英国"炮舰外交"再添浓墨重彩的一笔,擅长造势的帕麦斯顿更在国会以一篇长达四个半小时的演讲,将自己装扮成英国民众的守护神,其中最著名的名言是:"古罗马人从会说我是罗马公民时就知道保护自己不受侮辱。英国臣民,不论他在哪块土地上,也应当确信,英国警惕的眼睛和强健的臂膀将保护他不受侵害和虐待。"

尽管在国会和民众中取得了广泛的支持,但是帕麦斯顿过分抢镜的表现还是招来了女王和诸多同僚的批评。可惜这位勋爵仍不知收敛。1851年巴黎变幻大王旗的法国再度发生异变,凭借着伯父的名号和善于投机的政治手腕,拿破仑的侄子路易·拿破仑波拿巴在波旁王朝倒台后一直混迹于法国各国政治势力之间,1848年的法国总统选举中,这位小拿破仑仰仗于大资产阶级和保皇派的支持,高票当选。但是四年的总统任期并不能满足其政治野心。1851年12月2日,7万法国陆军开入首都巴黎,法兰西第二共和国再度崩盘。黄袍加身的总统路易·拿破仑波拿巴自称拿破仑三世,正式复辟了帝制。

拿破仑三世一度流亡于英国,和汉诺威王朝多少有些交情。因此帕麦斯顿自作聪明地第一时间发出了贺电。维多利亚女王早已不满于这位权臣先斩后奏的作风,随即勒令其辞职谢罪。不过帕麦斯顿在英国政坛早已根深蒂固,不到一年的时间他便被女王请回了内阁,担任内政大臣。据说维多利亚女王再度召见他的本意是商讨英格兰本部可能爆发的大规模罢工,但是帕麦斯顿却回答说:"(罢工)目前没有确切的消息,陛下,但好像土耳其人已经跨过多瑙河了。"

1852年的东欧局势可谓风起云涌,在英国忙于在北非、亚洲扩张其势力范围的同时,沙皇尼古拉一世正忠实地扮演着"欧洲宪兵"的角色。1848年的欧洲革命之中,数十万俄军成为扑灭匈牙利独立运动的主力。当然,莫斯科如此积极地帮助奥地利度过难关,并非出于急公好义。解除了侧翼的威胁之后,尼古拉一世悄然地开始推进其鲸吞巴尔干的计划。但就在此时,拿破仑三世突然提出了所谓"圣地保护权"的问题,令沙俄帝国有些措手不及。

所谓"圣地保护权"指的是位于耶路撒冷的耶稣墓地及耶稣的出生地伯利恒的教堂。自十字军东征的浪潮结束以来,这两处所谓的"圣地"便形同基督教世界在穆斯林版图中的飞地。深知以沙俄为首的东正教世界与西欧天主教、新教矛盾的奥斯曼帝国,无意收回对这些地区的统治权,反而将其作为分化对手的筹码。16世纪,为了获得"圣地"的保护权,法国不惜与神圣罗马帝国翻脸,而眼见沙俄日益崛起,奥斯曼帝国又将这些飞地交由希腊管理。1850年,迫切希望捞取政治资本的拿破仑三世再度派出特使前往伊斯坦布尔与奥斯曼帝国交涉,正谋求勾连英、法对抗沙俄南下的奥斯曼帝国自然乐于成交,于是1852年12月苏丹阿卜杜勒—迈吉德一

世正式发布敕令，宣布将"圣地保护权"交还给法国。

由拿破仑三世挑起的"圣地保护权"之争，从某种程度上也可以理解为向英国献媚。毕竟自法国加入"神圣同盟"以来便一直唯沙俄马首是瞻。向来嗅觉敏锐的英国政府随即投桃报李，向法国让出其在埃及的部分特权。至此英法这对昔日的宿敌为了共同利益走进了同一战壕。就在拿破仑三世积极地向维多利亚女王献媚的同时，尼古拉一世也在试图与英国达成瓜分奥斯曼帝国的协定。在英国政府相对暧昧的态度之下，1853年俄国军队越过了多瑙河，公然试图吞并奥斯曼帝国的藩属——瓦拉几亚和摩尔达维亚，英、法两国舰队随即开往达达尼尔海峡外侧的贝西卡湾，以示对奥斯曼的声援。

有了西欧两大列强的撑腰，阿卜杜勒—迈吉德一世颇为豪气地挥军北上，大有与尼古拉一世会猎于多瑙河的架势。1853年11月，利用沙俄军队困于后勤无力进攻的良机，奥斯曼军队在多瑙河畔的奥尔特尼察大败俄军。而此役也同时开启了

奥斯曼帝国在欧洲大陆最后的辉煌——奥尔特尼察战役

土耳其军队在欧洲大陆的最后一次辉煌。沙俄统帅部很快便意识到要在巴尔干半岛击败对手，必须切断其海上补给线。当月，黑海舰队从塞瓦斯托波尔扬帆出港，在锡诺普湾歼灭了一支土耳其分舰队。尽管这场海战的规模并不大，但是却足以挑动英国敏感的神经。

多瑙河流域的归属对英国来说或许无关痛痒，但俄罗斯黑海舰队一旦突破博斯普鲁斯和达达尼尔两海峡，扬帆进入地中海对英国而言却无疑是一场灾难。按照后世军事专家的推演，英国海军在爱琴海上的两大基石——塞浦路斯和克里特将首当其冲。由于远离本土，英国很难在俄罗斯和希腊的双重压力下长期固守这两座岛屿，而一旦弃守，沙俄势力必乘虚而入，以之为桥头堡切断英国在阿拉伯国家甚至通往印度、马来亚的东方经济命脉。

沙俄帝国在地中海如果站稳了脚跟，对整个欧洲的影响将更为巨大。

北非和意大利是法国的传统势力范围，俄国舰队出现在土伦和马赛的外海，必将扰乱法国南方的制造和商贸网络，而南方的消费品、奢侈品生产此时已是拿破仑三世豢养庞大中央政府最重要的税收和经济来源。如果法国人不健忘的话，他们应该记得滑铁卢战役后那些悲惨的日子。1814年，俄皇亚历山大以战胜拿破仑联盟盟主之尊莅临巴黎，给法国贵族和企业家投下长长的阴影。早在1798—1800年间，俄国陆军统帅苏沃洛夫曾率大军翻越阿尔卑斯山，进入意大利北部。而乌沙科夫海军上将的俄国黑海舰队则通过爱琴海进入了伊奥尼亚海，攻占了意大利布林迪西港对岸的科孚岛。俄海军一旦占稳科孚岛，将极容易封闭墨西拿和突尼斯两海峡，更不要说哈布斯堡奥地利的出海口亚得里亚海了。这种前景将迫使西方文明放弃他们财富的主要源泉：威尼斯——热那亚金融制造业和勒旺贸易网，把工商重心从阳光灿烂的地中海移向波涛汹涌、雾气腾腾的大西洋。正是基于这样的担忧，欧洲列强联手将沙俄的熊掌从科孚岛上推开。

眼见拿破仑战争之后，整个欧洲无论依靠外交技巧支撑的哈布斯堡王朝，还是前途迷濛的普鲁士，没有一支力量能挡住俄国的庞大陆军。英国无法避免地只能挺身而出。在国内大肆渲染沙俄使用爆破弹摧毁了土耳其风帆舰队及其所有岸基炮台，将锡诺普湾海战形容为"屠杀"的同时，英国代表团抵达俄罗斯，希望能够以武力威慑逼迫对手让步。但尼古拉一世傲慢地回应说："你们不要以战争威胁我，我可以依仗柏林和维也纳。"至此和平再无转圜的余地。1854年2月23日，第一批英国陆军上船前往土耳其。2月27日，英法向俄国发出最后通牒，要求沙俄撤离瓦拉几亚和摩尔达维亚。但尼古拉一世以更为凶猛的地面进攻予以回应。3月27日、28日两天之内，英、法相继对俄国宣战，至此欧洲大陆自拿破仑战争以来长久酝酿的英俄矛盾终于转化为了白刃相见的厮杀。

二十九、决战黑海——大背景下的克里米亚战争（下）

凭借着畅通无阻的海上运输线和英、法强大船舶工业所生产的蒸汽战舰，6万联军很快便在土耳其境内集结完毕。尽管普鲁士和奥地利均无心支持尼古拉一世挑起欧洲大战，但英国政府还是谨慎地将战争的目标限定于六星期内拿下克里米亚半岛的塞瓦斯波托尔军港，消灭俄国黑海舰队。而一向外厉内荏的拿破仑三世则毫无战争规划，在他急于在民众心中塑造大

国雄风的眼中,挑起战争便是成功。但这并不妨碍大革命以来由个人能力和野心造就了新一代法国军人,凭借拿破仑开创的协同战术和精良武器去夺取荣誉。

在英、法联军盘桓于伊斯坦布尔附近,享用当地价格低廉的醇酒美人,军医们忙于医治梅毒之际,沙俄军队与奥斯曼帝国在多瑙河激战连场。不过兵力雄厚的俄军受制于恶劣的后勤和拙劣的指挥,再难重现昔日摧枯拉朽般的胜利。而普鲁士和奥地利宣布中立,更令尼古拉一世深感沮丧。特别是奥地利在匈牙利与瓦拉几亚和摩尔达维亚的边境陈兵八万,并向俄国发出最后通牒,要求俄国立即从两公国撤军的举动,令尼古拉一世对奥地利皇帝弗兰茨·约瑟夫一世恨彻骨髓。不过刚刚与表妹茜茜公主——伊丽莎白·亚美莉·欧根妮成婚的弗兰茨·约瑟夫一世却并不介

克里米亚战争中的法国军队

怀,毕竟奥斯曼帝国已经开出了价码,一旦沙俄从多瑙河撤军,奥地利可以占据瓦拉几亚和摩尔达维亚,直到战争结束。

1854年7月28日,沙俄陆军被迫撤回了战争的起点。奥地利随即在维也纳充当起了欧洲"和事佬",不过尼古拉一世认定奥地利提出的条件等同于要沙俄投降,而英、法两国更坚持要痛打落水狗。于是移师多瑙河畔瓦纳的联军开始向克里米亚半岛前进。而在此之前,英法国舰队已经进入黑海,频繁地炮击和骚扰俄国港口。沙俄黑海舰队起初雄心勃勃地准备凭借主场优势在海上与敌争锋,但是两场前哨战却彻底浇灭了沙俄海军的士气。1854年4月10日,英国战舰"塔伊夫"号炮击了俄国黑海城市敖德萨,并且幽灵般地出现在克里米亚半岛外海,对塞瓦斯托波尔要塞进行侦察。黑海舰队精锐尽出,但却追赶不及。俄国黑海舰队将领门契科夫在得到这个情况后感叹"我们无法阻止他们"。

1854年4月30日,一艘英国机帆巡洋舰"老虎"号在黑海港城奥德萨外搁浅,被俄国人缴获。俄国海军技术人员深入研究并解剖该船后,发现俄国在蒸汽机动力和造铁壳船技术方面比西方几乎落后一个时代。深居内

陆的俄罗斯,从沙皇到贵族都忙于陆上开拓,未能及时跟踪西方的技术发展和海军革命。这场革命发生在大西洋两岸,来势迅猛。蒸汽机动力、螺旋桨推进、装甲甲板防护的铁质船壳,使新战舰比风帆战舰在机动性、航速、火力、防护上具有无与伦比的优越性。英法舰队对俄舰队的优势,正如俄舰队与土耳其的优势一样,将从技术角度决定战争胜负。

沙俄黑海舰队大部分是木壳帆舰,只有"弗拉基米尔"号少数蒸汽舰,而且使用明轮。英法黑海舰队中有18艘蒸汽机巡洋舰,大部分是航速很快的铁壳螺旋桨推进船,构成打击主力。俄国和西方地理上的空间距离和政治经济制度上的巨大差异,构成了军事技术上的时间代差,这种代差在战争中往往是致命的。黑海舰队司令纳西莫夫此时才如梦初醒,如果继续秉承着决战海上的理念,那么等待黑海舰队的将是一场真正的屠杀。现实是痛苦的,但必须面对。俄国海军被迫将战船自沉堵塞住航道,把舰炮搬上要塞准备死战。

英、法联军和土耳其人在瓦纳相处得很融洽。但是健康问题却越来越让人担心,潮湿和血吸虫侵袭军营。英军的后勤训练被荒废了。大多数军官都没有经历过战争,哪怕是低强度殖民地冲突。因此整个营地显得格外混乱,没有人知道邮局在哪里,野战医院在哪里和他们的将军在哪里。7月19日,法国军营中霍乱爆发。22日蔓延到英国军营。尽管所有帐篷被销毁,但瘟疫无法被控制。8月10日,一场大火烧掉了很多军需品,包括16000双靴子和150吨军粮,使得情况更加糟糕。

来自伦敦和巴黎的命令催促联军行动。联军并不知道克里米亚到底有多少俄军,估计从45000人到140000人不等,而实际上俄军只有36000人。8月24日,联军开始登船,计划9月2日完成全部登船任务。能够参加行动的部队包括27000英军、30000法军和7000土耳其人。由于法军错误判断俄军会入侵多布卢加,因此三个法军师向该方向推进,结果只发现少数巡逻的哥萨克骑兵。法军又折回瓦纳。在路上又有大量法军士兵因霍乱而死亡。登船计划被延迟,直到9月5日,部队才完成登船。伦敦泰吾士报更提前报道联军的目标是塞瓦斯波托尔。9月7日,联军海军司令英国海军上将邓达斯下令启航。远征军最终选择塞瓦斯波托尔以北35英里的卡拉米塔湾的耶夫帕托里亚作为登陆地点。

9月14日黎明,联军开始登陆,尽管没有遭到俄军的阻击。但是由于英国海军布设的夜用浮标发生偏移。结果英军上陆后发现他们和法军中间

隔了一个断崖，加上每个联军士兵都负荷沉重，整个登陆行动一直延续了五天之久。如果不是沙俄军队兵力薄弱，这场登陆战完全可能以失败而告终。俄国人将获胜的希望寄托于塞瓦斯波托尔以北的要冲奥马，为了给予对手致命的一击。俄军统帅曼希科夫亲王集中了七个团的兵力作为预备队，指望利用由多面堡组成的防线重创对手之后，再以一场淋漓尽致的反击将英国人和法国人赶下海。

9月21日早晨，英法联军各部队按计划进入出发位置。正午时分，借助着舰队炮火的支援，英军先头部队以散兵线展开正面进攻，法国陆军则在土耳其营的引导下迂回包抄俄军的侧翼。但是法国军队的行动很快便由于缺乏炮火的支援而陷于停顿。面对僵持的局面，英军统帅拉兰勋爵带领少数随从通过英军和法军的间隙深入敌后。在一座可以俯瞰整个战场的小山之上，拉兰不仅看到了潜伏着的俄军预备队，更将对手炮兵阵地和前沿工事尽收眼底。凭借着统帅的亲自侦查，英国陆军迅速在俄军侧翼构筑了一个由二门9磅野战炮组成的侧射火力。在英军炮兵精准的射击之下，战局开始向有利于联军的方向倾斜。

尽管俄军凭借着强大的预备队最后得以全身而退，但英法联军在奥马的胜利无疑打开了通向塞瓦斯波托尔的道路。拉兰的工兵指挥官博格涅爵士建议联军修筑一条工事防御来自北方俄军增援部队的进攻。尽管在敌国领土修筑工事非常困难，但建成后将成为俄军增援的严重障碍。联军可以从塞瓦斯波托尔的南部发起攻城战。9月23日，英军在风和日丽中向南进发，部队被允许沿路抢劫因而士气高昂。

当联军从侧翼行军绕过塞瓦斯波托尔的时候，俄军也在做守城准备。1000门舰炮先后被搬至陆地。海军官兵也上岸充实守城部队。到了9月25日夜，英军展开于波贝克河与彻那亚河之间的宽大正面上并做休整。法军则前往巴拉克拉瓦西面的卡米什和卡扎克海湾扎营。法军的营地背靠大海，可以方便接受来自海上的补给。而英军则补给困难，还要直接面对俄国援军。联军从三面包围了塞瓦斯波托尔，法军在西南方，英军在东南方和东方，联军舰队在海上游弋。

拉兰主张立即攻城，但在9月27日到10月10日之间他未能说服自己的法国盟友和工兵指挥官博格涅爵士。博格涅坚持应该先用炮击削弱俄军的防御工事。这些日子里，俄军在塞瓦斯波托尔的工事在一天天加强。另外，从奥德萨和其他地方出发的俄国援军也正在赶来。10月9日，28000援军进

入塞瓦斯波托尔，使得守城部队达到38000人。到了10月第二周，俄军已经恢复到奥马之战的实力，甚至更强。联军希望炮击能把俄军工事彻底摧毁。经过艰难运输，重炮和攻城器材被运上城外的高地。民房被拆掉用来加固重炮阵地。塞瓦斯波托尔俄军的火炮从172门增加到341门，部分是从军舰上拆下来的海军炮。法军有53门炮，英军73门。法军集中49门炮在罗多非山上，那里正对俄军中央堡垒。联军海军也计划参加炮击，但因为缺乏弹药而被推迟。

10月17日，联军海军下锚排成一线展开近距离炮击。但1100门舰炮收效甚微。相反俄军的炮火却重创联军海军。皇家海军损失了300人，7艘战舰严重损伤。法国舰队也损失不轻。尽管英军炮击将俄国人的诸多堡垒打成废墟。但是当夜俄军又修复了损坏的工事。这样的情况持续了七天。俄军损失惨重，2000人在炮击中丧生，但到了24日，战场情况发生重大变化。曼希科夫率领俄军援军出现在联军的东北方，他的意图自然是从外线入手以解军港之围。

9月25日，一支由25000步兵、34个中队骑兵和78门火炮组成的俄军向巴拉克拉瓦而来。联军措手不及，只能就地展开防御。法军在左翼，英军在右翼。另外一小部分土耳其军队防守中央堤道高地上的多面堡。俄军首先拿土耳其人开刀，并成功将土军击溃，拿下了堤道高地。当俄军继续冲下高地进入谷地的时候，他们发现面对的是英军93高地团和由拉坎指挥的英军重骑兵。93团接到旅指挥官科林坎贝尔的命令："牢记不许后退，你们必须死在自己的岗位上。"93团位于一座小山丘上，面对的是3000多名俄军骑兵。俄军骑兵全速冲击，93团没有时间调整为方阵队形。方阵是步兵对抗骑兵的标准阵形。结果93团拉成一字线，以如此单薄的防线抵抗俄军骑兵的冲击。

呈现"细细的红线"局面的93团可谓危在旦夕，关键时刻英军重骑兵出现在战场之上。尽管骑兵师指挥官拉坎一再命令重骑兵加速冲锋，但重骑兵却排成整齐的仪仗队形前进。俄军骑兵看到这个景象十分困惑，不知英军的意图。英军重骑兵旅指挥官斯卡莱特爵士十分满意自己部队队形整齐，当双方距离非常接近的时候他才下令冲锋。双方骑兵如飓风一样搅在一起，使用马刀相互砍杀。二个中队英军骑兵冲进俄军中心。5分钟后，俄军开始混乱。英军炮兵的炮弹落在俄军骑兵的后部，侧面山丘上93高地团的密集子弹让俄军更加难受。又过了8分钟，俄军骑兵掉头撤退，翻过堤

道高地消失了。轻骑旅指挥官卡迪甘爵士在 500 码之外目睹了全过程，他评论道："这些该死的重骑兵今天要笑死我们（轻骑兵）了。"拉坎没有允许卡迪甘的轻骑兵出击扩大战果。战斗后卡迪甘和拉坎相互指责，拉坎声称自己已经授权给卡迪甘在有利的形势下自行决定出击。拉兰勋爵也认为卡迪甘的轻骑兵应该作为生力军投入战场。

拉兰勋爵的这一计划最终酿成了英军在克里米亚战争最为悲壮的一幕，英军轻骑兵在没有步兵和炮火支援的情况下，强行冲击俄军据守的阵地。联军从各个方向看到了这可怕的一幕：俄军的火炮和滑膛枪从谷地的三面向轻骑旅射击。

巴拉克拉瓦战役中著名的英军轻骑兵冲锋

卡迪甘命令部下继续接近，最后伤亡惨重的第一线骑兵冲上高地，他们大肆砍杀看见的每个敌人。俄军骑兵赶来助战，卡迪甘下令撤退。幸存的骑兵不得不又一次穿过弹雨撤退。673 人参加了这次冲锋，113 人阵亡，134 人负伤，近 500 匹战马被杀。随同英军进攻的法国骑兵也遭受了惨重损失。值得庆幸的是，俄军虽然人数占有优势，但没有发动反击扩大战果。巴拉克拉瓦之战规模并不大，只是因为轻骑旅的自杀式冲锋才为世人瞩目。

巴拉克拉瓦战役之后，俄军本有机会一举扭转战局。但是俄国统帅部错误地制定了一个率先打垮英军，同时牵制法军的复杂战略。结果在克里米亚半岛特有的浓雾中，参战的 40000 多俄军伤亡 10729 人，其中包括 6 个将军和 256 名军官。而英军仅阵亡 597 人，1860 人负伤。随着冬季的逐渐逼近，交战双方都渴望用饥饿拖垮对手。不过随着 1855 年 1 月，英法联军修筑了一条七英里长的铁路，大批补给物资特别是药品得以源源不断送到了前线，劳师远征的英军在后勤方面反而占据了优势。来自伦敦的蓝丁格尔及其民间医疗队的抵达，更令英军士气大振。这位被视为近代护士鼻祖的意大利女孩，对英军野战医院进行了一系列的改革，保证病房干净、床单清洁、帐篷干燥，注意给伤病员提供有营养的饮食等措施，令英军的伤病员死亡率由 44% 下降到了 2.2%。

1855 年的春天，沙皇尼古拉一世的服毒自尽令英、法看到了和平解决

克里米亚战争的曙光。尼古拉一世的死显得颇为神秘,有人说是对战争的前景感到绝望。但这显然无法解释他的哥哥亚历山大一世在 1812 年丢失莫斯科后的表现。如果尼古拉一世绝望,那么早在 1854 年奥地利迫使俄国退出瓦拉几亚和摩尔达维亚时他就应该退出战争。其实俄国宫廷一向阴谋重重,沙皇虽然人神合一,有其他君主羡慕的无上权利,但也时时处于危险之中。阴谋家和野心家环伺周围,他们鼓励沙皇冒险使他们自己获得荣誉、土地和财富。而一旦失败,却毫不留情地归罪沙皇,甚至阴谋废除沙皇。

新沙皇亚历山大二世、尼古拉一世的长子登极。他立刻召回了曼希科夫亲王,而代之以米哈依尔哥尔查科夫亲王。后者在多瑙河失败后显然又得到新沙皇的重用。亚历山大二世也积极展开外交活动,他授权在维也纳的俄国大使亚历山大哥尔查科夫亲王考虑和平的可能性。3 月 15 日,谈判在维也纳正式展开。但此时的英法联军已经获得了土耳其劳工、西班牙骡子的支援。最终联军在围攻 11 个

克里米亚战争中的攻坚

月后终于进入已经成为废墟的塞瓦斯波托尔。

除了克里米亚战场外,战火还同时席卷了从黑海到波斯边境的高加索地区,在俄国和土耳其共同拥有 150 英里的边境线之上,俄土两国同样展开了血腥的拉锯战。在波罗的海方向,英军为阻击俄国海军进入北海,同样在芬兰湾展开了封锁和炮击。甚至在北太平洋,英法舰队也参加了战争。联军舰队攻击了勘察加半岛的彼得堡巴普罗夫斯克,登陆的陆战队和海员遭受了重大的伤亡。1855 年,两个英国海军编队,后来从香港又派出一个编队加入北太平洋战区。俄军防御强大,更主要的是这里远离主战场,对战争影响很小,因此,英国舰队没有采取大行动。

1856 年 1 月 16 日,沙皇亚历山大二世接受奥地利的要求。2 月 25 日,巴黎和会召开。英、法、土、撒丁和俄国参加。沙皇希望普鲁士出席,以得到它的支持。但英国反对,理由是普鲁士没有参战。3 月 16 日,讨论黑海问题时,普鲁士才以 1841 年《海峡公约》签字国的身份参加。和会上俄

国全赖拿破仑三世的支持,后者也不希望俄国遭到过分削弱而英国在近东一家独大,拿破仑三世另一个用心是让俄国更加记恨奥地利而在将来亲近法国。奥地利企图霸占已经占领的瓦拉几亚和摩尔达维亚,但遭到法俄的强烈反对。经过激烈的讨价还价,3月30日《巴黎和约》签字,列强共同保证奥斯曼的"独立与完整";土耳其保证不分种族与信仰改善境内人民的状况;俄国收复克里米亚半岛被占领土,把多瑙河口和比萨拉比亚南部割让给摩尔达维亚,高加索的卡尔斯归还给土耳其,并放弃对土耳其境内的东正教的保护权;塞尔维亚、瓦拉几亚和摩尔达维亚的宗主权仍归土耳其,由列强共同保证;黑海中立化,禁止各国军舰通过两海峡,禁止俄国在黑海沿岸建立或保有兵工厂;多瑙河航行自由。和会对国际法的一大贡献是通过的《海上国际法原则宣言》,附于《巴黎和约》。这个宣言直到今天依然是国际法的重要组成部分。

在丘吉尔看来《巴黎和约》消除了战争的直接根源,但它没有彻底解决东方问题。俄国放弃了扼守多瑙河入海口的比萨拉比亚南部地区,也不再提出关于保护土耳其境内基督教徒的要求。达达尼尔海峡又像战前那样,在和平时期禁止外国军舰通行。土耳其的独立得到各国的保障,它因此许诺要进行改革,其实这一诺言不过是一纸空文而已。俄国同意使黑海非军事化,可是当欧洲在1870年普法战争中无暇东顾时,俄国却违背了自己的诺言。俄国的扩张暂时受到遏制,但它并不老实。不出20年,欧洲几乎又同野心勃勃的俄国在近东厮杀起来。只要土耳其处于虚弱的地位,俄罗斯帝国主义就不会放弃吞并她的野心,它也就会给西欧带来麻烦。这个基本形势并没有得到根本性的改变。

漫画中英、法、奥斯曼帝国的形象

三十、击倒巨兽——第二次鸦片战争和印度民族大起义

克里米亚战争令帕默斯顿在英国政坛的地位如日中天,年逾古稀的他长期主持国政。1855年之后的10年光景里,除了托利党组阁的一小段插曲

之外，帕默斯顿始终是英国首相。但在同俄国签订和约以后，他很快便不得不面对了另一场战争。战场同样在东方，同样是与法国联手对抗一个硕大无朋的帝国。而战争的进程同样曲折离奇。

1856年10月，一条名为亚罗号的海盗船被中国人扣留。该船为一个中国海盗所有，曾于两年前向英国政府注册，有一个挂名的英籍船长，船员都是中国人。中国巡河水师在中国领水上拦截了该船，拉下了船上的英国国旗。中国籍船员都被逮捕但英籍船长被释放。英国驻广州领事巴夏礼宣称中国人侮辱了英国国旗，发出抗议，要求中方道歉。两广总督叶名琛拒绝，并查出亚罗号登记的执照在三星期前就已到期，因此无权悬挂英国国旗，也不再受国际法的保护。然而，巴夏礼为了保全颜面，拒绝让步，他无视国际公约，反而宣称中国人在行动前对该船并非英国船的事实并不知情。巴夏礼派出舰队轰击叶名琛的住所，导致大片城区被毁，以及大量的伤亡。作为回应，叶名琛发布公告，号召广州人民联合起来消灭"英夷"，悬赏要英国人的人头，城外英国人居住的洋行也被烧为平地。

英国报纸上的"亚罗"号事件

当消息传到英国，许多内阁大臣都认为巴夏礼的做法不管在法律上还是道义上都属错误，总检察长也认定他无疑触犯了国际法。然而，帕默斯顿却庇护巴夏礼，表示下属的行动不应受到事后批评。在接下来的议会辩论中，下议院的理查德·科步登和格莱斯顿等人从道德的立场上激烈抨击政府的对策。辩论持续到第四天时，帕默斯顿开始攻击科步登和他的言论充满了"反英国的感情，简直是自己放弃了对自己祖国和同胞的羁绊，我从未想到议会中会有人说出这样的话，什么都是英国人的错，和英国为敌做什么都是对的"。他进一步宣称，若谴责英方做法的提议得到通过，就表示议会投票"抛弃掉了地球另一端的众多英国臣民，把他们交给一伙野蛮人——一伙惯于绑架、谋杀、投毒的野蛮人"。该提议以六票的优势获得通过后，帕默斯顿随即要求女王解散议会重新选举，他的要求得到满足。在国际上，中英之间的危机愈演愈烈，在第二次鸦片战争时达到顶点。

在克里米亚战争中尝到了甜头的拿破仑三世随即跟进。法国借口满清广西地方政府在没有告知法国领事馆的情况下处死了传教士马赖，违反了应把拘捕的法国人解送领事馆的条约义务，向中国派出远征军。由于《南京条约》以后的十多年中，英国对华的经济渗透仍不能满足资本家的贪婪要求，因此帕默斯顿渴望一举打垮满清帝国。在法国加入后不久，英国政府又邀请1844年签署《望厦条约》在华获得贸易特权的美国加入，但此时美国国内南北战争一触即发，华盛顿政府只能给予外交上的支持。倒是沙俄帝国外交代表以东正教团监护的身份早先混入北京，此后以调停人的面目出现，借机渔利。

1857年9月，英法联军抵达广东洋面。11月，英使额尔金、法使葛罗、美使列卫廉与俄使普提雅廷齐集香港。12月12日，额尔金、葛罗分别对叶名琛发出以10日为限的通牒，12月28日，英法联军对广州发起攻击，次日攻陷。1858年1月5日，俘虏了总督叶名琛。1月9日，英法总局宣布与刚被复职的巡抚柏贵（实际为魁儡）共同治理广州，并于2月11日自行解除封锁和恢复广州的对外贸易，广州便一直由英法联军控制直到战争结束。

1858年3月，四国公使同往上海。两江总督何桂清要求他们返回广东。而四国公使决定集结军舰，北上天津。4月中旬抵达白河口。4月24日，四国使节要求清政府限期六天内派人谈判，否则将采取"必要的手段"。咸丰帝派出直隶总督谭廷襄赶赴交涉，不料英法公使以"照会形式不符、无钦差大臣之权"为由拒绝接见。至于英法方则因兵力未能集合完毕，延迟了原本六天内的进攻。咸丰帝除了同意减少关税外，对于四国的要求一律拒绝，也不准谭廷襄开战。在英法代表仍旧拒绝交涉的情况下，谭廷襄改与美、俄代表交涉，愿能协助谈和，但因困难的要求仍毫无结果。谭廷襄要求开战，提出上海、宁波、福州、厦门全部关闭，停止贸易的策略。两广总督黄宗汉也提议速速克复广

英国报纸中关于广州沦陷的新闻画

州，使英法等国震慑再出面开导。咸丰帝未批准以上提议，并发出声明："切不可因兵勇足恃，而先启兵端。"

此时正忙于扑灭国内太平天国运动的满清政府的确不想在外交事务上再节外生枝，但是"树欲静而风不止"，1858年5月20日，英法联军用炮艇让1200位士兵从大沽口登陆，清守军奋力抵抗，在2小时后全军战败，南北炮台陆续被攻陷。5月26日，英法联军未遭遇抵抗就兵临天津城下。5月30日，四国使节逼迫清政府派全权代表至天津谈判，否则将进军北京。经此一战，极为震惊的清朝在6月1日派出大学士桂良、吏部尚书花沙纳、耆英（曾参与签订《南京条约》）赴天津与各国谈判。经过桂良、花沙纳的交涉，终在1858年6月13日签订《中俄天津条约》。6月18日签订《中美天津条约》。6月22日，清朝在英公使额尔金进军北京的威胁下，签订了《中英天津条约》。6月27日与法国签订《中法天津条约》。与列强签署《天津条约》本是满清政府的权宜之计，而英属印度爆发反英大起义的消息更刺激了主战的蒙古亲王僧格林沁。战争非但没有就此中止，反而滑向愈演愈烈的深渊。

自从打垮了旁遮普地区的锡克人之后，英国在南亚次大陆便几乎没有了对手。在维多利亚女王看来，印度在东印度公司的统治下自得其乐，伦敦政府只是略加监督而已。但事实上，在印度各地开疆扩土的英国探险家早已偏离了他们摄取利益的轨道，俨然将自己当成了这片土地的主宰。其中最为蛮横的自然首推印度总督——达尔豪西伯爵。达尔豪西于1848年1月到达印度，在他的任期内英国击败了锡克族的挑战，在第二次英缅战争中吞并了仰光和勃固全省。尽管有人指责达尔豪西的政策激进强横，但是面对由其进贡的印度大钻石和其他各种实惠，英国政府选择了继续纵容他的扩张欲望。

在结束了对外的扩张之后，达尔豪西伯爵开始着眼于印度内部。此前东印度公司与印度各地的王公缔结盟约，保证支持他们和他们的继承人，从而从他们那里获得许多特权，包括派驻代表和军队的权利。这种权利使得英国人得以随意支配各邦的大政方针，但是达尔豪西还想寻求获得更多的权利。根据惯例，如统治者无自然继承人即需要向英国政府请示是否可以收养一个儿子以继其位。达尔豪西提出，如果这种请求遭到批驳，那个邦即处于"权利丧失"状态，从而成为英国领地。这一新的继承政策被称为"绝嗣领土归公论"。按照达尔豪西伯爵的做法，1848年萨达拉被吞并，

1854年詹西及那格浦尔被吞并。而其中詹西王国的国王甘加达尔·拉奥,不仅有一个养子更有一个颇具人望的遗孀——拉克希米·芭伊。芭伊不仅年轻貌美,更兼弓马娴熟,本是代夫主政的不二人选。达尔豪西伯爵如此强取豪夺,自然为东印度公司埋下了诸多隐患。

达尔豪西伯爵之所以敢于如此肆意妄为,很大程度上仰仗于英国在南亚次大陆所拥有的庞大武装力量。东印度公司为了巩固殖民地,保证贸易和利润,建立了雇佣军制度,雇用兵称为西帕衣团,军官则由在英国东印度公司专门设立的一所学校接受训练后的英国人担任。到1857年,孟买、马德拉斯和加尔各答三个英国殖民地各有自己的部队,总数超过了20万人。但东印度公司的军队早已声名狼藉。它的兵源主要来自北方,其中大部分是出身高贵的印度人。这样的军队难以管理。婆罗门士兵不服从出身低贱的军官和军士,一个人在团队里的权力和影响往往取决于他的宗教地位,而不是取决于他的军内职务。公司里的英国军官也多半不称职,因为他们当中的出类拔萃之辈都愿意调到比较有前途的行政领域。留在团部工作的许多军官脱离士兵,而且不想改变自己的队伍状况。部队在津贴的问题上怨声载道,其他与军事骚动无关的事件使局势进一步恶化。

19世纪50年代,铁路、公路、驿馆、电报和学校开始向印度农村发展,引起印度民众的担心。许多印度人认为,这些事情威胁着一个古老社会的存在,因为这一社会的核心结构和精神支柱是严格而不可改变的种姓制度。他们说,如果人人都使用同一条铁路、同一所学校甚至同一条公路,那么种姓制度怎能保持呢?印度王公们对最近的吞并活动感到不安和不满。禁止寡妇自焚的行动激起了印度人的仇恨。到处传说英政府要强迫印度人改信基督教。由于在阿富汗遭到的不幸以及同锡克教徒战斗时的伤亡,英军无敌的威力受到怀疑,以致印度士兵认为自己和欧洲军队不相上下,或者比他们更强。偏偏在此时,英国政府派来了缺乏殖民地管理经验的查尔斯·坎宁。

查尔斯·坎宁是英国昔日外相乔治·坎宁的幼子,撇开他的家族与帕默斯顿的关系,他本人并非无能之辈。但是从未管理过殖民地的他,实在欠缺些运气。他上任不到一年,一种新型子弹的投放便引发了一场空前规模的起义。在普拉西战斗100周年之际,恩菲尔德式步枪的子弹上涂着猪油和牛油的传闻不胫而走。穆斯林忌食猪肉,印度教徒禁吃牛肉。这些子弹在装入枪膛之前必须用牙咬一下,这样,信奉这两种宗教的印度士兵就

第六章 新的对手

都受到了侮辱。这些传闻有些根据，虽然在印度的达姆达姆兵工厂从未使用过牛油，而伦敦的伍尔维奇兵工厂确实使用过。士兵的怨言一传出，带有油迹的子弹就不发放了。可是，有关猪油和牛油的消息在1857年春传遍各团，士兵情绪波动不已。驻防密拉特的一些骑兵在4月拒绝接受子弹而受到军法审判，5月9日在公开场合被剥去了军装。一名印度军官向上司报告说，印度士兵策划劫狱。上司不相信他的报告。第二天晚上三个团哗变，他们打开监狱，杀死英国军官，开始向德里进军。

消息一经传出，不甘失去权力的印度王公们随即揭竿而起，6月4日，拉克希米·芭伊率领起义军占领了军火库，打死了英国在当地的最高指挥官邓洛普，并最后重新占领了詹西，自封为"詹西女王"。此时东印度公司已经无力顾及她了，在旁遮普以南，英军只有不到11个满员营和一些辅助部队，总共约有4万英国士兵分布在辽阔的半岛各地，而且没有临战准备。印度叛军比他们多四倍，掌握着大多数大炮。炎热季节已到，路途遥远，车辆不足，当局缺乏准备。然而印度民众一盘散沙的心理并没有伴随着英国的征服而有所收敛，尽管叛军很快便控制了德里，拥戴莫卧儿帝国的末代皇帝穆罕默德·巴哈杜尔·沙复位，但大多数居民对此却无动于衷。在东印度公司控制的三个军中，只有孟加拉军受了影响。尼泊尔籍士兵协助镇压叛乱，旁遮普保持忠诚，那里的锡克教徒和穆斯林仍然尊重狼狈不堪的英国军队。

查尔斯·坎宁迅速调集部队，包括截留派往中国进行第二次鸦片战争的军队，重新占领叛乱者的据点。9月14日，英国军队重新包围德里。经过六天巷战，重新夺回了这座莫卧儿帝国的古都。可怜的穆罕默德·巴哈杜尔·沙被送往缅甸，他的两个儿子身陷囹圄，由于发生营

"詹西女王"的铜像

救行动而被立即枪决。其他地区的起义也随即遭到了镇压。"詹西女王"芭伊在被迫率部放弃故土之后，于 1858 年 6 月转战印度中部的军事重镇瓜廖尔。在那里，印度封建王公的各路人马与英军展开了殊死一战，但最终兵败垂成。

英国人用大炮处决反英起义的领袖

在收复德里以后，英国政府便宣布"全国性暴动"已经被平息，尽管印度中部的战斗一直持续到 1858 年底，用大炮处决叛乱者还自称"仁慈"总督的查尔斯·坎宁在 11 月 1 日恭推维多利亚女王加冕为印度皇帝。

对这次印度反英起义的规模事实不应估计过高。四分之三的印度土著军队没有参与叛乱，英管区只有不到三分之一的地方受到影响。次大陆居民组成一个民族和国家的主张和理想是很久以后才产生的。但是英国人在印度所犯下的暴行，统治者和被统治者之间的鸿沟从此逐渐加深。18 世纪的悠闲气氛荡然无存，维多利亚时代初期及其以前的传教热情和改革热潮也已消失殆尽。英国人再也不把印度当做"家园"，也不把自己视为应召前来拯救芸芸众生的神圣使者。尽管英国在印度的统治变得公正而干练，社会有了很大进步，物质条件也大有改善；边界受到保卫，到处洋溢着一片安定的气氛；饥荒已经消灭，人口大量增长；印度军队得到复兴和改编，它将在两次世界大战中站在英国一边，发挥重要的作用；然而，那次叛乱期间的野蛮暴行和报复行动在两国人民的心中留下了难以消除的怨尤。而这一局面很快便会投影在英国其他海外殖民地的身上。

第七章　角逐四海

三十一、八里桥畔——第二次鸦片战争迷雾后的真相

1859年6月20日,由20艘蒸汽战船组成的英、法联合舰队出现在了被满清帝国视为"海陆咽喉"的大沽口外。应该说自《天津条约》签署以来,中英两国的外交摩擦从未中断过。双方争执的焦点主要集中在英、法等国在北京开设公使馆、内地游历和内河通商等问题之上。为了逼迫满清政府让步,英、法两国于是乎再次祭起了"炮舰外交"的法宝。面对来势汹汹的英法舰队,满清直隶总督恒福不得不作出让步,允许英、法、美三国公使由北塘登陆,率领不超过20人的武装卫队前往北京。但这一要求却遭到了西方各国的一致拒绝,因为经过长时间的水文调查,英国海军认定排水量较小的浅水蒸汽炮艇可以由大沽口逆海河而上,直驱北京城下。

英国海军的设想虽然并非天马行空,但却早已在满清帝国主战派的算计之中。1858年英法联军攻占大沽口,兵锋直指津、京,令清廷大感震动。因此在敌军撤走之后,严令科尔沁亲王僧格林沁会同礼部尚书瑞麟整饬海防。身为叶赫那拉氏的瑞麟虽然是因为"袷祭太庙,读祝洪亮"而在政坛崛起,但在满清帝国的内外交困中也逐渐成长为一位军事统帅。他来到天津之后,立即着手恢复直隶水师,同时在大沽口内外设置障碍,排列三道拦河铁链,配置铁戗,安设木栅,连成巨筏,以阻拦敌舰闯入。

来自蒙古草原的僧格林沁虽然对海战没什么经验可言,但却也深知延展防御纵深的重要性。根据他"分驻要隘,诱敌深入"的战略,满清将大沽口原有的南、北岸的炮台由原来的4座增加到7座,安装岸炮64门;另

在北岸石头缝地方新建炮台1座,作为后路策应。炮台周围均筑坚固堤墙,包挖壕沟,竖立木栅,加强防护。

6月25日,经过了一番备战之后,英法联合舰队选择了在黎明时分起锚,突入大沽口。但是面对新增的海栅,侵略者们一直忙到了下午2点才勉强清出了一条航道。而此时进攻的突然性已经荡然无存,大批满清炮兵已经进入僧格林沁预设的阵地,潜伏待敌。英国海军显然对"所有炮台像怪物似的沉睡在沙岸上,听不到它们的一点声音,也看不到什么旗帜"的战场态势颇不适应。下午3时许,英国远东舰队指挥官贺布少将终于按捺不住,命令舰队向岸边的目标开火。

第二次大沽口之战

贺布显然高估了自己的实力,在整个英法联合舰队之中,仅有1艘蒸汽巡洋舰和1艘护卫舰,其余均为排水量较小、火力孱弱的炮艇。其中充当前锋的11艘浅水蒸汽炮艇,总计仅有48门火炮。随着战斗打响,满清陆军大批为草席所伪装的大炮齐声发言,深入海河的英军战舰很快便在南北交叉火力的打击下溃不成军。一个小时之内,英国海军参战的炮艇便悉数负伤,旗舰"鸧鸟"号被击毁,炮艇"茶隼"号和"庇护"号被击沉,"鸬鹚"号等炮艇搁浅。面对意想不到的挫折,以中立面目出现在战场之上的美国海军也不得不撕下伪善的面具,曾经以"黑船"之名打开日本国门的美国蒸汽战舰"波哈坦"号虽然没有直接参战,但美国海军却承担了救护英军伤舰和补充其舰上水兵的任务。事后美国舰队指挥官达底那准将对自己行为的解释是"血浓于水"。

与美国人的积极助拳相比,法国海军在整场海

曾为打开中日两国国门而奔走的美国战舰"波士坦"号

战中却表现得并不活跃。以至于英军损失了578人的情况下，法国海军仅阵亡了12人。在英国海军6艘炮艇丧失战斗力，4艘被击毁、击沉，指挥官贺布亦身负重伤的情况下，联合舰队不得不铩羽而回，暂时退守杭州湾。消息传到伦敦，向来以"鹰派"自诩的首相帕麦斯顿随即宣布："我们要派一支陆海军攻占北京，赶走中国皇帝。"大批英、法远征军以香港为中心向远东集结，仅仅半年之后，1.7万名英国陆军已经在香江两岸整装待发。

在香港大举集结的英国海、陆军

与西方列强从全球范围抽调兵力的从容相比，满清帝国却忙于到处围堵冲向全国各地的太平军。1860年5月2日，洪秀全调集李秀成、陈玉成所部精锐一举攻破了围困"天京"两年之久的江南大营。尽管满清政府军在战场上兵员损失不大，即便是太平军的战报也承认"仅毙敌三五千人"，但是大量物资的损失及富庶江南的门户大开却是令满清政府无法承受之痛。李秀成挟攻破江南大营之功，力压陈玉成回师上游，援救安庆的主张，率十余万得胜之师横扫苏南，兵锋直逼英、法在华战略枢纽——上海。

此时的英法联军已经再度攻占了舟山群岛，并继续扬帆北上，分别侵占大连湾和烟台，形成对大沽口的战略包夹之势。不过虽然与满清帝国打得不可开交，但在太平军和满清苏南地方官吏之间，西方列强还是选择了昏庸无能的后者。尽管表面上宣布"严守中立"，但是1200名英法海军陆战队士兵事实上已经接管了以城隍庙为中心的上海核心防区。而混迹洋行、拥资百万的富商买办杨坊更仿照上海租界内侨民自发组织的"万国商团"的模式，聘请美国职业雇佣兵华尔拉起一票以欧美在沪水手、菲律宾人为主力的"洋枪队"。

华尔的"洋枪队"成型之时，恰逢第二次鸦片战争的战略决战阶段。1860年8月1日，英法联军在30艘战舰的掩护之下于北塘登陆。此时在紫禁城中焦头烂额的咸丰皇帝奕詝已经完全失去了与英、法决战的勇气，一

味要求僧格林沁"总须以抚局为要",以避免出现"兵连祸结,迄无了期"的局面。而僧格林沁则迷信自己麾下蒙古兵卒"马步兜击"的威力,放弃了大沽口两翼的海岸防线。在几乎没有遇到抵抗的情况下,5000英军先头部队在北塘很快便建立了牢固的桥头堡,在连续12天没有遭遇满清帝国军反击的情况下,英军出动小股部队向大沽口方向挺进。

英国远征军成功避开了北塘西侧满清骑兵,一举攻占了大沽口联结津京的战略枢纽——新河。错失先机的僧格林沁虽然随即调遣数千满蒙铁骑驰援新河,但战场的主客之势却已然扭转,凭借着后膛装填的新型"阿姆斯特朗火炮",英军轻松击败了满清帝国的反击,彻底切断了大沽口与后方的联系。而战后英法宣传机器沿袭其一贯明褒暗贬的风格,鼓吹装备冷兵器的蒙古骑兵悍不畏死,但最终3000精锐仅有7个生还。抛开这个明显不合情理的数字不谈,技术的革新已经令传统的骑兵突击威力大减,即便换上任何一个欧洲国家的骑兵,在新河战场上也未必会比僧格林沁表现得更好。这一次的惨败与其归罪于蒙古骑兵落后于时代,不如说是僧格林沁此前错误地认为"北塘虽为蓟运河河口,但南北皆系盐滩洼地,不易展开;越过盐滩,便是清军马队防地,壁垒森严,固若金汤,敌人断无可能由此绕击大沽口炮台后路"的战略误判。

应该说新河虽败,但僧格林沁所部仍在兵力上占有优势。如果能够再接再厉地发动攻事,未必不能解大沽口之围。但身在北京的咸丰皇帝已经被英法联军吓破了胆,他手谕僧格林沁:"天下根本在京师,当迅守津郡,万不可寄身命于炮台,若不念大局,只了一身之计,有负朕心。"正是在满清军队收缩防线的情况下,8月14日英法联军攻占塘沽,8月21日对大沽口炮台群展开了海、陆夹击。

此时守备大沽口的是直隶提督乐善,乐善和僧格林沁一样来自蒙古草原,自从军以来转战全国,在与太平军、捻军交手的过程中积累了雄厚的政治资本,可谓满蒙贵族中的一颗政治新星。面对英法联军来势汹汹的海、陆炮火,乐善起先还能沉着应战。但是火炮性能的差距却最终令大沽口守军意志动摇。上午7点半左右联军步兵开始发动刺刀冲锋,炮台内外展开了血腥的白刃战。到10点左右第一座炮台被攻占,双方的拉锯不可谓不激烈。但是随着乐善的战死,炮台守军放弃了抵抗。当晚大沽口炮台群全面缴械,满清帝国多年积聚的518门火炮大多成为了英法联军的战利品。

8月23日,英法联军趁势向天津进军,早已无心恋战的直隶总督恒福

大沽口炮台内外的白刃战

授意天津知县开城投降。钦差大臣桂良、恒祺随即赶往前线谋求与英法联军代表额尔金议和。应该说经历了新河、大沽口两次会战,英法联军此时正处于信心爆棚的状态,因此重兵在握的额尔金可谓"狮子大开口",不仅要求满清政府需全面履行《天津条约》的各项条款,更提出增开天津为通商口岸,增加赔款,以及各带兵千人进京换约的新条件。向来自诩天朝上国的满清政府自然不愿接受这样的"城下之盟",桂良等人更对额尔金使团中最为张扬的广州领事巴夏礼怀恨在心,认为"巴夏礼系该夷谋主,额尔金惟其言语是听"。

既然谈判无果,交战双方自然只能用"大炮进行辩论"。满清政府调集更多的骑兵部队向八里桥、于家卫等入京要隘集结。而英法联军则不断派出斥候,以入华多年的传教士为辅助。对通州战场进行全面的侦查。但就在双方剑拔弩张的情况之下,满清政府宣布改派怡亲王载垣等到通州与英法谈判。额尔金自恃身份高贵,不愿意以身犯险。随即改派一支锡克族骑兵保护巴夏礼前往通州。应该说通州谈判双方都缺乏和平的诚意,英法联军并不指望载垣能够应允其所提出的种种苛刻条件,而载垣则在谈判破裂后拘捕了巴夏礼使团,并向咸丰吹嘘说"该夷(巴夏礼)能善用兵,各夷均听其指使,现已就擒,该夷兵心必乱,乘此剿办,谅可必操胜算"。

交战前夜扣押深入己方防区的外交使团,在自诩文明的西方列强之中也屡见不鲜。但英法联军却一边罔顾巴夏礼的死活继续进军,一边开动宣传机器大肆渲染满清帝国的野蛮。9月18日,英法联军进逼满清通州防线的前哨——张家湾。僧格林沁接战不利,被迫退守通州八里桥。满清帝国与英、法之间打打停停已近4年的全面冲突最终迎来了决战时刻。

八里桥战争的结果早已妇孺皆知,但其详尽过程却被简单地以一幅幅西方油画所代表。法国远征军中尉保罗·德拉格朗热曾以诗人情怀回忆道:"炮弹和子弹无法彻底消灭他们,(满蒙)骑兵们似乎是从灰烬中重生。他们如此顽强,以至于一时间会拼命地冲到距大炮只有30米远的地方。我们大炮持续和反复地排射,炮弹于他们的左右飞驰,他们在炮火中倒下了"。

而被拿破仑三世册封为"八里桥伯爵"的蒙托邦更是大吹法螺说:"八里桥成了这一天最动人的一幕。早晨还斗志昂扬的那些清军骑兵,现在都已消失得无踪影了。"仿佛英法联军真的一举歼灭了于八里桥一线布防的3万满清军队一样。

八里桥之战中的英军和清军装束

拿破仑三世曾提议给予蒙托邦5万法郎的年金作为奖赏,但此时英法联军洗劫圆明园的消息早已在欧洲不胫而走,怀着"羡慕嫉妒恨"的心理,法国国会的议员们鼓噪称八里桥战役是"一场引人发笑的战斗",因为"在整个战役期间,我们只有十二个人被打死,不值得再给他那么高的奖赏"。仿佛这场标志着满蒙军事贵族彻底走向没落的战役,真的只是一场"洋枪洋炮"对弓箭马刀的屠杀。

经历了新河之败和张家湾战役,僧格林沁已经深知英法联军正面火力之强。之所以放弃通州一线,退守距离北京城仅20公里的八里桥,便是期望借用地利之便给予对手以重创。所谓"八里桥"实际上是通州百姓对始建于明正统十一年(公元1446年)的"永通桥"的别称,作为京南通惠河水系的主要交通枢纽,选择在八里桥一线布防,僧格林沁一是谋求依托当地河网,同时在八里桥周围的灌木丛林,临时构筑了战壕和土垒。僧格林沁的意图很明确,那就是以步兵和工事先行阻击对手,等待英法联军攻势受挫之后再以骑兵实施反攻击。

僧格林沁的战略瞒不过老于军旅的英军统帅詹姆斯·霍普·格兰特。和僧格林沁一样,格兰特也是骑兵军官出身,因此深知机动性对陆军的重要性。针对清军依河布防的战略态势,格兰特将英法联军分为3个攻击集群,法军第1旅、第2旅主攻东、南两线,压迫清军的防线,而英军助理则尾随法军前进,抵达通惠河一线后再以利用骑兵的机动性攻占位于八里桥西侧的一座木桥,伺机强渡河网,迂回包抄清军的侧背。

受封为"八里桥伯爵"的蒙托邦

此时八里桥一线，云集于满清华北战场的三大主力，除了僧格林沁的满蒙铁骑之外，还有大学士、礼部尚书瑞麟所指挥的团练武装及胜保所部的京营八旗，僧格林沁最初的计划是让这两部人马据守通州县城与八里桥，形成互为掎角的态势，胜保与瑞麟私下商议，擅自率部撤出通州县城，移防八里桥一带。最终令清军形成了一个3万人拥挤在长十多里，宽六七里的防线上，且中间极为薄弱，左翼却极为强大的奇怪阵形。

最先于清军发生接触的是法军第一旅由3个炮兵连和工兵部队组成的先遣集群。面对一股冒进的饵兵，僧格林沁显得很不淡定。或许是担心己方孱弱的炮兵无法胜任阵地战，也可能是希望抓住对手行进间的有利战机，僧格林沁随即命令满蒙骑兵大举出击。在以小股骑兵围攻法军先遣部队的同时，清军主力开始向法军第一旅发动冲击。

僧格林沁显然小觑了自己的对手，法军统帅蒙托邦起于行伍，早年在阿尔及利亚积累了与游牧民族作战的大量经验。他预感到法军现在所处的平原地形将成为满蒙骑兵纵横的沙场，于是第一时间命令部下停止前进，就地巩固工事。蒙托邦的判断可谓拯救了第一旅，法军刚刚组成战斗队形，满蒙骑兵便卷地而来，除了对其正面展开冲击之外，僧格林沁亲率一支骑兵向对手左翼迂回，试图一举围歼对手。

关于这场激烈的步骑交锋，中国的史料中给出了"毙伤敌军千余人"的数字。不过后世的研究者大多以英、法参战者的回忆录为第一手资料，认定这一数字不过是满清方面的脑补和意淫而已。但从整个战局来看，僧格林沁的主动进击的确打乱了联军的既定部署，为了支援陷入围困中的盟友，格兰特被迫放弃了原定的迂回方案，大举驰援法军，甚至亲自率领骑兵赶往前线侦查，还险些被对手俘虏。在英法联军的夹击之下，僧格林沁被迫放弃了对法军第一旅的围攻，撤回八里桥一线重整旗鼓，准备再度发起进攻。

不过此时法军第二旅已经从南线逼近了八里桥防线，随着其精准的炮火落在胜保所部的防区，这位屠杀太平军不遗余力的刽子手，第一时间宣布自己"负伤坠马"，带着所部人马逃往北京去了。看到老搭档胜保不战而走，大学士瑞麟也跟着脚底抹油。整个八里桥战场顿时呈现了僧格林沁独力面对英法联军三路围攻的局面。起初僧格林沁还颇为豪气地让自己的近卫队将帅旗插在八里桥上，示意要死战到底。但很快得到英军骑兵出现在自己侧后的消息，僧格林沁也只能无奈地宣布后撤。这支英军骑兵自然

是格兰特派出夺占八里桥西南木桥的别动队,不过由于中途迷路,这支部队一路西进到了远离主战场的于家围。尽管英军骑兵错失了合围八里桥的绝佳战机,但僧格林沁所部多为蒙古牧民,溃散之后纷纷逃回故土,最后收编归队的仅有十之一二。

根据最终控制战场的英法联军统计,八里桥战役中满清军队的损失约为1000人。这一数字是否含有水分,世人不得而知。但是英法联军只有个位的死亡人数却显然有些蹊跷。尽管克里米亚战争之后,英法两国的战地医疗技术有了长足的进步,但

西方画家笔下的八里桥战场,充满了意淫和夸张

是如此之低的损失还是令人匪夷所思。特别是在英法两国参战人员的回忆录中还不止一次地提到了几次可怕的事故,比如,"格兰特下令龙骑兵和锡克族骑兵出击。清兵退到一条宽而深的壕沟后面。龙骑兵一一越过障碍;可锡克族骑兵因辔缰妨碍,纷纷连人带马相继跌入壕沟中,马断了腿,人被压伤。"又比如蒙古骑兵一度冲入法军第二旅的指挥部,而当时法军的大炮没还有及时赶到,在两门野战炮发射散弹压制的同时,第二旅的指挥官科利诺将军都拔出了剑准备参与肉搏。而之所以出现这样的统计结果或许与英法联军中有大量来自殖民地的土著兵员有关。

八里桥之战彻底浇灭了满清主战派的热情,消息传到北京,咸丰皇帝第二天便以"木兰秋狩"的名义逃往承德避暑山庄,将守备北京及与英法交涉的任务交给了自己的兄弟——恭亲王奕䜣。而事实上八里桥之战也极大地刺激了深入内陆的英法联军,借口等待弹药补给。格兰特和蒙托邦在通惠河畔驻守了半个多月。直到10月5日才在额尔金停止交涉的命令之下,进逼北京德胜门、安定门两门。此时英法联军的营地周围已经聚集了大批来自京津各地的土匪和流氓,在这些带路党的引领之下,次日凌晨英法联军直扑清军守备空虚的海淀一带,包围了满清帝国富丽堂皇的皇家园林——圆明园。

当晚法国军队先行侵入圆明园,园内殿座焚烧数处,居于园中的常嫔

因惊吓过度自缢身亡，总管内务府大臣文丰投福海殉难，守园的官兵也逃散一空。随即，在英法两军头目开完分赃会议、达成协议之后，英国军队也成群结队地闯入园内，对这座清政府经营百余年，综合中外建筑艺术，珍藏着中国历代图书典籍、文物书画和珍珠奇宝的皇家园林进行了持续两天的公然劫掠和拍卖。此间，奕䜣得报之后，也无力拯救自家的祖业，只能在仓皇转移之余，释放被满清帝国长期扣押的巴夏礼使团。由于攻占圆明园和巴夏礼获释间隔不长，因此西方媒体妙笔生花，将一起公然的劫掠，粉饰成了联军解救人质的正义行动。

巴夏礼等八人被释放后，又经一番交涉，英法联军终于在10月9日撤出圆明园，退往黑寺扎营。但针对满清政府赔偿圆明园损失的要求，额尔金却拿出了十足的流氓嘴脸，宣称圆明园乃"英法侨民所受痛心疾首惨刑而死之地"为由，要求将其毁为平地，并"由中国政府出款，建碑于天津，叙明此辈不幸之人拘获死亡等情，及英政府所要求之款，以为此背信暴行之罚"。这理由实在荒谬到可笑，满清政府再怎么拮据也不可能将巴夏礼使团关押在自己的皇家园林之中，而根据巴夏礼本人的回忆，他始终是被关在刑部牢房之中。

近代西方文明最大的特点之一便是能义正词严地实行自己的任何罪恶。一起为了毁灭自己劫掠罪证而组织的纵火，竟然还能贴出布告："宇宙之中，任何人物，无论其贵如帝王，既犯虚伪欺诈之罪，即不能逃脱其应有之责任与刑罚。兹为责罚清帝不守前约及违反和约起见，决于九月初五日焚烧圆明园。所有种种违约行动，人民未参与其间，绝不加以伤害，惟于清室政府，不能不惩罚之也。"随后英军调集3500名士兵，在圆明园内到处纵火。大火三昼夜不熄，全园变成一片火海，黑烟笼罩，火光冲天，相距20多华里的北京城上空，日光黯淡，如同日蚀。这座举世无双的宏伟秀丽的皇家园林，除少数建筑外，都化为灰烬，与此同时，他们又将清漪园、静明园、静宜园、畅春园等全部焚毁，徒留"断碣残碑，都付与苍烟落照"。

三十二、戈登传奇——英国维多利亚时代的个人背影

英法联军对圆明园毁灭性的掠夺不仅是中华民族百年国耻中厚重的一笔，更引来西方有识之士的齐声谴责。一位英军工兵上尉在他的日记中写道："你很难想象这座园林如何壮观，也无法设想法国人把这个地方蹂躏

到何等骇人的地步……"不过这位上尉写下这段文字并非出于正义，而是怨恨作为技术支援兵种，他姗姗来迟未能在其中分到一杯羹，他就是未来将和中国结下不解之缘的查理·乔治·戈登。

戈登出身于英国伦敦，世代从军的家族传统让他很早便进入了皇家军事学院学习。不过由于戈登的火爆脾气，两度在学校里与教官和同学斗殴。英国陆军最终将戈登的培养方向由攻城拔寨的炮兵，转向让他加入皇家工兵团去修理地球。在他本人军旅生涯的前6年里，戈登忙碌于威尔士的建筑工地、塞瓦斯托波尔要塞外围的壕沟以及土耳其的勘探前哨。如果没有第二次鸦片战争，已经被委派为工兵学校教授的他可能将以一个学者的身份度过自己的余生。

离开中国时的戈登

自愿参战的戈登赶到大沽口之时，英法联军已经成功登陆。他紧赶慢赶地抵达前线仍错过了八里桥战役。除了在圆明园点上一把大火之外，戈登在战场几乎毫无功勋可言。不过随着满清帝国与英、法签署《北京条约》，西方列强获得了在天津建立租界的特权，拥有丰富工程学知识的戈登终于得以一展拳脚，在勘定租界地形和修筑道路的工作中出力颇多。也因此得到了驻守天津的英军指挥官斯特维利的赏识，当1862年江苏巡抚李鸿章提出希望聘请英国军官指挥所谓"洋枪队"之时，斯特维利第一时间推荐的就是戈登。

事实上，当戈登抵达上海之时，太平军对这座远东商埠的围攻热潮早已消退。1860年夏，太平天国忠王李秀成趁华北战云密布之际，发动了对上海的第一轮围攻。尽管太平军前锋陆顺德所部在松江为清军小挫，但随着李秀成亲率太平军抵达战场，上海外围据点随即易手，被满清依为奇兵的"洋枪队"更是在青浦城下几乎遭遇灭顶之灾。上海本地报纸记载，"洋枪队"主帅华尔身负五伤，兵员锐减三分之一。

考虑到太平军一旦攻占上海这座商业重镇，其激进的政治体制势必影响西方列强在华利益，因此英、法驻沪公使不仅通过外交渠道向李秀成发出了英法军队已经接防上海，并将对试图接近的一切武装开火的警告，更于8月18日、19日两天动用舰炮火力掩护海军陆战队参与攻防。猝不及防

的太平军一时伤亡惨重，甚至乘轿指挥的李秀成本人也被弹片击中面颊，不得不退守徐家汇。太平军对上海的首轮进攻至此不得不画上一个不圆满的句号。

英、法联军虽然以极小的代价击退了太平军，但李秀成所部已经控制着上海近郊的青浦、嘉定等地，西方列强在华的兵力毕竟有限，经不起长时间的拉锯和消耗。为了达到不战而屈人之兵的目的，英、法一方面不断派遣传教士前往太平天国的首都"天京"，试图将洪秀全改造成其在长江流域的代理人。这一外交努力最终于1861年取得了阶段性成果，在北京逼迫满清政府签署一系列不平等条约之后，当年2月，巴夏礼跟随贺布舰队自上海溯江西上汉口，中途于"天京"停泊。经过一番交涉，太平天国于4月2日颁发通令，不仅同意持有英国通行证的船只可自由航行长江，更许诺在本年内不进入上海100里以内地区。

洪秀全、李秀成等太平天国的领导人之所以选择与西方媾和，很大程度上是迫于曾国藩所部湘军的压力，试图摆脱两线作战的窘境。当然，"洋船"的大批涌入，也能极大地补充太平军装备和物资的不足。甚至被围困的安庆、黄州等要塞，湘军对不断向太平军兜售粮食、军火的西方商船也是毫无办法，最终不得不耗费巨资将路过洋船的货物全部买下。

但西方列强很清楚《北京条约》所给予他们的重重特权，如内地通商、鸦片贸易合法化等，是太平天国方面所不可能应允的。在1861年12月27日，英国海军少将贺布再度抵达"天京"，提出包括允许悬挂英国旗的中国木船自由航行长江不受检查，及保证永久不进入上海、九江、汉口百里之内的新要求时，便为太平天国一口拒绝。此时尽管重镇安庆已经易手，太平天国上游局势日益吃紧，但是李秀成所部却纵横苏杭，已经完成了对上海的全面围困。一举拔掉满清在苏南最后一根楔子，再全力迎战顺流而下的曾国藩便成为了太平天国唯一可行的决战计划。

满清帝国在上海的驻军大多是江浙一代的残兵败将，面对来势汹汹的老对手，很难不出现"闻风丧胆，一触即溃"的局面。相比之下，由美国人华尔组织的"洋枪队"，经过一番脱胎换骨的改造，的确表现得可圈可点。针对第一次上海攻防战中"洋枪队"兵力不足，西方水手、盲流士气不高等弱点，满清江苏巡抚薛焕和华尔决定改弦易辙，采取以西方冒险家为军官，"用夷法部勒我勇"训练中国士兵的模式。至此"洋枪队"由雇佣兵组织正式转型成为了中国近代第一支西式化的军队。尽管在与太平军交手的战

场上,"洋枪队"的战绩依旧只是平平而已,但这并不妨碍薛焕大笔一挥将其改名"常胜军"。

"常胜军"在上海外围不断以救火队的形式出现,并非是其战斗力过硬,而是"中西混血"的先天优势,使得"常胜军"成为了满清和西方列强展开联合军事行动的最佳桥梁。在浦东、高桥等地不断击退太平军的事实上是一支由贺布指挥,包括英国陆军、印度锡克族、法国海军陆战队甚至还包括几十名俄国人的混合部队。不过为了能继续戴着"法理中立"的假面具,英、法政府此时仍不愿站到台前。美国人华尔借此独占功勋,行情一路看涨,和他的副手白齐文一同获赏三品顶戴。

英法联军对满清政府的支持不仅局限于战场,畅通无阻地航行于长江之上的英国货轮,更成为了协助满清军队远程机动的长臂。1862年春,受命节制苏、皖、赣、浙四省军事的曾国藩,派遣自己的心腹幕僚李鸿章率在安徽新募的"淮军"驰援上海。正是凭借着往来从容的西方现代化舰船,李鸿章率"淮军"前锋仅用了2天的时间便从安庆抵达上海。而在不到一个月的时间里,淮军所部13营6500人悉数开赴申城前线,成为了压垮太平军第二轮攻势的最后一根稻草。

尽管"淮军"初到上海之时"衣帜朴陋",但向来精明的英国人却还是很快从李鸿章的身上嗅到了无限的商机。面对上海当地官僚对淮军"皆笑指为丐"的嘲讽,李鸿章以淮军在战场的表现,给出了"军贵能战,待吾破敌慑之"的有力回击。而这位"署理江苏巡抚"更在下车伊始便打出了"察吏、整军、筹饷、辑夷"的组合拳,一时间不仅整肃了上海官场,更令英、法列强对其刮目相看。为了拉拢这位满清政坛的新星,更为了巩固在上海的特权地位,自4月22日起,英法联军配合满清"常胜军"、"淮军"各部对上海周边的太平军要塞展开了全面的扫荡。在不到一个月的时间便攻占了嘉定、青浦、南桥、奉贤等地。第二次上海攻防战至此画上了一个句号。

在上海城内一片弹冠相庆之余,争权夺利的暗流也始终涌动不休。由于在南桥争夺战中法军指挥官卜罗德意外战死,英国人一度主导上海战区的对华援助,而此时已经完成了"土洋混血"的"常胜军"便成为了英国和李鸿章共同的敌人。应该说英国人视华尔为眼中钉早已不是什么新闻了。早在太平军第二次攻打上海之前,英国政府便借口华尔招募英国水手、逃兵加入"洋枪队"而企图拘捕他,好在华尔及时傍上了上海富豪杨坊,加入中国国

籍才躲过一劫。此时英国政府更怂恿李鸿章将华尔及其"常胜军"调往太平军反击的前线——青浦、松江一线，借刀杀人的用心可谓路人皆知。

1862年5月17日，李秀成亲率太平军精锐于太仓重创淮军，随即又收复嘉定、南桥等地。在大批清军陆续退守上海县城之际，华尔的"常胜军"被孤立于青浦、松江两地，一度陷入太平军的合围之中，局势万分危急。李鸿章虽然不断高呼"松江危在旦夕"，但却始终是口惠而实不至。无奈之下，华尔只能放弃青浦，集中兵力守备松江。偏偏在这个节骨眼上，英军又借口不知道青浦已失，将十几船军火白白送给李秀成，正是凭借着这些缴获，李秀成在松江城外筑起炮台，四面围攻。华尔和"常胜军"的覆灭俨然只是时间问题。

身为雇佣军的华尔多少有些气节，他拒绝了李秀成的劝降，准备与松江共存亡。对于这种职业操守，满清官僚颇不理解。左宗棠事后还颇为尖酸地挖苦说："夷人之畏长毛亦与我同。"不过华尔的运气实在不错。5月30日，湘军主力进逼"天京"。早已习惯在"小天堂"里坐享安乐的洪秀全，不愿采纳李秀成"让城别走"的建议，执意调集各路人马打一场首都保卫战。面对勒令回师的严厉督促，李秀成在自感速胜无望的情况下不得不主动从上海退兵。由于防区位置突出，华尔的"常胜军"又不得不迅速投身到追击的战斗中去。李鸿章对"常胜军"的艳羡令他很快便组建了一支200人、10门洋炮组成的洋炮队，并逐步将淮军编制中的鸟枪队改为洋枪队。而令李鸿章都没有想到的是，上海之战的表现还极大地刺激了一个名为高杉晋作的日本人。

身为长州藩士的高杉晋作，此时正以日本德川幕府贸易代表团的身份驻足于上海。目睹了连场的激战，高杉晋作颇为感叹地总结道："尽管太平军有超人之勇，但在少数英法军队面前遭到惨败，今后是新式大炮和军舰的时代。"回到日本之后，由其所组建的长州藩"奇兵队"从某种意义上来讲也有"常胜军"和"淮军"的影子。

李秀成在"天京"城下统帅号称20万的太平军与湘军缠斗之际，李鸿章忙于收割太平天国在苏南的势力范围。经过了松江之役后，华尔对于这位江苏巡抚显然积累了大量的不满，在奉命南下浙江的沿途，以"缺饷"为名大肆向米铺劫掠白米；甚至进而搜抄府、县衙门。如此任意妄为的举动，自然要付出惨痛的代价。1862年9月21日华尔在慈溪战场为太平军所伤，翌日便死于宁波。李鸿章随后将"常胜军"的一干劣行全部算到了其副手

白齐文的身上，逼迫这位来自美国北卡罗来纳州的雇佣兵头目转投太平军的帐下。

1863年3月，在李鸿章的举荐之下，英国人戈登在松江接任了"常胜军"指挥，自此，这支中国近代颇具影响力的雇佣军正式落入了英国政府的掌控之中。而几乎就在戈登逐步改革"常胜军"种种陋习的同时，英国政府也在尝试着向满清帝国兜售一支舰队。1861年起出任海关总税务司的英国人赫德，向来与恭亲王奕䜣关系莫逆。由其牵线搭桥，满清政府在各类细节均未敲定的情况之下，便匆促向英国订购了7艘战舰。

朝秦暮楚的雇佣兵——白齐文

1863年9月18日，由曾参与过两次鸦片战争的英国海军上校阿思本所指挥的"中英联合舰队"抵达天津，并准备开赴华东战场。此时满清政府才发现这支舰队不过是"海上洋枪队"。不仅满清政府需要支付1000万两白银作为其未来四年的军费，舰队的所有人事安排还要全部由英国人说了算。而原本就不满英国人南下争功的曾国藩趁势发难说阿思本："意气凌厉，视轮船奇货可居，视汉总统如堂下厮役，倚门之贱客。"面对"费数百万之帑金，竟不得一毫之权柄"的局面，恭亲王奕䜣也深感不妥，最终决定拿出37万两有余的遣散费将阿思本舰队就地解散。

阿思本舰队姗姗离去的背影或许并不寂寥，因为还未回到英国本土，皇家海军已经为其中大部分的舰船找到了"下家"。除了2艘在孟买交付印度地方政府、3艘卖给埃及人之外，舰队中的两艘主力舰"江苏"号和"厦门"号更以11500英镑的价格出售给了野心勃勃的日本西南强藩萨摩。改名为"春日"丸的"江苏"号日后更在明治维新中扮演了异常重要的角色。

"阿思本舰队"的胎死腹中，无疑宣告了中英蜜月期的提前结束。毕竟自"辛酉政变"以来满清帝国已经逐步走出了昔日闭关锁国的状态，以总理衙门为平台，恭亲王奕䜣充分挥发其长袖善舞的外交才干。一时间法、美、俄、德各国公使均积极谋求在华特殊利益，英国在满清帝国对外关系中已非一家独大。如在浙江战场之上，法国人便协助左宗棠组建了另一支雇佣兵武装"常捷军"。另外，湘军围攻"天京"的态势已经日益明朗，

太平天国运动被最终镇压俨然指日可待。恰如曾国荃所谓"长江水师帆樯如林，无须轮船会剿金陵"。借助西方雇佣军才能稳定局面的日子似乎已经到头。

这种貌合神离的状态也很快影响到了苏南前线的戈登和"常胜军"，针对李鸿章不断克扣军饷的诸多刁难，戈登被迫开源节流，除了淘汰掉一批品行不端的官兵之外，戈登还引入了英国军队的诸多管理体系。经过一番整顿和英国政府财政、物力上的支持。"常胜军"在戈登时代进入了其最为辉煌的全盛期。

按照曾国藩的统一部署，在湘军主力围攻"天京"的同时，左宗棠的"楚军"应扫荡浙闽一线，而李鸿章的淮军及常胜军则应由上海出击，收复苏南地区。如果仅从战线长短来看，李鸿章肩膀上的担子无疑要轻一些。但事实上，李秀成所部在当地已经经营多年，奉命留守苏州的"慕王"谭绍光更依托各类工事，集结了数万有生力量。因此摆在李鸿章面前的无疑是一条步履艰难的危途。

出于保存实力和消灭异己的双重考量，李鸿章每每以"常胜军"为先锋展开攻坚。戈登虽然以蒸汽战舰利用苏南水网竭力避开太平军的堡垒，更多地借助炮火杀伤对手，但"常胜军"仍不得不面对历史上最为严峻的战斗减员和逃亡风潮。为了弥补损失，更为了保全和壮大"常胜军"这颗棋子，戈登开始在战场上大量收编太平军战俘，仅在苏州周边的昆山和太仓两地，"常胜军"便吸纳了2700名太平军战俘。如此疯狂的自我膨胀，最终令李鸿章在满怀猜忌的心理之下，导演了中国近代史上颇为著名的"苏州杀降"。

所谓"苏州杀降"指的是控制着苏州城内四分之三的兵力的"纳王"郜永宽等8位太平军指挥官由于与谭绍光不合，且对太平天国运动失去信心，暗中向李鸿章请降。并于1863年12月4日刺杀谭绍光，正式开城向清军投降，但李鸿章随即以"鸿门宴"的方式俘杀郜永宽等人。整个事件表面上看来与"常胜军"关系不大，但事发之后戈登的反应却异常激烈，甚至第一时间跳上蒸汽战舰驶抵李鸿章大营欲逮捕这位封疆大吏。幸好李鸿章此时恰好前往苏州参加入城仪式，才有幸躲过一劫。但戈登还是不依不饶，他召集"常胜军"士兵，宣告苏州杀降事件，声称除非满清政府对这种行为给以处分，否则不会再为其服务。

尽管事后英国政府将戈登的过激行为解释为"一时冲动"和"对公然

背信弃义的愤怒"，但戈登在郜永宽等人叛降前后的一些部署却不得不引起世人的怀疑。正是考虑到戈登有意将城内数万太平军系数编入自己的"常胜军"，出现尾大不掉的局面。深知"滥杀降众，必坚其必死之心"的李鸿章才不得不铤而走险，先发制人。而在事态恶化之后，李鸿章也向满清政府明确表示："戈登利心颇大，常胜军霸住要挟，不知又耗许多财力。其实该军除炸炮外，攻剿不若我军，屡称对仗，迄未动手，鸿章与诸将亦甚不惧怯也。"显然已经做好了事态进一步发酵的准备。

戈登虽然负气将"常胜军"拉到了昆山，摆出一副不听调遣的架势，但是仅仅过了2个月，这位自诩高贵的英国绅士便不得不主动与李鸿章谋求和解。戈登如此积极要求归队，倒并非是出于什么高风亮节的考虑，而是"常胜军"的饷银全部仰赖于李鸿章的拨款。而早在苏州战役之前，"常胜军"便已经面临欠饷的危机，而深蕴官场之道的李鸿章一边以"已作债帅，只好债多不愁"自嘲和宽慰对方，一边却在奏折上坦诚心计："迩来戈登利欲颇大，需索多端，一若余为财神。渠扬言，如不发饷，弁勇无意效命。余告曰，克复苏垣，即发欠饷，并额外犒赏。"现在苏州已经攻陷，与李鸿章真的撕破脸皮，吃亏的自然还是戈登和"常胜军"。

经历了"苏州杀降"的风波之后，李鸿章对"常胜军"的使用更为肆无忌惮。在明知常州一线的太平军将领获知郜永宽等人的结局，准备死战到底的情况下，李鸿章仍要求"常胜军"北上攻坚。其结果是"常胜军"在攻克金坛、华墅等地时都遭遇重大伤亡，在常州城的攻防战中，戈登更一气损失了27位军官。面对承受着密集的葡萄弹、霰弹袭击仍死战不退的太平军，戈登陷入了空前的绝望。李鸿章则幸灾乐祸地表示"戈登终于亲见常胜军的不得力"。

攻陷常州的殊荣最终落在了湘军名将鲍超的囊中，戈登虽然也借此升任提督，但是却不得不忍痛接受李鸿章解散"常胜军"的建议。带着唏嘘和遗憾，戈登随即跳上英国海军的战舰赶往"天京"前线，希望能在湘军那边寻找"就业"机会。面对反复推销自己炮兵的戈登，曾国荃显得兴趣不大。而就在戈登抱怨满清帝国"不思变革"，坚信其暂时无力攻克"天京"的一个月后，曾国荃以中国传统的地道战术攻陷了太平天国的首都，无形中又给了这个自大的英国人一记响亮的耳光。

三十三、英日同盟——英国在远东的重新布局

1864年7月开始的"凤凰山训练营"计划可以说是"常胜军"最后的余晖。在英国政府的外交努力之下,满清帝国最终允许戈登保留"常胜军"中1000余名骨干,在昆山境内的凤凰山建立类似于英国奥尔德肖特军营的训练基地。虽然戈登吹嘘他正在打造一支完美的中国陆军,但是繁琐的日常训练非其所长,仅仅掌管了凤凰山训练营一个月,戈登便启程回国。最终这个被英国政府寄予厚望的营地在存在了9年之后被最终废弃。英国政府谋求利用雇佣军影响满清帝国政局的努力也至此归于破产。

应该说从华尔草创"洋枪队"到"凤凰山训练营"的没落,在整个"常胜军"的历史之上,戈登更像是一位匆匆的过客。但经过英国媒体的一番包装,这位被解聘的雇佣军司令,摇身一变成为了"文明战胜野蛮"、"无私帮助亚洲国家摆脱落后"的成功楷模。前往远东展开一场名利双收的冒险之旅更成为了那个时代无数西方职业军人的梦想。而在太平天国运动日益没落,满清帝国迎来"同治中兴"的大背景之下,越来越多的西方冒险家将目光投向了其近邻——日本。

最早注意到日本国内异动的或许是原"常胜军"将领白齐文。在被李鸿章挤走之后,白齐文虽然一度以"洋兄弟"的身份加入太平军,但在李秀成等人眼中朝秦暮楚的白齐文显然并不可靠,而白齐文本人的雇佣兵习气也令他和"常胜军"保持着藕断丝连的关系。据说苏州城内"纳王"郜永宽等人有意"反水"的消息,便是由白齐文首先传递给"淮军"方面的,白齐文也由此在苏州城破后不仅保全了首级,还颇受礼遇。

美国驻华公使馆对白齐文的处理意见是将其送往日本横滨"修养伤病"。考虑到美国政府曾以武力逼迫日本"开国"、日本国内此时波诡云谲的政治态势,此举背后似乎另有深意。自1853年和1854年美国东印度舰队司令马修·佩里准将两度率领舰队叩关以来,日本长期闭关锁国的状态被彻底打破。身为武士阶层的领袖,以"征夷大将军"之名实行统治的德川幕府几乎同时承受着来自内外部的巨大压力。西方列强不断以武力逼迫幕府签署各种不平等条约,出卖国家利益。而国内大小武士集团的头目则从各自的利益出发叫嚣"攘夷"。起初德川幕府采取高压政策,发动大肆逮捕异见人士的"安政大狱",但面对以暗杀为手段的反扑,德川幕府只能抬出

名义国家元首——天皇，试图与公卿阶层联手化解国内矛盾。但已经沉寂了数百年的天皇和公卿在发现了自身价值之后，转而开始与敌对幕府的西南强藩接触。

所谓"西南强藩"指的是占据九州岛北部的肥前藩、南部的萨摩藩、本州岛东部的长州藩以及四国岛的土佐藩。这四大武士集团凭借着有利的地理位置，较早与西方列强展开贸易和交往，建立了相对领先的军事和工业体系，自然要求在日本的政治事务中拥有更大的话语权。不过"西南强藩"虽然在对外交往中获益匪浅，最初却因其民族情绪和阶层特性，积极地要求德川幕府与西方列强开战，以实现"攘夷"的目的。

1862年9月14日，前往江户与德川幕府商讨"攘夷"大计的萨摩藩主岛津久光，在生麦村附近与英国商人查理斯·理察逊一行狭路相逢。为了争夺道路优先通行权，双方随即发生摩擦。向来护主的萨摩武士一拥而上，砍

"生麦事件"的发生地点

死了查理斯。这场被称为"生麦事件"的恶性斗殴，随即引发了英国政府与萨摩藩之间的外交冲突。为了惩戒日本，英国远东舰队开赴鹿儿岛附近洋面，将萨摩藩繁荣的居民区打成一片火海。至此萨摩藩一改与西方对立的姿态，成为了日本列岛最为亲英的地方政权。

无独有偶，几乎在英国威逼萨摩藩就"生麦事件"道歉和赔偿的同时，长州藩也主动炮击了在下关附近航线的美、法商船，向西方列强挑衅。1864年8月，英、法、美、荷四国联合舰队攻入下关，令长州藩也不得不赔款议和。在不断与西南强藩发生军事摩擦的同时，西方列强和德川幕府的关系却不断升温，因此身在横滨的白齐文有朝一日供职于日本幕府军似乎也并非全无可能。可惜的是白齐文本人并没有长远的眼光，在得知太平军余部在"侍王"李世贤指挥下，转战福建，大有割据自立之势时，心痒难耐的白齐文试图潜回中国大陆。最终被厦门海关俘获，以"风大水急"的名义"溺毙"于押解往美国驻华领事馆的途中。

死去的白齐文当然无法预见，就在他离开日本后不久，德川幕府与西

南强藩正式决裂。声势浩大的"长州征讨"不仅宣告了日本的分裂,同时也令西方列强各自站队。英国虽然和萨摩、长州两藩龃龉不断,但却不得不承认这两大武士集团视野远较德川幕府开阔,手腕也更加灵活。抱着奇货可居的心态,英国政府开始秘密支持西南强藩,大批新式军火通过土佐藩士坂本龙马的走私集团"海援队"输入萨摩、长州两藩。

身着法式陆军军服的德川幕府军

面对"西南强藩"背靠英国这棵大树的现实局面。德川幕府第15代将军德川庆喜选择向法国寻求援助。应该说所谓的"幕法提携"早有先例,德川庆喜的前任德川家茂便曾将日本的蚕种赠送给拿破仑三世,帮助法国提升了其绢丝行业。而拿破仑三世则回赠26匹阿拉伯纯种战马。可惜的是德川幕府没有想到以此来改良日本的战马血统,只是随意地将这些高头大马分赏给重臣,并未有用于战争的打算。1866年11月,拿破仑三世钦点的庞大军事顾问团队前往日本,17名核心成员包括4名军官、10名负责基础训练的士官以及2名士兵,他们于次年1月抵达江户,着手开始帮助德川幕府建立起了完备的近代陆军建制。与此同时,幕府斥巨资采购了3万支后装线膛枪,法国顾问团的到来,还为幕府带来了2千支气密性能和精度更好的崔斯波特后装枪,被德川庆喜分配给自己的近卫部队使用。

与得到法国全力支持的德川幕府相比,"西南强藩"尽管倒幕战争之前一直在致力改良单兵武器,但得到大批后装线膛枪之后的幕府,已经完成了从燧发枪到击针枪的跨越式发展。在随后爆发的戊辰战争中,倒幕各藩军单兵武器的整体质量实际是落后于幕府方面的。可以说,没有英、美军火商雪中送炭般地运来"恩费尔德"式后装枪和"阿姆斯特朗"野战炮,倒幕战争的结果可能完全是另一副景象。

随着德川幕府的最终崩塌,"西南强藩"打着明治维新的名义开始主导日本。不过由于分赃不均,西南强藩之间还有一番内斗。这并不影响英

国享受其之前投资的回报,在明治维新后的相当长一段时间里,英国始终是日本最主要的军火供应商和贸易伙伴。而英日之间的这种所谓"良性互动",伴随着满清帝国洋务运动的深入和中日之间边境摩擦的加剧而日益升温。至甲午战争前期,日本海军几乎所有外购主战舰艇均为英国制造。

第一次鸦片战争后,英国攫取到在华巨大的政治优势和丰厚的经济利益,成为"唯一在远东拥有较大利益的欧洲强国"。然而,自19世纪下半叶起,在远东,英国受到来自欧美列强的政治渗透和商业竞争。这引起英国的不安。1872年2月5日,英国《伦敦中国电讯报》发表社论说:"只要把事实摆在议会和公众的面前,我们就可以很快不再听见那种说英国人对于远东利益冷淡的反复叫喊了。"对此,英国在远东的基本政策是"维护现状",既维护英国在远东的优势地位,竭力防止出现危及英国既得利益的新的竞争者。在这一政策中,英国支持清政府,把清政府作为执行这一政策的一个有分量的筹码。

英国"既得利益的新的竞争者"之一是俄国。英俄两国是世仇,它们在欧洲、亚洲都存在着利益冲突。英国对俄国的政策,是利用几个老弱的封建帝国来对付俄国,在西边,几十年来英国一直努力把老弱、瓦解的土耳其变成一座坚固的堡垒;在中间的一段,用印度来对付;在大陆的另一端,"我们有另一个病夫"——中国,英国用了更大的力量来支持中国,"如果中国垮了台,通向印度的道路将在另一边失去了掩护,且不说我们在商业上所蒙受的损失,如果我们对俄国怀有敌意确是颠扑不破的规律,那么,中国似乎就是上帝向英国人所指出的伙伴,这个同盟将把半数的人类联合起来"。由此可见,中国是英国对付俄国的一张"王牌"。

在远东,英国的另一重要竞争者,是刚刚崛起的日本。英国作为近代最大的殖民霸主,当19世纪末、20世纪初世界市场被瓜分完毕之时,为维护其既得利益,必须维持现存的国际格局。在远东,就是要继续保持一个软弱的清政府的统治,而且维护

装备英制阿姆斯特朗炮的日本陆军

清廷在朝鲜事务中的传统的主导地位。恰恰相反,日本作为一个后起的帝国主义国家,当它刚走到瓜分世界的餐桌旁时,世界市场就已经基本上被瓜分完毕了。要想满足其扩张野心,就必须挑起事端,重新瓜分世界。因此,在东亚国际舞台上,英日两国的分歧和对抗是不言而喻的。

进入19世纪90年代后,远东局势日趋险恶。除俄国仍旧虎视眈眈外,日本也摩拳擦掌,跃跃欲试。朝鲜问题再度引起各方关注。这无疑对英国在远东的地位和利益产生了威胁性影响。所以,英国急于尽力避免冲突(特别是战争)的爆发。在甲午战争前为防止中日就朝鲜问题发生战争所进行的8次调解中,英国起了突出作用。英国告诫日本:"英国对于任何侵犯它自己在中国的利益或朝鲜的完整或独立的行动,十分肯定是不能容忍的";英国欢迎在朝鲜实行改革,但是它"不能对朝鲜的涉外规章的任何重大变化置诸不问,也不同意把朝鲜国王的任何领土让与日本"。

可见,甲午战争前,英国传统的远东政策是支持清政府,以平息事端,达到维护现状的目的,并且,英国国内许多人也相信,当时的中国实力正在上升。正如长期担任中国海关总税务司的英国人赫德所说:中日战争"如果战争能拖长下来,中国的资源、人力和它经得起磨难的本领,必能胜过日本的勇猛和它的训练、组织能力"。

英国出口给日本的"吉野"号巡洋舰

中日甲午战争爆发后,战争的发展大大出乎国际社会的预料,貌似强大的清军连连失败。此事引起了英国政府的高度重视。此时,英国对远东局势的态度是矛盾的。一方面,它在华享有特殊利益,因此,它不愿看到战争对英既得利益造成损害,特别害怕俄国混水摸鱼;但另一方面,由于英俄矛盾以及清政府的腐败,英国又想借日本之躯来阻挡俄国的南进。这种矛盾的态度,使英国举棋不定,因而,它转而采取了"恪守善意中立"的立场,将防止战争破坏其在华势力范围和经济利益作为宗旨。7月21日,英国外交大臣金伯理电令驻日使节巴柴特转告日本政府:"……发生战争,日本应对其后果负责。"22日,日本反驳道:"……由日本政府单独负责,日本政府敢信为不当。"23日，巴柴特又奉令会晤日本外相陆奥，提出："今后中日两国若发生战争，中国的上海，为英利益中心，希望取得日本政府不在该地区及其附近作战的保证。"陆奥当即作出保证。平壤和黄海两战役后，英国对日大为刮目相看，《蓓尔梅尔公报》撰文："只要日本有节制地利用它的胜利，我们便没有理由同它争吵。"为了能使日本"有节制地利用它的胜利"，并防止其他列强乘虚而入，英国以"中立"的面目出现，以中国作出种种让步为条件，在10月间，联合德、法、美、俄等国，出面调停中日纠纷，以尽早结束战争。

甲午战争结束以后，由于中国战败，英国很需要在抗俄南下方面得到新的同盟，如何处理英日关系成为英国远东政策的重要内容。于是，当甲午战争的战局基本明朗之际，英国伦敦的《泰晤士报》载文指出："英日两国间的利益并不冲突，两国的重要利益实在还有许多相同的地方"。而其所谓的共同利益关系主要在对俄方面："俄国虽然屡次向中国声明不占据朝鲜，然而俄国始终还是想在太平洋上占有一个不冻的海港。……俄国如果达到了这个目的，英日两国全不能坐视。"这是因为："日本将来要想成为一个海上强国，日本决不能让俄国在太平洋上占有一个不冻的海港，那是日本的致命伤。就是我们英国对于这件事也很焦急。"因此，他们认为有必要在东亚扶持日本。《马关条约》引发了"三国干涉还辽"，英国决定袖手旁观。当德、俄、法要求英国参加干涉活动时，英国内阁决定："英国在东亚的利益并没有被日本和平条款破坏到就要采取一种显然只有武力才能贯彻的干涉程度。"当日本为此来拉拢英国时，英国的回答是：已决定对此事完全不加干涉，而协助日本也"不外是一种干涉"。这种"中立"立场实际上大大减轻了日本的外交压力。

英国政府通过对中日的国力分析和实力较量，得出结论：腐败无能的清政府已不可救药，积贫积弱的中国不能够视为在俄国和印度之间的一个有效的屏障。《泰晤士报》社论指出："关于中国的潜力以及中国迷梦已醒的种种神话已经这次战争完全澄清了。"以追逐"永恒利益"为宗旨的英国外交决策集团在不危及英在华利益的前提和原则下，决意利用日本来抵制俄国对中国的任何企图，并求得英国在同俄国相遭遇的远东其他地区中的自由行动。"自1894年秋天起，英国对日本的感情早已发生了变化。"在英国舆论界，亲日鼓噪由弱变强。《圣詹姆士官报》上有一篇反映这种变化的社论："如果日本企图瓜分中国，我们必须加以干涉。不过，目前

它不大可能会这样。……在今后许多年中，日本对于我们不会有任何损害。我们不必反对它在太平洋上的海军力量。无疑地，它将威胁和震动俄国，但这和我们毫不相干。……如果日本对于正向亚洲北部伸出一个长爪的令人可怕的帝国形成一种对抗力量，我们并不吃亏。"英国政府对中国的安危存亡已漠不关心。金伯理就辽东割让给日本是否危及中国安全一事曾表示："如果把它（中国）的都城迁移至旧城南京，庶能根本上消除威胁它的危险。……英国利益主要集中在上海及其附近。"可见，在甲午战争期间，根据中日两国力量对比状况，英国对其远东政策作了策略上的变更，它放弃了"中国牌"，不再把中国视为可为英国扼制其他列强在远东发展的力量，而是通过采取制造列强之间的牵制或直接出面的方式来维护其远东利益。这种新的远东政策一直延续到20世纪30年代。

英国和沙俄在中亚的争夺被漫画为狮子和熊的博弈

英国所推行的新的远东政策是英国全球战略的一个重要组成部分。从此，英日开始接近，并逐渐发展为结成同盟。在亚洲，英国借助日本之力成功地打击和遏制了俄国，尤其是1904年的日俄战争使英国大获渔翁之利。在第一次世界大战期间，全赖日本忠实于同盟条约，才保证了英国在远东殖民地和势力范围的安全。因此，英国长期对这只"亚洲警犬"抱有好感和幻想。同时，日本对俄国的削弱和牵制又大大确保了英国在欧洲推行均势政策。1907年，在英俄结盟中，这种牵制有助于英国处于有利地位。

英国远东政策的根本点，是维护英国在远东的既得利益和优势地位，尽一切努力防止俄国南下政策的实现。无论它起初支持清政府、反对日本挑起侵华战争也好，以后支持日本提出的媾和条件也好，还是拒绝参加干涉"还辽"也好，都不违背其远东政策的根本点。可见，英国远东政策的转变，是出于战略和策略上的需要，其根本目的是不变的。

三十四、瓜分豆剖——英国与西方瓜分非洲的狂潮

最先说出"钻石恒久远，一颗永留传"这句名言的英国矿业大亨塞西尔·罗得斯曾大言不惭地表示："这个世界几乎已分配完毕，它所剩下的地区也正在被瓜分，被征服，被拓居，想一想你夜晚在空中所看到的那些星球吧，想想那些我们永远无法到达的远大的世界吧！我常常这样想，如果可能的话，我将吞并这些星球。看到它们这样清楚而又那么遥远，真使我感到悲伤。"这番充实着幻想和狂妄的话语虽然令人作呕，却道出了19世纪末叶英国人试图独霸非洲的狂傲。

19世纪末，如果翻开那时的世界地图，人们会发现，从冰封荒芜的加拿大海岸到炎热富饶的印度次大陆，从广袤无垠的澳大利亚大陆到大西洋中只有几块礁岩的弹丸小岛，全世界有将近百分之三十的土地标着猩红的颜色。在这些土地上，蓝白红三色的米字旗高高飘扬，向全世界炫耀着登峰造极的"日不落帝国"那不可一世的傲慢、自负和辉煌。

19世纪下半叶是世界近代史上一个风云动荡的年代。在1848年欧洲革命浪潮前后，随着比利时的独立、德意志和意大利的统一，欧洲的工业革命和社会革命进入了一个新的高潮。无数的工厂、矿井、铁路出现在西欧和南欧那些恬静的乡村田园风景中，如林的烟囱不断地在鲁尔河、波河、马斯河两岸竖立起来。这些新兴的欧洲资本主义国家，一则出于觉醒的所谓"民族意识"，更多的则是迫于经济上的压力，面临着它们的英法前辈所曾面临的同样问题——为了获得最大的利润，就需要进行最大程度的剥夺，而在19世纪欧洲众多革命浪潮的前车之鉴下，它们知道对国内的过度剥夺很可能会导致改朝换代，所以只能把目光转向海外，需要在海外征服最富饶的原料供应地，获得最廉价的劳动力，取得最大的商品利润，以及最大的市场资源。

瓜分别的星球当然不现实，不过有一个蛮荒而富饶的大陆就摆在他的眼前。在当时最后一片未完全开发的处女大陆——非洲，那里有无法形容的原料宝藏，取之不尽的人力资源。为了在非洲争夺更多的殖民地、更多的原料、更多的市场，新兴的和老牌的欧洲列强们上演了一幕幕竞争、角逐、勾心斗角、纵横捭阖的好戏。为了在瓜分非洲的竞争中给自己攫取最大的利益，两个新的欧洲殖民国家——比利时和德国出现在非洲舞台上，向英

法发出了挑战。早在 1861 年，比利时国王利奥波德二世就写道："……海洋冲刷着我们的海岸，世界展现在我们眼前。汽船和电力缩短了距离。地球表面一切未占用的土地（大多数在非洲），能够成为我们行动和成功的地域……"

漫画中塞西尔·罗得斯和英国横跨非洲的宏图

在 1884 年的柏林会议之后，比利时国王名正言顺地把自己的旗帜插在了盛产矿物、宝石、木材的刚果河流域。另外，在普法战争之后，德国宰相俾斯麦对法国迅速恢复的能力感到惊叹不已，懊悔不曾"将法国的血液吮吸尽净"。为了转移高卢雄鸡复仇的目光，老谋深算的俾斯麦一直在怂恿法国人把征服的目标转向海外，而德国自己则慢慢消化阿尔萨斯和洛林。但是在 1890 年俾斯麦下台之后，德国的国策发生了变化。心情多变、性格反复无常的德皇威廉二世对当时最大的殖民帝国——英国既妒忌又钦慕。他决定，德国应该，而且必须，在海外也拥有自己的广大利益范围。在当时欧洲的其他列强中，俄国的扩张兴趣在远东和土耳其，奥匈帝国的扩张兴趣在巴尔干。除此以外，其余的欧洲老牌帝国如葡萄牙、西班牙，新兴的资本主义国家如意大利，都在非洲跃跃欲试，惦记着在瓜分非洲的盛宴中分得自己的一杯羹。这种虎狼之宴，当然少不了大英帝国的出席。

英国人在非洲最大的据点无疑是埃及。埃及政府从 19 世纪 20 年代开始往南扩张，并在英国探险家山缪·贝克的领导下，在 1870 年 2 月到达尼罗河上游的喀土穆，1871 年 6 月到达刚多卡洛。由于遭到了当地部落的阻挠和抵抗，英国政府派出英雄人物戈登前往征服这片尼罗河上游的土地。在开罗待了一小段时间后，戈登经由萨瓦金（苏丹海港）和柏柏尔（苏丹北部城镇）到达喀土穆，从喀土穆又继续沿着白尼罗河到了刚多卡洛。

戈登留在刚多卡洛省直到 1876 年 10 月。他建立了从索伯特河 (Sobat)

到乌干达前线的哨站，以及打击奴隶交易活动。然而戈登开始和埃及官员和苏丹发生冲突，这导致戈登回到伦敦并通知总督他不会回到苏丹。总督写信给他，戈登同意回到埃及，但坚持他必须成为全苏丹的总督。在总督同一些人讨论后，戈登成为全苏丹的总督。不过事实证明戈登这样的职业军人并不擅长处理内政事务。1880年由于无法处理于埃塞俄比亚的边境问题，戈登递交辞呈，怅然离开了辛苦经营了六年的苏丹。在他的继任拉乌夫（Raouf Pasha）治下，苏丹的奴隶贸易恢复

记录戈登第一次抵达苏丹时的铅笔画

了过去的规模，而戈登改革政府的成果全部被废弃。埃及政府为了创收，变本加厉地搜刮苏丹人民。苏丹上下群情激愤，整个国家已经成为一个火药桶。在尼罗河小岛上静修的一个苦行僧一直在默默关注着形势的发展，他这时看到时机成熟率领信徒揭竿而起。

　　无官一身轻的戈登随后在布鲁塞尔拜访了国王利欧波德，并被邀请帮忙负责刚果自由邦的事务。4月，英国好望角殖民政府提供给他一个地方军队的指挥职务。5月，他又收到印度总督私人秘书的聘用函。不过戈登到了印度不久便再度辞职了。2个月之后他再度回到了中国，在拜访了颇多恩怨瓜葛的李鸿章时，戈登提出了著名的"赠言二十条"。其中有一些固然是危言耸听，比如："中国一日以北京为建都之地，则一日不可与外国开衅。因都城距海口太近，洋兵易于长驱直入，无能阻挡。"但其所谓"中国有不能战而好为主战之议者，皆当斩首"，却可谓切中了满清帝国内部"清流人士"的脉络。

　　1881年戈登回到英国，当年4月他又动身前往了毛里求斯指挥当地的皇家工兵。他留在毛里求斯直到1882年3月，当他晋升为少将时，他被派到好望角去增援巴索托兰。数月后，他回到英国。不久后，戈登又前往巴勒斯坦———个他一直渴望拜访的地方，并在那里待了一年。比利时国王再次邀

请他管理刚果自由邦的事务,他接受了并且回到伦敦准备。但在他到达英国不久,英国政府要求他立刻去苏丹,那里的情况在他离开后变得相当糟糕,一个由穆罕默德·艾哈迈德所领导的"救世军"正不断地攻城掠地。

苏丹的埃及军队无法抵挡这场暴动,而埃及政府则正忙于镇压另一场暴动。1882年9月后,苏丹处于一个濒临毁灭的位置。1883年12月,英国政府命令埃及放弃苏丹,但撤离行动是困难的,数千名埃及士兵、平民和他们的家眷仍然困在苏丹。英国政府于是要求戈登前往喀土穆处理并撤离人员。1884年1月,戈登到达开罗;他再次被委派为总督,并踏上了前往喀土穆的不归路。2月18日,他抵达了喀土穆。戈登开始着手遣返妇孺和伤者回到埃及,约2500人在"救世军"封锁道路前被撤离。

近代苏丹的国父——穆罕默德·艾哈迈德

1884年3月18日,喀土穆的攻城战开始。虽然英国政府决定放弃苏丹,但民间仍有许多人呼吁派兵拯救戈登。直到8月英国政府才决定拯救戈登,但直到11月英国救援队才准备开始行动。到第二年的1月底,英军增援部队抵达喀土穆,却发现喀土穆已经沦陷,而戈登已战死两天了。

"救世军"大军于1月26日对喀土穆发动总攻。在饥馑中苦熬了一个多月的守军只抵抗了几个小时,喀土穆终于陷落。城中四万军民几乎被屠杀殆尽。根据英国官方历史记载,"救世军"士兵冲进总督府以后,发现戈登身着将军制服,手持指挥刀,站在楼梯上等着他们。戈登和总督府院内黑压压的"救世军"士兵对峙了几分钟,一时间鸦雀无声。这时一个名叫沙辛的"救世军"将领大喝一声:"遭天谴的家伙,你的末日到了!"话音未落便投掷出手中的长矛,刺入戈登的胸膛。戈登一脸的轻蔑,身体只是晃动了一下。接着又有两支长矛刺中戈登,戈登这才倒地,"救世军"士兵于是一拥而上,刀斧齐下。戈登死后,他的头被"救世军"士兵割下来高挂在树上示众,那一双无神的眼睛依然瞪视着北方。自从戈登丧生喀土穆以后,有好几年英国政府忙于应付俄国在阿富汗的咄咄逼人之势,似乎已经将苏丹遗忘。事实上正如维多利亚女王所说,戈登之死是大英帝国的奇耻大辱,为戈登复仇成为政府的责任,反攻苏丹只是时间问题。

1892年，基奇纳被任命为埃及军队总司令，开始为反攻苏丹做准备。英国政府决定攻占苏丹，一方面是给戈登复仇，为帝国雪耻；另一方面也是形势所迫。苏丹落入"救世军"亚政权以后，法国和比利时开始从中非向尼罗河上游扩张，大有吞并苏丹之势。为了确保英国对尼罗河水道的控制，反攻苏丹势在必行。

基奇纳于1850年生于爱尔兰，早年曾在瑞士求学，后来考入英国皇家军事学院，毕业以后进入皇

被极度美化后的戈登之死

家工兵部队，被派到巴勒斯坦、埃及和塞浦路斯绘制地图，期间掌握了阿拉伯语。1884年，基奇纳作为情报副官参加了解救戈登的军事行动。基奇纳性情孤傲冷峻，组织策划一丝不苟。"如果胜利是绚丽的花朵，运输则是花的梗茎，没有梗茎的鲜花无法盛开……""同'救世军'的战争主要是一个运输的问题。"基奇纳对现代战争的理解可谓深刻。

1895年，基奇纳得到英国新上台的保守党政府批准，开始远征苏丹。虽然反攻苏丹完全是大英帝国的军事行动，对外却以埃及政府的名义，而全部军费由埃及政府承担。自古以来，埃及进入苏丹的主要路线是尼罗河的水道。尼罗河在苏丹北部的河道呈"之"字形，蜿蜒1000公里，其间有3道落差瀑布阻隔，水位低的时候便无法通行。基奇纳主持修建了一条350公里长的铁路，穿过大片荒漠，直达尼罗河"之"字形河道南端的阿布哈马德，这条铁路于1897年竣工。接着基奇纳又沿着尼罗河修建了200公里铁路，抵达柏柏尔城，此去奥姆德曼仅400公里。这段铁路直到现在都还是苏丹的运输干线。1898年4月，英埃联军在柏柏尔以南的阿巴拉同一支"救世军"军队发生激战，将其击溃。

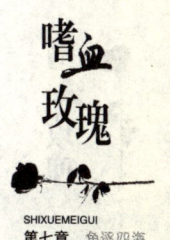

基奇纳反攻苏丹的时机非常好,哈里发治下的苏丹经济近于崩溃,人口由于连年的饥荒、瘟疫和战乱减少了一半。"救世军"运动初期的宗教狂热经过十几年已经逐渐消退,一些部落首领公开反对"救世军"政权,导致内战不断。尽管如此,哈里发依然拥有6万大军和几个忠实的宿将。当英军逼近奥姆德曼之时,哈里发在城外举行大阅兵,号召苏丹人民投身圣战,消灭侵略者。大战前夕,"救世军"军队有6千人逃亡,加上尼罗河要塞需要2千守军,在奥姆德曼之战中哈里发的可用之兵只有5万2千人。"救世军"并非只是大刀长矛武装的军队,他们拥有大约1万5千支缴获的步枪,甚至一些火炮,但弹药奇缺。

英埃联军的2万5千人中,英军有8600人,其余都是埃及部队,包括6个营的苏丹部队。和13年前相比,英军发生了许多变化,最明显的是土黄色卡其棉布军装代替了红色呢制军装。英埃联军士兵装备的李-梅特福新式步枪,使用无烟火药,射程达2500米,射速可达每分钟10发。联军拥有40挺轮式水冷马克辛机枪,射速高达每分钟600发,此外还有50门榴弹炮。奥姆德曼之战将成为所谓"非对称战争"的代表,欧洲军队的技术优势如此巨大,使战争的结局早已注定。

9月2日清晨6点,"救世军"开始发动进攻,战斗首先在两翼展开。英军第21骑兵团占据的索加姆山受到"救世军"右翼谢里夫"白旗"军团的攻击,大约6千人迂回到索加姆山的南侧,开始向山顶攀登,而第21骑兵团有目的地退到山脚。"救世军"士兵登上山顶以后,立刻沿东北一侧的山坡冲了下来。他们并不知道,这一侧的山坡正在英军大炮的射程之内。瞬间20多发炮弹呼啸而至,在"白旗"军团上空爆炸,"救世军"士兵立刻倒下一片。虽然勇敢的苦行僧们前仆后继、勇往直前,无奈英军数十门大炮将索加姆山炸成一片火海,"白旗"军团在山坡上丢下1千多具尸体以后退走。

与此同时,谢克埃丁的部队15000人向科莱里山上的埃及骑兵进逼,而左翼的瓦德赫鲁军团5千人则向科莱里山北侧迂回。基奇纳发现埃及骑兵团处境危险,命令团长布劳伍德率部撤回英军阵营。布劳伍德回复基奇纳,决意向东北方向撤退,吸引谢克埃丁的部队远离主战场。谢克埃丁以步兵为主的部队徒劳地向北追击了5公里,结果远离主战场十几公里。布劳伍德的大胆主见,事后被证明是此次战役的胜负手。

哈里发的作战计划其实相当精明。他将部队分为三个部分:谢克埃丁

和瓦德赫鲁的左翼军团 2 万人前进至科莱里山麓,隐藏在山后;右翼谢里夫军团和中央阿兹拉克军团大约 15000 人组成第一攻击波,向英军阵营发动正面强攻;他本人率领最精锐的卫队和雅库布军团共 17000 人组成第二攻击波,隐藏在索加姆山背后干涸的河谷里。倘若第一攻击波失利,英军必然向西南方向追击,哈里发打算等英军大部队越过索加姆山以后,向英军迎头痛击,同时谢克埃丁和瓦德赫鲁的左翼军团攻击英军的侧后方。哈里发的作战计划体现了运动战歼敌的思路,如果得以顺利实施,战役的胜负未可逆料。

7 点钟,"救世军"右翼的谢里夫军团和中央的阿兹拉克军团合兵一处,向英军阵营发动正面进攻。1 万 2 千"救世军"士兵越过科莱里平原中间隆起的高地,他们前进的同时,将密集的队形向两翼扩展,形成一个新月形。"救世军"亚士兵刚刚进入英军视野,就遭到炮火的袭击,英军炮兵和尼罗河里的炮艇矫正射角以后,纷纷开始急速射。由于此时"救世军"亚士兵队形相当松散,炮火造成的伤亡并不大。当"救世军"接近到两千米的距离时,英埃联军的步兵陆续开火。由于敌人距离尚远,英军步兵以整齐缓慢的排枪射击,而 40 挺马克辛机枪不停地扫射,在英军阵前形成一道弹幕。有好几挺机枪冷却筒里的水用尽,不得不用士兵水壶里的水补充。每一挺机枪的旁边,弹壳堆成了小山。在这种滴水不漏的火力封锁之下,"救世军"士兵像秋收的麦子一般被成片割倒,无人能够冲到英军阵营前 300 米的距离。悍勇的"救世军"将领阿兹拉克亲自率领一队骑兵冲锋,结果身中数弹毙命。上午 9 点钟,枪声渐渐稀落下来,阿兹拉克军团几乎全军覆没。

"救世军"的第一次进攻被击退以后,基奇纳命令第 21 骑兵团向奥姆德曼方向攻击前进。第 21 骑兵团行进途中遭遇"救世军"阻击部队,一共约 3 千步兵。他们大部分隐藏在一条干涸的河谷里,只留数百人在河岸上。由于不明敌情,第 21 骑兵团贸然向这股部队发起冲锋,虽然最终击溃敌军,但伤亡 71 人,其中包括几名尉级军官。这是英军历史上最后一次骑兵冲锋。

第 21 骑兵团与苏丹军团的鏖战

第21骑兵团离开不久，基奇纳就率领5个步兵旅向西南方向前进，目标奥姆德曼城。英埃联军各旅以四行纵列行军，呈梯队依次出发，麦克唐纳准将的步兵旅拖在后面。基奇纳知道科莱里山中尚有为数不少的敌军，于是把最强的部队作为后卫。英埃联军前队翻越索加姆山时，此时位于索加姆山北侧平原上的麦克唐纳旅突然停止前进，急急忙忙地面向西南方向展开战斗队形，在他们的正前方，哈里发指挥精锐部队雅库布军团1万7千人从隐蔽的河谷里冲了出来，向麦克唐纳旅发动突然袭击。敌人如此密集，距离如此之近，英军士兵们射击可以不用瞄准。基奇纳见此情况，立刻命令离麦克唐纳旅最近的部队迅速靠拢与之衔接，其他3个旅从索加姆山上冲下来，攻击"救世军"亚军队的右侧。"救世军"受到英军"V"字形阵线的夹击，伤亡惨重，但仍然作困兽之斗，疯狂冲击英军战线中较弱的埃及部队，逼迫其渐渐后退。基奇纳不得不派两个连的英军上刺刀在埃及部队后面督战，才避免埃及部队崩溃。

在不远处观战的哈里发心急如焚，他此刻唯一的指望，就是谢克埃丁和瓦德赫鲁的左翼军团出现在麦克唐纳旅的侧后。可惜这两支部队远离战场，狂奔十几公里赶到时，雅库布军团已被消灭大半，雅库布本人也已经战死。哈里发策划的分进合击，结果变为逐次投入兵力的添油战术。当"救世军"的正面攻势渐歇之时，基奇纳将部队陆续调到麦克唐纳旅的右侧，组成一道面向北方的战线，并在这一线加强了3个炮兵连和8挺马克辛机枪，以应对"救世军"左翼军团越来越强的攻势。在这一侧"救世军"士兵冲到英军战线200米距离以内，英军炮兵不得不用霰弹直瞄射击。随着越来越多的部队赶来助战，英军阵线火力也越来越强，"救世军"左翼军团伤亡惨重，渐渐失去了进攻能力。

瓦德赫鲁看到大势已去，亲率400骑兵排成密集队形作最后的冲锋。他们中间许多人连武器都不带，一个个策马疾驰，狂呼呐喊着冲进英军的火网，结果全部毙命。作为战役的尾声，英埃联军士兵上刺刀冲锋，向西扫过科莱里平原，将"救世军"残余部队赶进沙漠里去。上午11点半，基奇纳收起望远镜，满意地认为"敌人被很好地清理了一下"奥姆德曼一战，"救世军"军队阵亡2万人，伤2.2万人，被俘5000人，战损率高达90%。英埃联军仅仅阵亡48人，伤382人。哈里发有幸逃脱，一年以后死于英军的围剿中。战后基奇纳拒绝救护"救世军"伤兵，留他们躺在荒原上听天由命。

虽然此战"救世军"军队惨败，他们视死如归的勇敢精神征服了战地

记者丘吉尔。丘吉尔写道:"战败者的英勇举动被胜利者贬低了,我认为这很不公平。一个有勇气的人应该承认他们都具有高尚的理想,坚信自己的牺牲能够保证他们的名誉不被失败玷污。"奥姆德曼之战中,"救世军"不但表现了勇猛顽强的精神,也展示了相当高的战术素养和组织纪律性。英军的胜利,其实是高能炸药、马克辛机枪和达姆开花子弹的胜利。此战反映出精神力量的局限性,不能指望其完全弥补技术上的巨大差距。而铁路、机枪、总督、土著治安军也逐渐成为了英国在非洲扩张其版图的主要模式。

声名鹊起的基奇纳日后出现在了一战英国征兵的广告上

三十五、布尔战争——大英帝国衰亡的第一声号角

为了便于殖民地的管理和防卫,各个殖民帝国都想把自己在非洲的小块殖民地连成一大片,法国人在19世纪末制订了从塞内加尔经过苏丹到索马里的"双S计划"。德国人则制订了从喀麦隆到西南非洲再到坦噶尼喀,并且联合南非布尔人国家的"条顿非洲计划"。在这样的形势下,为了打破德国人的如意算盘,阻止葡萄牙人把安哥拉和莫桑比克殖民地连成一片的企图,英国首相索尔兹伯里勋爵首度提出了"英国人要从开普到开罗"的口号,即英国对非洲的扩张蓝图:从开普到开罗,将英国在埃及、东非、南非的殖民地打通,连成一片。这就是有名的"双C计划"。同时控制了开罗和开普,大英帝国从本土延伸到印度和澳大利亚的战略链条就有

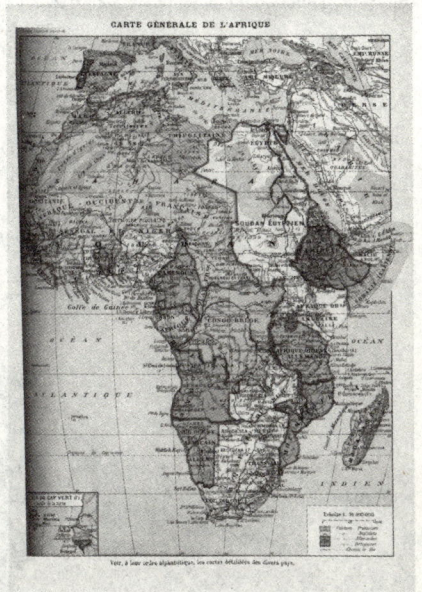

19世纪末期的非洲政治版图

了双重保障。

由于大英帝国的领土在地图上用红色表示,所以当时那些乐观的英国人描述这个光明的前景时说:"从开罗到开普,整个非洲大陆的东部都将用红色标注"。英国的海军和陆军摩拳擦掌,决心控制"双C计划"的全部必经之地。但在当时的非洲地图上,这个红色的链条从开普出发向北蜿蜒而行不久,便被拦在了荒凉不毛的南非高原上。挡住英国人"非洲山河一片红"美妙计划的,是两个小小的白人共和国,其国旗中象征荷兰奥兰治家族的橙色条纹表明了他们的祖先是荷兰人。这就是荷兰移民建立的德兰士瓦共和国和奥兰治自由邦。

在布尔战争开始之前,荷兰人移民南非已经有150年的历史。而英国人直到1814—1815年的维也纳和会上,才在向荷兰支付了600万英镑的补偿款后,把开普地区据为己有。此时正值拿破仑战争末期,英国有30万复员的士兵和水手涌入国内的劳力市场,造成了严重的社会问题。为了缓解国内的就业压力,英国决定向地广人稀的澳大利亚、加拿大和南非组织移民。

移民到开普的英国人很快便在数量上压倒了已经移民到这里100多年的南非荷兰人。这时的英国在全世界实行自由贸易政策,要将帝国的所有殖民地变成英国工业品的销售市场和原料产地。而开普殖民地的经济基础,是建立在布尔人牧场主免费获得大片土地、并对当地黑人实行奴隶制度这种落后的经济形态下的,显然不符合英国的自由资本主义经济政策。19世纪30年代,英国人宣布开普殖民地的土地为"皇家土地",不再允许布尔人农场主们免费占据、开发,而实行土地拍卖制度,同时限制布尔人向奥兰治河以北移居,此外,英国还在1834年宣布废除开普殖民地的奴隶制度,并用严格的殖民地官吏任用制度取代了布尔人的传统自治议会。英国资产阶级自由主义者在南非所鼓吹的"人人平等",触动了渗透着浓厚的种族主义思想的布尔农场主们最敏感的神经。他们忿懑地表示:"如果让奴隶享有与基督徒平等的地位,那么"我们宁愿离开"。

1836年,许多对英国统治不满的布尔人终于选择了离开。从那年的第

英国殖民者到来后,离开家园的布尔人

四季度开始，大批对英国殖民政策感到不安和不满的布尔人农场主们抛弃了自己的牧场、房子，驾着牛车，赶着牲口，带着全部家当和奴隶，离开富庶肥沃的赫克斯河谷和布立德河谷，开始了向只有沙土和矮灌木的南非内陆地区的大迁徙。大迁徙断断续续持续了四年，参加大迁徙的布尔家庭组成一个个自卫民团，坐在牛车上，风尘仆仆地向着北方，朝着无人知晓的内地长途跋涉。对于他们来说，牛车既是运输工具，又是家，又是礼拜堂。到了晚上，迁徙者把牛车围成首尾相接的圆阵，组成防御工事，提防当地的祖鲁人和科萨人的进攻。放哨的人在车阵里点起一盏小灯，每当遭到袭击，妇女们便迅速点起火把，借助火把的亮光为男人装填燧发步枪子弹。在这之后的一百多年当中，牛车在南非荷兰人心目中一直有一种神圣的地位，后来还将牛车的图案画入了南非共和国的国徽中。

　　涌出开普的布尔人迁徙者分为两路，一路向东北的纳塔尔地区前进，在民团司令官安德列斯·比勒陀利乌斯的指挥下，战胜了当地的祖鲁人，于1840年在纳塔尔地区成立了纳塔利亚共和国，首都为彼得马里茨堡。但是在1842年，有着永不满足的征服欲望的英国人接踵而至，以布尔人同受英国保护的土著酋长国交战为由，在德班港登陆，于1843年包围了彼得马里茨堡，吞并了纳塔利亚共和国。当地的布尔人不愿意接受英国的统治，在老比勒陀利乌斯的带领下，再次向西边的内陆高原地带迁移。第二路布尔人迁徙大军则向北，一部分越过瓦尔河，与从纳塔尔向西迁徙的布尔人会合，建立了几个名为"共和国"的小殖民区，如莱登堡共和国、温堡共和国。通过同当地部落和土著王国的战斗，这些小殖民区最终在1849年合并，建立了德兰士瓦共和国。德兰士瓦的意思为"越过瓦尔河"。其首都被命名为比勒陀利亚，以纪念带领布尔人摆脱英国统治的老比勒陀利乌斯。

　　在19世纪60年代，南非是世界各处白人殖民地中最落后的地区之一。这里人口稀少而且居住分散，居民主要从事畜牧业和半自给农业，资金极端缺乏，工业、农业和商业的发展都很缓慢。因为贫穷，白人也不愿意来这里定居。来自欧洲的移民船过好望角而不入，而是驶向更富庶的澳大利亚和新西兰。德兰士瓦既无学校，更无银行，基本上没有修筑过道路，欧洲人包括荷兰人在内都不往穷地方投资，导致德兰士瓦共和国的财政极端拮据，而由于同英国人和当地土著酋长国之间连绵不断的战争和冲突，军费开支却糜耗甚大，政府用土地来支付公务员的薪水，邮政局长用邮票发工资。

然而南非金刚石矿和金矿的发现改写了南部非洲经济史,也使这里的政治史遽然改观。19世纪60年代中期,在德兰士瓦东邻的几个非洲人酋长国境内发现了金矿,欧洲和澳大利亚的淘金者们纷纷涌向这里。不过这些金矿规模并不大,而且富矿很少。所以没过多久,方兴未艾的"黄金热"就被更具有传奇性的"钻石热"盖过了。1868年在瓦尔河北岸的克勒普德勒夫特附近又发现大量金刚石。1870年,在瓦尔河南部发现了一个更大的矿区。到1882年,这里开采的金刚石总值已达2600万英镑,当年出口值就达400万英镑,为开普殖民地其他商品年出口总值的5倍。巨大的财富引起了德兰士瓦、英国、当地众酋长们对这块地区所有权的争夺。

1871年这块金刚石产地成了英国的殖民地,用当时英国殖民大臣的名字命名为金伯利。围绕金伯利矿脉,迅速形成了一座有3万人居住的采矿城镇。著名的矿业巨头塞西尔·罗得斯便是抓住了这个机会,同他的德比尔斯矿业公司一道走上了南部非洲的商业和政治舞台。金伯利钻石矿虽然没能成为德兰士瓦共和国囊中的宝库,但是随着冒险家和淘矿者的大量涌入,也给当地的布尔人农场主和牧场主带来了福音。金伯利市场上,蛋、肉、奶酪、面粉、蔬菜、毛毡等农畜产品供不应求。商品农业的发展,以及农畜产品价格的不断上涨,使得当地土地的价格也飞速上升。德兰士瓦的大土地所有者利用这个机会,兼并了原属于中小农户的大量土地。无数破产的布尔农民和涌入德兰士瓦的失败采矿者,成为一个不安定因素。为了缓解这些人带来的国内社会矛盾,德兰士瓦共和国决定向东、西、北三面扩展,吞并更多的非洲人酋长国,用军事征服来化解国内的社会压力。

老谋深算的英国人自然不会坐视布尔人坐大。为了迅速将自己的势力扩展到中南非洲,阻断德国人和葡萄牙人的扩张,尤其是为了抢先堵住东部印度洋出海口,防止德兰士瓦共和国从海上和德国、荷兰、法国等对手建立联系,英国也抓紧了兼并贝专纳兰地区、祖鲁兰地区众多黑人酋长国的速度。

扫荡祖鲁部落的欧洲殖民者

与布尔人赤裸裸的武力征服、种族压迫不同，英国人更擅长于在当地的众多非洲人王国之间搞分化瓦解，培养亲英的代理人，建立保护国，并且注意保护非洲人王国那些上层贵族的既得利益，对那些无法用和平手段收服的酋长国，则联合其他黑人王国一同征讨之，因此英国人比布尔人取得了更大的成功。

1876年，德兰士瓦共和国为了向东扩张，获得出海口，同非洲人的佩迪王国交战，遭到惨败。与此同时，在德兰士瓦东邻，用英国人提供的来复枪、英国人训练的军队和英国人传播的基督教武装起来的祖鲁王国也在对布尔人虎视眈眈，随时准备收复以前几十年中被布尔武装移民夺走的失地。而德兰士瓦手中的几个金矿已经被开采一空，政府收入枯竭。到1876年11月，山穷水尽的德兰士瓦国库里面只剩下了12先令6便士的现金。军队士气也是一落千丈。精明的英国人把这一切都看在眼里。就在1876年9月，英国派遣纳塔尔省总督谢普斯通去德兰士瓦，游说布尔人参加英国的南非殖民地联邦。

谢普斯通向德兰士瓦的统治集团指出，德兰士瓦政府的财政和军事已陷入极端混乱状态，布尔人的力量既无法挽救财政的破产和有效控制共和国境内的非洲人，更无力对付受到强大的祖鲁人支持的佩迪王国的挑战。他提出由英国接管德兰士瓦政府，加强白人殖民力量，保证维持布尔人所施行的种族政策，并对那些顽固的种族主义者保证，英国无意让德兰士瓦的非洲人享有那些和英国殖民地非洲人一样的公民权利。四面楚歌、极度恐慌的德兰士瓦政府觉得英国的接管将保护布尔人从黑人王国那里得来的土地，并挽救行将破产的财政，因而普遍赞同或默认英国的接管行动。

德兰士瓦人就这样把共和国的独立放在银盘上送给了英国人。1877年4月英国发表声明，德兰士瓦共和国成为英国殖民地，任命谢普斯通爵士为行政长官。德兰士瓦总统伯格斯辞职，回到开普殖民地的老家，靠英国政府的养老金生活。其军队的领袖人物如克鲁格、朱伯特、小比勒陀利乌斯等人则解甲归田，回到自己的农场过起大地主的生活。此后四年间，德兰士瓦共和国从非洲政治地图上消失了。

但是英国人忽视了南非布尔人独特的民族特性。经过100多年的磨难，布尔人已经远远不像他们的荷兰亲戚那样脾气温和、重商轻武。干旱贫瘠的南非高原、颠沛流离的大迁徙和同土著之间无数的残酷战争，磨练并且重新塑造了他们的性格。布尔人性格保守，吃苦耐劳，生活俭朴，崇尚武力，

不愿意接受异族统治，对自己的语言、文化、宗教和其他民族特性始终抱有自豪感。这也是那些远离文明中心的边远地区人民（如美国西部、澳大利亚西部和阿根廷北部）的普遍性格。在1877—1880年英国统治德兰士瓦的三年期间，布尔人的民族情绪尤其高涨，德兰士瓦和开普两地的布尔人联合起来，于1880年在开普敦成立了布尔人民族主义组织——阿非利卡人大会，并且在独立的奥兰治自由邦共和国也发展了分会。这种特立独行、不屈不挠的性格，注定使得布尔人不能成为维多利亚女王治下的忠顺臣民。

英国人统治德兰士瓦共和国的三年期间，并没有着手改善中下层布尔人的生活条件，也没有增加投资改善当地的财政、经济和政治生活，反而允许英国商人进行土地投机，向布尔人补收以前欠德兰士瓦共和国的税款，引起了布尔人民广泛的不满情绪。与此同时，英国人出兵在1879年消灭了布尔人最大的威胁——强大的祖鲁王国，俘虏并流放了国王塞提瓦约，将祖鲁王国故地划分为十三个酋长领地。英国—祖鲁战争解除了布尔人的心理负担，布尔人复国之后的最大威胁被解决掉了。

1880年9月，为了从土著手中收缴金伯利钻石矿作为工资发到黑人劳工手里的大量枪支，在英国保护国巴苏陀兰发生了"缴枪暴乱"。英国驻德兰士瓦的主力部队南下镇压暴乱，留在德兰士瓦的英军总数不超过300人，只驻守在比勒陀利亚、吕斯滕堡、莱登堡、斯坦德顿等几个重要城镇，防务空虚。是年12月16日，5000多不满英国治理的布尔人聚集在帕尔德克拉尔举行国民大会，宣布进行武装反抗，恢复南非共和国，升起共和国镶嵌绿边的红白蓝三色国旗，推举在布尔人当中德高望重的保罗·克鲁格、皮埃特·朱伯特和小比勒陀利乌斯三人为首领。同日，新组成的三人政府将南非共和国的独立声明送到了比勒陀利亚驻军的手中。英国人拒绝接受，下令各地驻军火速增援比勒陀利亚。

12月17日，布尔人市民和英国驻军的冲突在波切夫斯特鲁姆爆发。12月20日，驻扎在莱登堡的英军第94团两个连驰援比勒陀利亚，在布龙克霍斯特干河遭到布尔民团的伏击，第一场战斗打响。布尔人平日以骑马狩猎为乐，所以枪法极准，战术灵活，在交战中，英军247人中有77人阵亡，157人受伤，布军只有2人死亡，4人受伤。如此悬殊的比率，似乎预告了今后若干年内英国人和布尔人作战的必然结果。布龙克霍斯特干河战斗之后，驻扎在德兰士瓦的英军迅即被分割包围于比勒陀利亚和波切夫斯特鲁姆两地，坐以待毙。

1881年1月,增援的英军部队从纳塔尔殖民地出发,向德兰士瓦进军。英军司令科利将军率这支千余人的援军,西进德兰士瓦。在纳塔尔与德兰士瓦边境的朗峡受到朱伯特将军的阻击。英军和布军在1月28日和2月7日两次发生战斗。战斗中的英军还是采用美国独立战争和拿破仑战争时期的战术,排成整齐而密集的队形前进,听指挥官的号令射击。但是英军的保守并没能阻止别国在近战战术的进步。山上的布尔神枪手躲藏在石头和其他掩体后面,像平时在家乡用步枪打羚羊一样击毙英国士兵。尸体和鲜血阻止了英军的攻势。此时英国在德兰士瓦附近地区已无其他军队可以动用,又担心引起德兰士瓦境外布尔人的反抗,只好同意议和。英军战败的消息传回国内,格拉斯通内阁宣布辞职。

1881年3月6日,英国和德兰士瓦军队签订了停战协议,8月3日双方又签订了《比勒陀利亚协定》。该协定规定,保证德兰士瓦可以建立在英国女王宗主权下的完全自治的政府,英国保持三项特权:控制德兰士瓦对外关系;保持对德兰士瓦同非洲部落关系的控制权;战时英军有权借道德兰士瓦。这里所规定的英国女王的"宗主权",原是表示"封建领主"的古老词汇,在当时是一个没有先例的词语,不具任何精确含义。布尔人明知该条约对其限制极大,但是迫于形势,只好企望通过以后修改条约来取消宗主权规定。1884年,德兰士瓦总统克鲁格和副总统朱伯特来到伦敦,和英国人签订了《伦敦协定》,取消了英国对德兰士瓦的宗主权——英国人自然用模棱两可的字句对其埋下了伏笔。不过总的来说,当时的英国

擅长游击战的布尔士兵

人似乎已经满足于让布尔人的贫穷共和国在英国殖民地和黑人保护国汪洋大海的包围中延续这种半死不活、自生自灭的独立状态。

1895年,两个臭味相投的帝国主义者走上了英国和非洲的政治舞台:公开宣称要在南非推行殖民政策的约瑟夫·张伯伦成为英国殖民大臣;同

德兰士瓦政府龃龉不断的塞西尔·罗得斯就任好望角殖民地总理。这两个人的上台，使得那些约翰内斯堡的英国侨民们似乎看到了从好望角和伦敦传来的曙光，准备用武力来获得他们用口舌之争得不到的东西。该年12月28日，罗得斯的好友、南非公司的高级职员詹森博士带领500名南非公司的警察，扛着几挺机关枪，企图远征德兰士瓦，推翻克鲁格政权。张伯伦得知这个行动后，权衡了袭击一个合法国家政权的利弊得失，下令詹森停止冒险，但是因为通讯手段的落后，他的指令晚了一步，詹森的队伍已经挺进了德兰士瓦境内。

克鲁格总统早已洞悉英国人的阴谋，做了充分的准备。当时他的助手一再要求将约翰内斯堡的暴动者立即逮捕，克鲁格总是回答"别忙，等乌龟露出头再说"。现在全世界都看清楚了这是一只英国乌龟。詹森和他的冒险队伍进入德兰士瓦境内之后就被南非人牵着鼻子，在约翰内斯堡附近的山峰与丘陵之间打转转，耍了他们三天。直到1896年1月2日，詹森武装在克鲁格斯多普被南非警察部队包围，除134人被击毙外，其余的人包括詹森在内全部被俘虏。在约翰内斯堡准备里应外合发动暴乱的英国侨民也被南非警察不费吹灰之力镇压下去了。德兰士瓦政府还给英国送去了一张1677938英镑3先令3便士的账单，声称这是对英国造成"精神的和道德的损害"的罚款。不过英国政府连账单上3先令3便士的零头也不曾支付过。

一败涂地的詹森袭击事件成了轰动欧洲的政治丑闻。德皇威廉二世眼见英国在南非的冒险行动以闹剧收场，在首相和外交大臣的怂恿下，幸灾乐祸地给克鲁格总统拍了封电报，祝贺他"……在未向友邦求助的情况下，凭借自己的力量抗击侵略，击败了入侵贵国的武装集团，重建和平，维护国家独立。"德国人利用这个事件大做文章，拉拢法国和俄国，试图结成大陆同盟对英国施加压力，让英国在海外殖民地的瓜分中作出让步。一艘游弋在印度洋的德国巡洋舰还试图派出一支分队在葡属莫桑比克登陆，借道去比勒陀利亚"支援"克鲁格，不过这些人被莫桑比克的葡萄牙官员客气地挡了回去。维多利亚女王出于威廉"对帝国内部事务的一种无礼和不当的干涉行为"的愤懑，亲自写信申斥了这个自大狂妄的德国外孙一番。德皇的电报使英德关系急遽恶化，也使得尚武好战的英国决定和布尔人来一次总清算，用战争机器碾碎德兰士瓦共和国和它的附庸——奥兰治自由邦，一劳永逸地解决南非问题。

面对伦敦的战争威胁，德兰士瓦人则加紧战备，从克虏伯公司、斯科

达兵工厂和法国什耐德－克鲁索公司购买大量军火，包括最先进的榴弹炮、加农炮、毛瑟枪、机枪，不光装备给共和国的警察部队，还分发到德兰士瓦和奥兰治各城镇的民团手中。居住在开普和纳塔尔殖民地的布尔人也得到了南非秘密情报局提供的武器和弹药。此外，德兰士瓦共和国与奥兰治自由邦还在1898年成立联邦会议，以协调抗英行动。英国人和布尔人通过经济和外交手段继续推行各自的南非政策，但都未能奏效。为了扫除障碍，达到目的，双方都决心诉诸战争。

1899年10月9日，德兰士瓦政府向英国发出最后通牒，要求英国停止向南非增兵，撤退6月1日以后到达南非的一切军队，将一切争议问题付诸外交仲裁，限48小时答复。10月10日，张伯伦对南非提出的条件予以拒绝。

1899年10月11日，星期三，下午5点整，德兰士瓦共和国和奥兰治自由邦共和国联邦议会向大英帝国宣战，德拉瑞将军立即发动进攻，在英属贝专纳兰境内的西开普铁路截击了一列英国装甲列车。第二次英布战争爆发。布尔人的战争计划是，在英国援军到达南非之前，集中优势兵力，分为两路，一路向东进攻纳塔尔，分割并包围两个主要的英军据点——莱迪史密斯和邓迪，并占领德班港，获得出海口；另外一路向西南，占领西开普铁路线上英军主力驻扎的两个战略要地——马弗京和金伯利。同时，在开普殖民地煽动布尔人暴乱，牵制英军兵力，尤其是破坏东西两条开普铁路的运输，阻止增援的英军利用铁路向北挺进。

虽然英国政府早已决定以战争手段解决南非问题，但却没有意识到军事准备的紧迫性。英国情报部（当时英国尚未建立总参谋部）和英军上下都存在严重的轻敌思想。情报部的结论是：保卫南非两个殖民地的问题，就是对付二三千名布尔人的袭击，一支具有一定力量的英国步兵在骑兵和炮兵的支援下，入侵两个布尔共和国绰绰有余，英军能在奥兰治和德兰士瓦开阔高原上轻而易举地击败布尔人。英军的战略计划是，援军首先进驻开普殖民地，防止当地布尔人叛乱，而后通过东西开普和纳塔尔这三条铁路线，直捣比勒陀利亚，在圣诞节前结束战争。但形势的发展完全出乎英国人的估计。全民皆兵的布尔人早已经枕戈待旦，等待和英国人的摊牌。同英国开战的消息公布之后，在德兰士瓦和奥兰治大大小小的城镇中，当地的布尔市民纷纷拿起武器，前往集结地点，参加民团。散落在广阔的南非高原的布尔农场主们也带着他们的儿子、马和步枪，组成小股战斗部队，

作为作战人员投入战斗。在战争初期,当英国援军未到之前,战场上的布尔人和来自外国的志愿者(共计3.5万人),暂时保持了对英军(2万人)的数量优势。

10月30日,莱迪史密斯的4000英军在乔治·怀特中将的指挥下向布军发动进攻,在尼科尔森峡谷同朱伯特指挥的布军主力遭遇,英军战败,损失1272人,余部退回莱迪史密斯,旋即被包围。由于莱迪史密斯防守严密,朱伯特几次攻城不克,于是派出斥候部队深入英军腹地,深入至埃斯特考特线,侦察可以用来进行固守的地点。其余的主力部队则在莱迪史密斯周围扎营休整,等待英军海外兵团的到来。在等待期间,他们同盘踞在埃斯特考特的英军发生过几次小冲突,包括在11月15日伏击一列英国的装甲列车。在这次战斗中,布尔人俘虏了一个身材修长、长着红头发的《伦敦早邮报》记者——温斯顿·丘吉尔。

被布尔人俘虏时的丘吉尔

首战失利之后,英国陆军部迅速向南非派出援军。但战局仍没有根本性的变化。12月10日至15日,一周之内,英军在东、中、西三条战线全部失利,损失2800多人,在英军史上被称为"黑暗的一星期"。布勒上将因为兵败,引咎辞去英国远征军总司令的职位,只保留了纳塔尔英军指挥官的头衔。1900年1月,海外援军到达之后,布勒在纳塔尔前线又两次试图发动进攻,但是都被布尔人击退,只得退守契维利。1901年10月,布勒给怀特的电报内容被国会公开,在全国上下一片抨击声中,布勒立刻被解除了一切军职。英军在长达四个月的第一次攻事中的惨败轰动了世界。

英军首先败在战术的陈旧和保守上。令布尔人吃惊的是,自从第一次布尔战争之后,英国人的战术和射击技术都没有进步。其密集队形的冲锋在18世纪到19世纪末的200多次战争中为英军取得了多次胜利,但在机动性很强、战术诡谲多变、火力密集凶猛的布尔人骑马步枪兵面前,仍然按照军事操典上的规章部署军队的英军将领就屡吃大亏。布尔人在战术上则占有明显优势,他们善于利用各种有效的防御手段尽量减少伤亡,凭借其战壕的隐蔽性,诱使英军以密集队形闯入其射程之内,从而充分发挥其现代火器（从德、法、荷兰购来的毛瑟枪、机枪、速射大炮以及无烟火药）的杀伤力。此外，与接受传统军事教育的英国军官不同，出身平民的布尔人没有森严的上下级界限，善于总结战斗中的教训，在民团成员和指挥官之间互相交流经验，提出建议，随时改进自己的战术。

其次，从敌对双方的军队素质来看，布尔人的军队（民团）主要是由大大小小的农场主组成的，他们是为了保住自己的土地、家园和国家而战，士气高昂。而在远离本土的南非高原上，女王陛下和大英帝国的利益并不能促使英国士兵主动地作出英勇牺牲。由于布尔人农场主经常从事骑马狩猎等活动，从小便掌握卓越的射击技术，几乎弹无虚发。他们对南非内地那种多小山、沟壑，遍布石砾岩的地形也非常熟悉，擅长寻找有利地形，善于利用地形设伏、包抄、隐蔽或逃逸。而荒凉、贫瘠、干旱的南非草原，又使得那些从小在农场上与大自然抗争的布尔人磨练得比英国人更能吃苦。英军则主要来自本土的城市，除少数军官和骑兵来自世袭军人家庭外，大多是工人和城市平民子弟，他们不习惯南非的环境，更不适应快速野战的战术。当时英军的训练情况普遍较差，一年仅有两个月的训练时间，且大部分花在队列训练上，骑射技术不精，不善隐蔽，反应迟钝。而且英军的射击技术也差得出奇。当时配发给一个英国步兵连用于训练的子弹，一个月只有300发。两军差别如此悬殊，英军不败才怪。

英军主要依靠铁路和公路干线行动，把自己的动向暴露给敌人。而且他们身处敌国，周围是怀有敌意的布尔人，所以其一举一动都立即为对方所知。布尔人则建立起了有效的情报网络，从本国以及开普殖民地的荷裔公民那里获得有关英军的情报。此外，布军还拥有一套灵活有效的通讯系

战壕里的布尔军队

统——回光信号机，这使他们在很大程度上得以摆脱有线电报的束缚，在战术上更加灵活。

随着援军的到来，尤其是在军队中享有赫赫声名的罗伯茨和在苏丹马赫迪战争中获得巨大声望的基钦纳的到来，南非英军的士气大幅提高。从2

月初开始,实力得到大大补充的英军转为反攻,在东、中、西三条战线发动了一系列攻势。1900年4月底,又一大批英国援军开到南非。经过兵力调整,在主攻方向上,罗伯茨有八个步兵师(第3、6、7、8、9、10、11师、殖民地师)和第12骑兵师。英军在5月初重新发动进攻。5月12日,罗伯茨的大军攻克奥兰治自由邦的新首都克龙斯塔德,德韦特和博塔掩护着在牛车上办公的斯泰因总统和奥兰治政府,再度后撤到一个荒凉的小村——林德利(Lindley)。由于接连遭到失败,布尔人的士气一落千丈。在罗伯茨的宽大许诺下,许多在英军后方活动的民团团员纷纷向英国人投降,交出武器,然后返回自己的农场。到5月中旬,仍在战斗的布尔人只剩下了2万多人。西线方面,5月17日,罗伯茨派出的一支部队在马弗京郊外击败了斯奈曼(Snyman)指挥的布尔民团,解马弗京之围,打通了连接开普和贝专纳兰的西开普铁路。固守马弗京长达210天的巴登-鲍威尔上校成了大英帝国的民族英雄,英国报纸对"英勇的马弗京保卫战"大加吹捧。5月19日,东线的布勒将军攻克了从纳塔尔通往德兰士瓦的大门、第一次布尔战争中那场决定性的战役地点——朗峡。由于一度凶狠善战的布尔野战部队已经成了强弩之末,布勒的部队在9天内竟然推进了138英里!

1900年5月24日,米尔纳勋爵在布隆方丹宣布,从即日起大英帝国兼并奥兰治自由邦,将其改为"奥兰治河殖民地",他自己担任殖民地的第一任总督。在场的布尔人无不洒下一掬热泪。奥兰治自由邦政府虽然比暴富的德兰士瓦政府清廉、开明得多,但是狭隘的民族感情和政治上的短视使他们最终丧失了独立地位。吞并奥兰治之后,英军加紧向德兰士瓦进攻。5月29日,弗兰奇将军指挥澳大利亚骑兵部队,在约翰内斯堡南郊的克利普河击败了守卫这座南非矿业中心的最后一支防御部队。5月30日,克鲁格总统乘坐火车离开首都比勒陀利亚,之后的三个月他一直在这列火车上指挥军队继续作战。5月31日,罗伯茨进入约翰内斯堡。

在消灭了试图抵抗英军、保卫首都的最后几支零散部队之后,1900年6月5日清晨,英军开进了空荡荡的比勒陀利亚。关押在这座城市中的英军战俘从用作监狱的国立师范学校中释放出来,和入城的英军热烈拥抱。半年之后故地重游的随军记者丘吉尔先生满意地发现,他那些留在战俘营的同胞都得到了德兰士瓦人良好的待遇。入城士兵们还举行了联欢活动,随同罗伯茨远征南非的诺福克公爵、马尔巴罗公爵同来自格拉斯哥的士兵一道跳起了苏格兰舞蹈。下午2点整,罗伯茨将军骑马入城。他发现这座绿荫环抱中的城市"典雅而庄重，建筑宏伟，市容整洁，完全可以和欧洲第一流国家的首都媲美"。高举着五颜六色军旗的英军从各个方向入城，黄色卡其布的潮流在比勒陀利亚的街道上整整流淌了两个钟头。罗伯茨和他的参谋部人员沿着克鲁格总统大街来到位于城市中央的政府广场上，广场的中央是一个光秃秃的大理石基座，上面前不久还安放着克鲁格先生的铜像。广场周围环绕着古典主义风格的政府各部、立法会和南非高等法院大楼。罗伯茨抬头望去，在南非共和国立法会大厦上，已经高高地升起了米字旗。

攻占比勒陀利亚之后，罗伯茨的4万部队在原地休整。但是他就不久懊恼地发现，英军从开普敦到比勒陀利亚的漫长补给线受到了仍在抵抗的布尔人的袭击。盘踞在奥兰治东部山地和西北隅的斯泰因、博塔、德拉瑞、德韦特、普林斯洛等人仍在指挥着大约1万人的布尔部队，不断骚扰东西开普铁路，破坏英军交通线。经过几次战斗，弗兰奇将军的骑兵将他们驱逐到了巴苏陀保护国边境。布勒将军指挥纳塔尔境内的英军向西进军，于7月6日在东德兰士瓦的斯坦德顿（Standerton）同北上英军主力会师，将残存的布军分割为两部分。此时，德兰士瓦和奥兰治的主要城市和铁路线已经被全部占领，布军开始转入游击战。在约翰内斯堡和比勒陀利亚两地，英军还挫败了多起布尔人的暴动企图，罗伯茨不得不宣布，如果再有类似企图，他将停止释放战俘。

1900年9月1日，罗伯茨宣布英国兼并德兰士瓦，并宣称战争结束。9月11日，克鲁格总统得到流亡的德兰士瓦政府授权，抵达葡属莫桑比克首府洛伦索马贵斯。10月19日，克鲁格乘坐荷兰女王威廉明娜派来的巡洋舰"格尔德兰"号前往欧洲求援。在欧洲，虽然克鲁格受到德国人、法国人、荷兰人的狂热欢迎，但是正在忙于向中国勒索赔款和处理义和团善后事宜的欧洲各国政府，特别是在非洲问题上已同英国达成政治交易的德国政府，却表现得十分冷淡。威廉二世皇帝为了躲开他，干脆跑去乡下庄园狩猎。克鲁格在法国和瑞士度过了最后四年的流亡生活。

尾声：盛极而衰

1901年1月22日，维多利亚女王驾崩。她被安葬在怀特岛上的奥斯本乡间别墅，那是她和阿尔贝特亲王在55年前共同设计和装饰的。在女王长期寡居的岁月中，房子里的布置原封未动。她决心保持丈夫的生活方式，

这一决心没有发生动摇。然而,君主的地位逐渐发生了巨大变化,英国国王已经成为大英帝国的象征。在女王统治50周年和60周年的纪念活动中,印度和其他殖民地均派代表参加隆重的纪念仪式。

维多利亚女王纪念碑

英王成为日益壮大的民族大家庭的纽带,前首相罗斯伯里颇有远见地称这个大家庭为联邦。迪斯雷利的远见卓识和张伯伦的奔放热情都为大英帝国的发展做出了贡献。女王本人也受到她的重要地位的影响。她派遣儿孙巡视日益扩大的领土,他们所到之处无不受到热烈的欢迎。她在英格兰接受殖民地上层人物的拜见。她还在宫里任用印度官员,向他们学习兴都斯坦语。她就是这样通过各种途径使不同的民族联结在一起,聚集到英国王室的周围。这些努力同当时的殖民精神和谐一致。她最后的公开活动之一,是以80多岁的高龄巡视爱尔兰。她从不赞成爱尔兰自治,认为它是对帝国统一的威胁。为了表示赞赏爱尔兰士兵在南非战争中表现出的英勇精神,她在1900年4月前往都柏林,她的帽子和衣服上插着爱尔兰的国花——白色的浆草。爱尔兰臣民热烈地欢迎她,在欢迎的人群中甚至有民族主义者。爱尔兰仍为英国王室提供一笔友好基金,可惜英国政府未曾加以利用。

在维多利亚女王不公开露面以后,英格兰一度出现反对王室的情绪,公开的共和主义者也加紧活动。到了19世纪末,这一切都消失了。维多利亚女王忠于职守,具有治国之才,秉性真挚,讲话单刀直入,有时使对方感到窘迫。这些特点早已给臣民留下了深刻的印象。老百姓不知道她在政治方面是何等精明,也不知道她在同许多大臣打交道和应付无数次危机的过程中积累了何等丰富的经验,但他们正确地感到,她是一位旷世之才。甚至那些在私下里常常发现她有一时冲动的门户之见的大臣,也敬佩她一

贯表现出的高度责任感。她代表着英国传统的稳定性和连续性，她的威望与年俱增。到逝世为止，她统治英国将近 64 年，臣民中很少有人经历过前朝的变迁。所有善于思考的人们都赞赏维多利亚时代英国力量的壮大和不列颠民族的进步。维多利亚时代结束于 1901 年，但这个时代的目的性和信心没有消失，它们经受了后来的严峻考验。

南非战争还在继续。过去，布尔人从未在政治权威面前屈服过，即使对他们自己的领袖也不例外。因此，英国人占领他们的主要城市和铁路似乎不足以成为他们放弃斗争的理由。大草原一望无际，从星罗棋布的农庄里，布尔人可以得到情报、食品、住处和草料，能够更换战马，甚至能得到弹药。罗伯茨和布勒刚刚离开南非的海岸，南非战争便发展成游击战，游击队员出没迅速，能给敌方以沉重的打击。

在较有声望的游击队领袖指挥下，布尔人游击队同基钦纳进行了无数次互有胜负的局部战斗，他们又坚持了 17 个月。英国人经过艰苦的努力，才战胜布尔人。基钦纳的意见被否定以后，他违背自己的看法和心愿，被迫采取了现代人们所说的"焦土"政策。许多碉堡在铁路沿线建立起来，各地也筑起围栏，然后沿着围栏构筑更多的碉堡。在这样围起的地区内，即使最勇敢的游击队员也难以活动。然后，每个地区的男女老幼被赶进集中营。采取这种方法的唯一理由是，大部分游击队员穿着便衣战斗，只有实行大规模监禁，把支持他们的那些家庭成员都关起来，才能制服他们。

没有任何理由可以为集中营里的恶劣条件而辩解。军事当局担负监禁大批平民这一令人憎恨的新使命时，管理能力有限，但这也不能成为理由。到 1902 年 2 月为止，集中营里已经有 2 万多人死亡，约占总人数的六分之一，他们多半死于疾病。起初，当局否认有管理不当之处，或者诡称没有解救的办法。但后来，英国的埃米莉·霍布豪斯小姐揭露了骇人听闻的真相。当时在野、不久将成为首相的坎贝尔－班纳曼把集中营指责为"野蛮人的手段"。张伯伦使这些集中营脱离军方的统治，它们的条件因此迅速得到改善。1902 年 3 月 23 日，布尔人终于求和。

三天以后，塞西尔·罗得斯死于心脏病。他在去世前不久的一次讲演中对开普敦的保皇者说："你们以为战胜了荷兰人，其实不然，荷兰人是不可战胜的。被战胜的是克鲁格政权，它是个腐败邪恶的政府，本质上并不代表荷兰人。不！荷兰人同以往一样英勇不屈，不可战胜。这里仍然既是你们的国家，也是他们的国家，你们今后必须像过去那样同他们一起生

活和工作。"5月31日在费雷尼欣签订的和约体现了这种精神,它的条款可以说是十分宽容的。32支尚未战败的游击队各派两名代表会见英国使节,他们经过反复协商,同意放下武器。除了违反战争惯例的某些行动之外,当局保证不惩罚任何人,争取尽早实现自治,英国将付出300万英镑的补偿金。

历时两年半的第二次英布战争以英国完胜而告终。严酷的战争结束后,在原布尔共和国领土上一片凋敝景象,农场被焚毁,村镇被破坏,矿井被关闭。英国人和布尔人开始致力于恢复和重建工作。战后,英国贷给两个殖民地3000万英镑,以建造大规模工程、设立学校、修建公路和铁路等。兰德金矿的生产也得以恢复。为了在南非自治领建立一个独立、完整的经济体系,由英国投资在南非建设了钢铁、纺织和制造行业,南非逐渐从单纯的矿业国家变为工业化国家。1906年,在扬·史末资将军的努力下,德兰士瓦获得自治地位,1907年奥兰治河殖民地也获得了自治地位,恢复了奥兰治自由邦的旧名。1909年,为了统一南非的殖民地财政、关税、铁路,英国国会通过了"南非法案"。1909年9月20日,英王爱德华七世批准了议会提出的建立南非联邦的法案。1910年5月31日,由开普、德兰士瓦、奥兰治自由邦和纳塔尔共同组成的南非联邦成立,南非成为与澳大利亚、新西兰和加拿大一样的自治领地。为了妥协旧英属殖民地和新吞并各行省之间的利益关系,南非联邦的首都也按照立法、行政、司法三权分立的原则,分别设在开普敦、比勒陀利亚和布隆方丹。

第二次英布战争给几百年来大英帝国的海外扩张史画上了一个明显的句号。军事征服的胜利、公众的沙文主义热情,不足以打消保守派和自由派们对维持一个庞大海外帝国的开支的焦虑。英国的上层社会出现了信心危机。越过在比勒陀利亚上空猎猎飘扬的米字旗,大英帝国一些富有远见的政治家们看到了一个可怕的前景:同时保卫大英帝国海外领地和英国本土的做法,在经济上和战略上都是不可行的。因此英国不应当再保持孤立政策——它应当与自己的竞争对手,那些欧洲帝国们,达成广泛的交易和协议。布尔战争结束之后,英国便开始了全球范围内的战略收缩,将部分海外势力范围转托给加、澳、新等白人自治领,英国本身的战略重点则转回风云动荡的欧洲。第二次英布战争是英国最后一场为了征服殖民地而发动的战争。这场战争本身没有使根深底厚的大英帝国伤筋动骨,甚至还有所收获,可是英国的历史学家大多认为,这场战争作为一个标志性事件,

同维多利亚女王的去世一样，意味着英国历史上最伟大、最进步、最繁荣的时代的结束。在英国本土，爱尔兰民族运动和工人运动风起云涌。在欧洲，野心勃勃的德国开始向远洋派出征服的舰队。在南非，一个来自印度的律师——莫罕达斯·甘地开始崭露头角。布尔战争标志着英国自光辉灿烂的维多利亚时代向着未来不可预测的黑暗时期的过渡，在它之后，大英帝国的鼎盛时期已经告一段落。

这场发生在19世纪和20世纪之交的布尔战争，连同发生在布尔战争一年之前的美西战争和两年之后的日俄战争一道，宣告了旧日战争形式的结束，以及一个新时期的到来。从遥远的南非大草原上传来的星点火光，依稀照亮了未来的战场。遥远的欧洲地平线上正在阴霾四合。布尔战争已经悄悄地揭开了世界大战血腥的序幕。

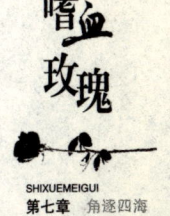